不動産業・建設業のための改正民法による実務対応

――不動産売買・不動産賃貸借・工事請負・設計監理委任

牛島総合法律事務所
弁護士 井上　治／弁護士 猿倉健司

清文社

はしがき

　本書は、2020年4月から施行される民法改正（債権法改正）の内容と同改正に伴い不動産業、建設業に携わる事業者が直面するであろう法的問題点やその対応策について、改正法の論点ごとに整理し、実務的視点を踏まえて具体的に解説したものです。

　近時、2020年に予定されている東京オリンピックやその後を見据えた再開発プロジェクトなどが都心部を中心に進められているほか、不動産開発プロジェクトは全国で数多く見られます。

　このような流れの中で、各種不動産取引を行う際、不動産業・建設業を行う事業者は、様々な民法上の問題に直面することになります。

　例えば、不動産業においては、商業ビル、レジャー施設、倉庫、分譲用・賃貸用マンションや戸建て住宅などの建物の売買のほか、当該建物を建築するための土地の売買を行うことになります。このような取引の場面では、民法上の「売買」が問題となります。

　不動産賃貸業においては、建物賃貸借取引と土地賃貸借取引がありますが、その対象にはマンションやアパートなどの居住用物件、オフィスビルや商業ビルテナント（飲食店舗を含む）などの事業用物件等、様々なものがあります。また、不動産開発においては、事業用対象地を売買取引によって取得するだけではなく、土地を賃借し当該借地上にプロジェクト建物を建築して開発を行う場合もあり、近時は、いわゆる定期借地マンションなども数多く見られるところです。このような取引の場面では、民法上の「賃貸借」が問題となります。

　建設業においては、再開発プロジェクトの建物建築工事に関して、建物建築請負契約（建築設備の工事請負契約、地盤改良工事〔基礎工事〕の請負契約を含む）、設計委託契約、工事監理委託契約が締結されます。このような取引の場面では、民法上の「請負」や「委任」が問題となります。

　今回の民法改正は、債権法分野に関するものですが、同分野については、民法が制定されてから実に120年ぶりの大改正であり、その改正項目は200に及びます。

　改正の内容については、その大部分が現行民法下の通説・判例を明文化したものであり、実務への影響は必ずしも大きくないというような解説も散見され

ますが、実務的な問題点を個別に検討すれば、そのような単純な問題ではないことが分かります。また、改正内容を検討するにあたっては、改正の趣旨について、民法改正部会における議論の内容、法務省が公表している解説、国会での議論の内容を踏まえて具体的な対応を検討する必要があるとともに、関連法の改正も視野に入れた、横断的な理解、網羅的な検討が必要となります。

　現在、不動産取引等において用いられている契約書は、現行の民法を前提に作成されているため、各条項について、改正後の民法との関係を踏まえて適切な条項に改定する作業が求められます。また、実務上は、標準契約書（例えば、国土交通省の公表している「標準賃貸借契約書」等）や標準契約約款（例えば、「民間標準契約約款」等）が利用されることも多いことから、これらの標準契約書・標準契約約款との関係も意識した改定の検討が必要となります。

　しかしながら、現状において、不動産業・建設業における契約書の改定内容その他実務対応の方向性について具体的に示した文献・論文等が充実している状況にあるとはいえません。

　本書では、改正法の施行が迫る現段階において、民法改正（債権法改正）の内容はもちろんのこと、改正に伴い生じる実務的な問題点を指摘し、事前の準備ができるよう、契約条項例なども用いながら、今後必要となる実務対応について具体的な解説を加えています。

　本書が、不動産業・建設業の実務に携わる読者にとって少しでもご参考となれば幸いです。

　なお、本書の出版にあたっては、株式会社清文社の杉山七恵氏に並々ならぬご尽力をいただきました。ここに厚く御礼申し上げます。

2019年4月

弁護士　井　上　　治
弁護士　猿　倉　健　司

不動産業・建設業のための
改正民法による実務対応
目次

第1章 不動産業（売買）

第1節 民法[債権法]改正と不動産売買 —— 2

第2節 新設される契約不適合責任（売買）の実務対応 —— 4

1. 改正のポイント —— 4
(1) 現行民法の瑕疵担保責任 —— 4
(2) 改正民法では新たに契約不適合責任が創設される —— 5

2. 改正民法による実務対応 —— 6
(1)「契約の内容に適合しない」かどうかの判断基準 —— 6
(2) 契約目的に関する契約条項 —— 8
(3) 売主の表明保証責任に関する契約条項 —— 12

第3節 買主による権利行使手段の実務対応 —— 16

1. 総 論 —— 16
(1) 改正のポイント（権利行使手段の多様化） —— 16
(2) 改正民法による実務対応 —— 17

2. 追完請求権 —— 19
(1) 改正のポイント —— 19 ／ (2) 改正民法による実務対応 —— 19

3. 代金減額請求権 —— 25
(1) 改正のポイント —— 25 ／ (2) 改正民法による実務対応 —— 26

4. 損害賠償請求権 —— 29
(1) 改正のポイント —— 29 ／ (2) 改正民法による実務対応 —— 32

5. 売買契約の解除 —— 41
(1) 改正のポイント —— 41 ／ (2) 改正民法による実務対応 —— 43

第4節 買主の権利行使期間に関する実務対応 —— 48

1. 改正のポイント —— 48
(1) 1年間の通知期間制限 —— 48
(2) 5年間又は10年間の消滅時効 —— 50
(3) 人の生命・身体の侵害による損害賠償請求権の消滅時効 —— 52
(4) 消滅時効の障害事由（時効の更新と完成猶予） —— 53

2. 改正民法による実務対応 —— 56
(1) 契約不適合の状態及び認識した日時を証拠化する —— 56
(2) 権利行使期間の起算点を客観的な時点とする —— 57
(3) 「協議による時効の完成猶予」は容易ではない —— 58

第5節 **関連法の改正に関する実務対応** —— 59
1. 商　法 —— 59
(1) 改正のポイント —— 60 ／ (2) 改正法による実務対応 —— 60
2. 消費者契約法 —— 62
(1) 改正のポイント —— 62 ／ (2) 改正法による実務対応 —— 62
3. 住宅の品質確保の促進等に関する法律（品確法）—— 63
(1) 改正のポイント —— 63 ／ (2) 改正法による実務対応 —— 63
4. 宅地建物取引業法（宅建業法）—— 64
(1) 改正のポイント —— 64 ／ (2) 改正法による実務対応 —— 64

第6節 **[書式例] 売買契約書** —— 65

第2章 不動産賃貸業（賃貸借）

第1節 **民法 [債権法] 改正と不動産賃貸借** —— 74

第2節 **賃貸借に関する改正の実務対応** —— 75
1. 賃貸借の存続期間に関する実務対応 —— 75
(1) 賃貸借の類型 —— 75 ／ (2) 改正のポイント —— 76 ／ (3) 改正を踏まえた実務対応 —— 76
2. 不動産賃貸借の対抗力に関する実務対応 —— 77
(1) 改正のポイント —— 77 ／ (2) 改正を踏まえた実務対応 —— 78
3. 賃借人による妨害停止等の請求権に関する実務対応 —— 79
(1) 改正のポイント —— 79 ／ (2) 改正を踏まえた実務対応 —— 80
4. 賃貸人たる地位の移転に関する実務対応 —— 80
(1) 改正のポイント —— 80 ／ (2) 改正を踏まえた実務対応 —— 86
5. 敷金・権利金に関する実務対応 —— 88
(1) 改正のポイント —— 88 ／ (2) 改正を踏まえた実務対応 —— 91
6. 転貸借・サブリースに関する実務対応 —— 98
(1) 改正のポイント —— 99 ／ (2) 改正を踏まえた実務対応 —— 100
7. 損害賠償・費用償還請求の行使期間制限に関する実務対応 —— 104
(1) 改正のポイント —— 104 ／ (2) 改正を踏まえた実務対応 —— 105

8. 賃貸人の修繕義務、賃借人の修繕権に関する実務対応 —— 105
(1) 改正のポイント —— 105 ／ (2) 改正を踏まえた実務対応 —— 106

9. 賃借不動産の一部滅失等による賃料減額に関する実務対応 —— 111
(1) 改正のポイント—— 111 ／ (2) 改正を踏まえた実務対応 —— 113

10. 賃借人の減収による賃料減額請求権に関する実務対応 —— 116
(1) 改正のポイント —— 116 ／ (2) 改正を踏まえた実務対応 —— 116

11. 賃借不動産の全部滅失等に関する実務対応 —— 117
(1) 改正のポイント —— 117 ／ (2) 改正を踏まえた実務対応 —— 118

12. 賃貸借終了後の原状回復義務・収去義務に関する実務対応 —— 118
(1) 改正のポイント —— 119 ／ (2) 改正を踏まえた実務対応 —— 122

13. 改正民法の適用時期 (経過措置規定) に関する実務対応 —— 128
(1) 改正のポイント —— 128 ／ (2) 改正を踏まえた実務対応 —— 130

第3節 賃貸保証に関する実務対応 —— 131

1. 賃貸保証の範囲・対象の特定に関する実務対応 —— 131
(1) 改正のポイント —— 131 ／ (2) 改正を踏まえた実務対応 —— 132

2. 保証人に対する請求等の効力と
主債務への影響に関する実務対応 —— 134
(1) 改正のポイント —— 134 ／ (2) 改正を踏まえた実務対応 —— 135

3. 賃貸保証 (個人根保証) の保証極度額設定に関する実務対応 —— 136
(1) 改正のポイント —— 136 ／ (2) 改正を踏まえた実務対応 —— 137

4. 賃貸保証における情報提供義務に関する実務対応 —— 140
(1) 改正のポイント —— 140 ／ (2) 改正を踏まえた実務対応 —— 143

5. 不動産投資ローン保証に関する実務対応 —— 147
(1) 改正のポイント —— 147 ／ (2) 改正を踏まえた実務対応 —— 149

第4節 賃貸借契約約款に関する実務対応 —— 152

1. 改正のポイント —— 152

2. 改正を踏まえた実務対応 —— 152
賃貸借契約約款と定型約款該当性の検討 —— 152

第5節 [書式例] 賃貸借契約書 —— 155

第3章 建築請負業 (請負)

第1節 民法 [債権法] 改正と建築請負 —— 162

| 第2節 | **新設される契約不適合責任（請負）の実務対応**—164 |

1. 改正のポイント——164
- (1) 改正民法では新たに契約不適合責任が創設される——164
- (2) 売買の規定（契約不適合責任）が請負にも適用される——164
- (3) 請負においても「契約の内容に適合」することが求められる——166
- (4)「注文者の供した材料の性質又は注文者の与えた指図」による契約不適合は免責される——166

2. 改正民法による実務対応——167
- (1) 建築請負契約を締結する動機・目的等を明らかにする——167
- (2) 請負契約の特殊性を踏まえて「契約の内容」（仕様や要求水準）を特定する——168
- (3)「契約の内容」を特定するための資料の作成——170
- (4)「注文者の供した材料の性質又は注文者の与えた指図」といえるかどうかを判断する——172

| 第3節 | **注文者の権利行使手段に関する実務対応**——174 |

1. 総　論——174

2. 追完請求権（修補請求等）——174
- (1) 改正のポイント——174 ／ (2) 改正民法による実務対応——177

3. 報酬（請負代金）減額請求権——180
- (1) 改正のポイント——180 ／ (2) 改正民法による実務対応——181

4. 損害賠償請求権——183
- (1) 改正のポイント——183 ／ (2) 改正民法による実務対応——184

5. 請負契約の解除——190
- (1) 改正のポイント——190 ／ (2) 改正民法による実務対応——192

| 第4節 | **注文者の権利行使期間に関する実務対応**——197 |

1. 改正のポイント——197
- (1) 1年間の通知期間制限——197
- (2) 5年間又は10年間の消滅時効——198
- (3) 人の生命・身体の侵害による損害賠償請求権の消滅時効——198
- (4) 消滅時効の障害事由（時効の更新と完成猶予）——198

2. 改正民法による実務対応——198
- (1) 契約不適合の状態及び認識した日時を証拠化する——198
- (2) 権利行使期間の起算点を客観的な時点とする——199
- (3)「協議による時効の完成猶予」は容易ではない——200

| 第5節 | **請負人の報酬請求権に関する実務対応**——201 |

1. 仕事未完成の場合の報酬請求権——201
- (1) 改正のポイント——201 ／ (2) 改正民法による実務対応——202

2. 請負における報酬請求権の消滅時効——208

(1) 改正のポイント —— 208 ／ (2) 改正民法による実務対応 —— 208

第6節 関連法の改正に関する実務対応 —— 209

1. 関連法の改正 —— 209
2. 建設業法 —— 209
　(1) 契約書面等の交付義務 —— 209
　(2) 一括請負の禁止 —— 210

第7節 建築請負契約約款に関する実務対応 —— 212

1. 改正のポイント —— 213
　(1) 定型約款の規定が新設された —— 213
　(2) 定型約款の条項に合意したとみなされる —— 213
　(3) 定型約款の内容の表示義務 —— 214
　(4) 変更した定型約款に合意したとみなされる —— 215
2. 改正を踏まえた実務対応 —— 216
　(1)「定型約款」に該当するか否かを検討する —— 216
　(2) 定型約款の内容を合理性があるものとする —— 223
　(3) 変更する定型約款の内容を合理性があるものとする —— 224
　(4) 定型約款についての経過規定 —— 225

第8節 [書式例] 建築請負契約書 —— 226

第4章 設計監理業(委任)

第1節 民法[債権法]改正と設計監理 —— 236

第2節 設計監理業務委託の法的性格 —— 239

1. 業務委託契約の法的性格は請負か委任か —— 239
2. 改正民法における請負と委任の相違点 —— 240
　(1) 受任者／請負人の負う義務 —— 240
　(2) 受任者／請負人に対する責任追及 —— 241
　(3) 受任者／請負人の責任追及期間 —— 242
　(4) 報酬の支払時期 —— 242
3. 建物建築の設計・監理に関する業務の委託 —— 243

第3節 **設計監理業務委託契約（委任契約）に関する実務対応**——245

1. 業務内容の特定に関する実務対応——245
　(1) 委託する業務内容の明確化——245
　(2) 成果完成型委任において、成果物の検収・不具合がある場合の手続を明確にする——246

2 報酬の支払時期に関する実務対応——247
　(1) 改正のポイント——247／(2) 改正民法による実務対応——249

3. 費用負担に関する実務対応——251
　(1) 改正のポイント——251／(2) 改正民法による実務対応——252

4. 業務未了の場合の報酬請求に関する実務対応——253
　(1) 改正のポイント——253／(2) 改正民法による実務対応——257

5. 復委任（再委託）に関する実務対応——258
　(1) 改正のポイント——258／(2) 改正民法による実務対応——261

6. 損害賠償請求権に関する実務対応——264
　(1) 改正のポイント——264／(2) 改正民法による実務対応——264

7. 契約の解除に関する実務対応——267
　(1) 改正のポイント——267／(2) 改正民法による実務対応——272

8. 委任者の権利行使期間に関する実務対応——275
　(1) 改正のポイント——275／(2) 改正民法による実務対応——275

9. 受任者の報酬請求権の消滅時効——276
　(1) 改正のポイント——276／(2) 改正民法による実務対応——277

第4節 **設計監理業務委託契約約款に関する実務対応**——278

1 改正のポイント——278
2 改正民法による実務対応——278
　設計監理契約約款と定型約款該当性の検討——278

第5節 **[書式例] 設計監理業務委託契約書**——280

参考文献——285

凡　例

◆判例略称

最判	最高裁判所判決
高判	高等裁判所判決
地判	地方裁判所判決
大判	大審院判決

◆判例集等略称

民集	最高裁判所民事判例集
大民集	大審院民事判例集
民録	大審院民事判決抄録
判決全集	大審院判決全集
集民	最高裁判所判例集民事
判タ	判例タイムズ
判時	判例時報

＊本書の内容は、2019 年 4 月 1 日現在の法令等によります。

第1章

不動産業
（売買）

第1章　不動産業（売買）

第1節　民法［債権法］改正と不動産売買

　不動産業においては、様々な形で土地や建物の売買取引が行われます。商業ビル、店舗用施設、レジャー施設、倉庫、分譲用・賃貸用の区分所有マンションや戸建て住宅などの売買、あるいはこれらの複合施設を開発するようなプロジェクトであれば、用地買収に始まり、当該用地の買主がプロジェクト用の建物の建築を建築請負業者に発注するケースのほか、用地の売主においてプロジェクト用の建物を建築した上で新築建物の売買等の形で不動産売買が行われるケースもあります。不動産事業者や投資ファンドなどによる既存不動産を対象とするプロジェクトでも、その開始時には対象地や建物を購入する必要がありますし、プロジェクトの終了や更新の際にはこれらの土地や建物を売却するなどの必要があります。製造業者（メーカー）による工場跡地の売却や、住宅密集地の再開発のような事例においても、土地や建物の売買が必要となります。これらの取引には、いずれも民法上の問題が出てきます。

　今回の民法改正は、特に債権法という部分に関する改正を内容としています。債権法分野については、民法が制定されてから実に120年ぶりの大改正と言われており、その改正項目も200に及びます。不動産売買に関係する規律も、これまでの考え方が大きく変更される点が少なくありません。例えば、従来の瑕疵担保責任が廃止されてその代わりに契約不適合責任が創設されたこと、その結果、不動産売買に解除や損害賠償等の債務不履行責任の一般規定が適用されることになったほか、追完請求や代金減額請求といった新たな規定が創設されたことなど、現行民法からの大きな変化が見られます。また、改正民法の各条項が新設・改正されたことにより、従来の実務で見られた表明保証責任や地中調査・対策条項との関係についてもあらためて整理することが必要となります。

　現在、不動産取引において用いられている契約書は、現行の民法を前提に作成されているため、今後は、各条項について、改正民法でどのように変わるの

第1節　民法［債権法］改正と不動産売買

かを確認した上で適切に見直すことが必要となります。

　以下、不動産売買契約に関連する改正民法のポイントについて、その概要を説明した上で、改正民法を踏まえて建物建築請負契約の修正を検討すべき点を中心に説明します。

　なお、本文中で示す契約条項例は、改正民法の内容を前提に修正の方向性・コンセプトを示すためのものですので、実際の使用時には、事案ごとに契約の目的や個別具体的なその他の事情に応じて適当な内容を規定することが想定されます。実務上は、公表されている標準契約や標準契約約款が利用されることも多いと思われます。

3

第1章　不動産業（売買）

第2節

新設される
契約不適合責任（売買）の
実務対応

1. 改正のポイント

（1）現行民法の瑕疵担保責任

ア．土地建物等の特定物売買の考え方

　現行民法では、売買の目的物に欠陥・不具合（瑕疵）があったケースのうち、①当事者が当該売買対象物の個性に着目して取引する場合（土地や中古建物など売買対象物の個性が重要とされる「特定物売買」）と、②それ以外の場合（大量に販売される製品売買など同一製品であれば売買対象物の個性は重視されない「不特定物売買」）を分け、特定物売買の場合には瑕疵担保責任（現行民法570条等）、不特定物売買の場合には債務不履行責任（現行民法415条）が適用されます。

　特定物売買に債務不履行責任が適用されない理由については、特定物売買における売主の義務は、売買の目的物の所有権を買主に移転することに尽きるため、たとえ目的物に欠陥があったとしても売主に対して欠陥のないものを引き渡す義務はなく、債務不履行責任（債務の本旨に従った履行をする責任）は生じないという考え方に基づくと説明されています（「特定物のドグマ」と呼ばれています）。その上で、売主が債務不履行責任を負わないとしても、瑕疵がないと期待して特定物を買った買主が、売主に対して何の請求もできないのはおかしいということから、買主を保護するために特別に設けた責任が瑕疵担保責任であるという考え方が通説とされてきました（「法定責任説」と呼ばれています）。

イ．瑕疵担保責任の「瑕疵」の意味

　瑕疵担保責任「瑕疵」の意味については、裁判例において、「売主の瑕疵担保責任における瑕疵（現行民法570条本文、566条）とは、当該売買契約締結当時の取引観念上、その種類のものとして通常有すべき品質・性能、又は、当該売買契約に基づき特別に予定されていた品質・性能を欠くことをいうものと解さ

れる（最判平成22年6月1日・民集64巻4号953頁参照）」（東京地判平成28年10月31日・ウエストロー・ジャパン掲載）と判示されています。ここでは、売買の対象となる特定の物について、買主であれば誰でも（特に約束しなくても）期待するであろう品質や性能と、その取引の売主と買主が特に約束した品質や性能という、2つの要素が満たされるかどうかが問題であることが示されていることが分かります。

この事例は、平成23年3月11日に発生した東北地方太平洋沖地震により千葉県浦安市所在の区分所有建物（マンション）が液状化現象等の被害を受けたことを理由に同建物の買主が売主らに対して損害賠償請求を行った事案です。判決においては、売買契約の対象である土地の液状化対策が「諸要素に照らして著しく不合理である場合に限って、当該液状化対策が採られたことをもって、当該不動産が、本件売買契約締結当時の取引観念上、その種類のものとして通常有すべき品質・性能を欠いているということができる」と判示した上で、結論として、「本件売買契約締結当時の取引観念上、分譲マンションとして通常有すべき品質・性能、又は、当該売買契約に基づき特別に予定されていた品質・性能を欠くと認めることができず、本件瑕疵があるということはできない」と判断しました。

なお、「瑕疵」の考え方については、後記 **2.(1)** の法制審議会民法（債権関係）部会　部会資料75A・9～10頁も参照してください。

(2) 改正民法では新たに契約不適合責任が創設される

ア．契約不適合責任の法的な位置づけ

これに対し、改正民法では、現行民法の瑕疵担保責任は廃止されることになり、他方で、特定物売買・不特定売買いずれの場合でも、引き渡した売買の目的物が「種類、品質又は数量に関して契約の内容に適合しないもの」である場合の責任（以下「契約不適合責任」といいます）を負うことが新たに規定されました。

契約不適合責任は、現行民法で通説とされていた法定責任ではなく、債務不履行責任（債務の本旨に従った履行をする責任）として整理されることになり、契約一般についての債務不履行責任との関係では、売買の場合についての特則として位置づけられることになります。

第1章　不動産業（売買）

イ．瑕疵担保責任と契約不適合責任の違い

　改正民法では、これまでの瑕疵担保責任の考え方とは根本的な違いがあるため、様々な違いが生じます。

　例えば、現行民法では、目的物の欠陥に関する買主の救済手段としては損害賠償請求と解除の2つの選択肢しかありませんでした。しかし、改正民法では、追完請求や代金減額請求（追完請求や代金減額請求の内容については、後記第3節 **2.3.** で説明します）も可能となります。

　売買契約における現行民法の瑕疵担保責任と改正民法の契約不適合責任の相違のポイントは、以下の表のとおりです。

【表】売買契約における瑕疵担保責任と契約不適合責任の相違

	瑕疵担保責任 （現行民法）	契約不適合責任 （改正民法）
法的性質	法定責任（通説）（特定物のみが対象）	債務不履行責任（不特定物も対象）
対象	隠れた瑕疵	契約の内容に適合しないもの
契約解除	契約目的を達成できない場合、可	催告により、可 不履行が軽微である場合、不可
損害賠償請求	無過失責任 信頼利益に限られる	売主の帰責事由が必要 履行利益も含まれる
追完請求	不可	履行可能であれば、可 買主の責めに帰すべき場合、不可
代金減額請求	（数量指示売買を除き、）不可	催告により、可 買主の責めに帰すべき場合、不可
権利行使の 保全方法	知ってから1年以内に 損害賠償等の請求が必要	知ってから1年以内に 契約不適合の事実の通知で足りる

※【参考文献1】97頁参照

2. 改正民法による実務対応

(1)「契約の内容に適合しない」かどうかの判断基準

　改正民法では、契約内容の解釈は、「**合意の内容や契約書の記載内容だけでなく、契約の性質**（有償か無償かを含む）**、当事者が契約をした目的、契約締結に至る経緯を始めとする契約をめぐる一切の事情に基づき、取引通念を考慮して評価判断されるべきもの**である」とされています（法務省民事局参事官室「民法〔債権関係〕の改正に関する中間試案の補足説明〔平成25年7月4日補訂〕」89～90頁参照、

法制審議会民法〔債権関係〕部会 部会資料79-3・7頁も同様）。

> ◆法務省民事局参事官室「民法（債権関係）の改正に関する中間試案の補足説明（平成25年7月4日補訂）」89〜90頁《http://www.moj.go.jp/content/000112247.pdf 》
>
> 「契約の趣旨」とは、合意の内容や契約書の記載内容だけでなく、契約の性質（有償か無償かを含む。）、当事者が当該契約をした目的、契約締結に至る経緯を始めとする契約をめぐる一切の事情に基づき、取引通念を考慮して評価判断されるべきことを示すものである。裁判実務において「契約の趣旨」という言葉が使われる場合にも、おおむねこのような意味で用いられていると考えられる。

> ◆法制審議会民法（債権関係）部会 部会資料79-3・7頁《http://www.moj.go.jp/content/000124058.pdf 》
>
> 「契約の趣旨に照らして」とは、「契約の内容（契約書の記載内容等）のみならず、契約の性質（有償か無償かを含む。）、当事者が契約をした目的、契約の締結に至る経緯を始めとする契約をめぐる一切の事情を考慮し、取引通念をも勘案して、評価・認定される契約の趣旨に照らして」という意味であることを前提としていたが、素案の「契約及び取引上の社会通念に照らして」もこれと同様である。契約に「照らして」定まるものである以上、契約の内容のみならず、契約をめぐる一切の事情を考慮して定まることは明らかであるし、また、取引通念が考慮されるべきであることは、素案に明示することとしたため、疑義を生ずる余地はない。

　このような考え方は、従来、「瑕疵」の概念について議論されてきた主観的瑕疵・客観的瑕疵の内容（主観的瑕疵概念は、契約において予定されていた性状を欠いていることをもって瑕疵を有すると考えるのに対し、客観的瑕疵概念は、目的物が通常有すべき性状を欠いているか否かという基準により瑕疵の有無を判断するとされる）と大きく異なるものではありません。改正民法の立法過程の議論においても、「契約の内容に適合しない」との文言は、従前の「瑕疵」の概念について学説や裁判例を踏まえて判断基準を明確化したものであり実質的に変更することを意図したものではないとされています（法制審議会民法〔債権関係〕部会 部会資料75A・9〜10頁）。そのため、現行民法において「瑕疵」にあたると判断されたものが、「契約の内容に適合しない」とはいえないと判断されるケースは、それほど多くはないという指摘もあります（【参考文献24】52頁）。

> ◆法制審議会民法（債権関係）部会 部会資料75A・9〜10頁《http://www.moj.go.jp/content/000121259.pdf 》
>
> 民法第570条では「瑕疵」という文言が用いられている。この文言からは、客観的な瑕疵のみを意味するようにも読めるが、裁判実務においては、いわゆる主観的な瑕疵も「瑕疵」に含める解釈がされている。そこで、これまでの「瑕疵」についての解釈の蓄積等を踏まえ、その意味内容を可能な限り条文上明らかにする方途を講じることが望ましい。

第1章　不動産業（売買）

　　民法第570条にいう「瑕疵」の有無の判断は、より具体的には、目的物が本来備えるべき性状を確定した上で、その「備えるべき性状」との対比において、実際の目的物が当該「備えるべき性状」を有しているかどうかの評価であると考えられる。したがって、瑕疵の意義を条文上明記するのに際しては、「備えるべき性状」を確定する際に何を基準に求めるかを整理した上で、それを条文においてどのように表現するかを検討する必要がある。

　　この「備えるべき性状」をどのように画するかにつき、学説上、いわゆる主観的瑕疵概念と客観的瑕疵概念との対立が言われることがある。すなわち、主観的瑕疵概念は、契約において予定されていた性状を欠いていることをもって瑕疵を有すると考えるのに対し、客観的瑕疵概念は、目的物が通常有すべき性状を欠いているか否かという基準により瑕疵の有無を判断するとされる。もっとも、両者を対立的に捉える必要はないように思われる。すなわち、主観的瑕疵概念を採る立場においても、あるべき性状の確定につき、明示ないし黙示の合意内容を探求することのみに終始することなく、契約をめぐる諸事情から認められる契約の趣旨に照らして（そこでは、取引通念も考慮要素に含まれ得る。）、目的物が有しているべき性状を確定するのであって、そこでは客観的・規範的考慮が排除されているわけではない。また、客観的瑕疵概念に依拠するとしても、「通常有すべき性状」を画定する際に、契約をした目的等を一切捨象しているわけではないし、目的物の性状につき当事者間に合意がある場合にはそれが優先的に考慮されると考えられる。そうすると、瑕疵の存否は、結局、契約の趣旨を踏まえて目的物が有するべき性状を確定した上で、引き渡された目的物が当該あるべき性状に適合しているか否かについての客観的・規範的判断に帰着すると考えられ、裁判実務においても、民法第570条の「瑕疵」に該当するか否かは、基本的にこのような手法で判断されている（最判平成22年6月1日民集64巻4号953頁、最判平成25年3月22日判タ1389号91頁）。以上に基づき、「瑕疵」概念を明文化する必要がある（略）。

　しかし、今後、裁判所が具体的事案について判断する際に基準とするのは、あくまで改正民法の条文の文言内容です。また、現行民法の条文を前提として判断された裁判の内容が、改正民法を前提とする判断に際してどれだけ尊重されるかは、改正民法下で相当数の裁判例が蓄積されていかなければ見えてきません。したがって、今後、民法の文言が変わることにより、裁判所の判断が変わっていく可能性は否定できません。また、少なくとも改正民法下で相当数裁判例が蓄積していくまでは、契約不適合責任で問題となる「契約の内容」の解釈は不明確といえ、裁判所がどう解釈するのかについての予測は、これまでより難しくなるのではないかと考えられます（後記(2)ア参照）。

(2) 契約目的に関する契約条項

ア．契約締結の動機・目的等を明確にする

　前記(1)のとおり、契約不適合責任で問題となる「契約の内容」とは何かが明らかではないため、その解釈を巡って争いになる事態が予想されます。また、既に述べたとおり、改正民法の下では、裁判所が、現行民法の下で判断さ

れている「瑕疵」の解釈とは異なる解釈がなされる可能性もあります。

　後の紛争をできる限り予防するために、買主としては、売買契約書等で、売買契約を締結する動機や目的、契約締結に至る経緯等をできる限り相手方に開示しておくことが重要です。

　これらの記載により「契約の内容」をできる限り確定させることは、契約解釈の指針として、これまで以上に重視されるものと考えられます。例えば、以下の判断にあたって「契約の内容」が考慮されます。

- ●「契約の内容に適合しないもの」かどうか（改正民法562条〜566条等）
- ●債務不履行責任に関して「その債務の不履行が契約その他の債務の発生原因及び取引上の社会通念に照らして債務者の責めに帰することができない事由」かどうか（改正民法415条）
- ●履行不能に関して「債務の履行が契約その他の債務の発生原因及び取引上の社会通念に照らして不能である」かどうか（改正民法412条の2）
- ●契約の催告解除に関して「債務の不履行がその契約及び取引上の社会通念に照らして軽微である」かどうか（改正民法541条）

POINT　売買契約を締結する動機や目的、契約締結に至る経緯等をできる限り明確にすることを検討する

イ．売買目的物の仕様や水準を明確にする

　また、特に問題が生じやすい土地の売買契約等においては、買主としては、売買契約書等に、**売買目的物である土地の利用目的を記載する**ことや、**買主が求める目的物の仕様等を具体的に記載する**ことが重要となります。土地の利用目的としては、マンション建設、生鮮市場建設、保育園建設等の建築目的物や、当該建築物の内容・規模、事業スケジュール等を記載することが考えられます。また、目的物の仕様については、例えば、具体的に懸念される土壌汚染や地中障害物が存在しない土地の引渡しを目的とすることを記載しておくことが考えられます。

　土地の売主としても、後の紛争をできる限り予防するために、重要事項説明書、物件概要書その他の関連資料に、認識している土地の状況についてできる限り明確に記載することが重要となります（【参考文献1】98頁参照）。

9

第1章　不動産業（売買）

> **POINT** 売買目的物である土地の利用目的（マンション建設、生鮮市場建設、保育園建設等の建築目的物や当該建築物の内容・規模、事業スケジュール等）や目的物の仕様等を明確にすることを検討する

契約条項例	第6節【書式例】1条参照
甲（買主）は、本物件を、○○のために取得するものであり、本物件の地中に土壌汚染、廃棄物その他地中障害物が一切存在しない状態で引き渡されることを求めるものである。	

ウ．当事者が認識している欠陥の取扱いを明確にする

　現行民法における瑕疵担保責任は、「隠れた」瑕疵が対象となるため、買主が対象地の土壌汚染や建物の欠陥を認識していたようなケース（又は認識していないことについて過失があるケース）では、基本的に、瑕疵担保責任を追及することはできないことになります。現行民法下における瑕疵担保責任の欠陥（瑕疵）が「隠れた」ものであることを要件としたのは、"買主においても明白な瑕疵は代金決定の際に価格に織り込まれているはずである（瑕疵があることを前提に価格が決められたはずである）"との考え方に基づくものです。

　これに対し、改正民法における契約不適合責任は、不適合が「隠れた」ものであることは要件とされていません。したがって、売買対象地の土壌汚染や建物の欠陥を買主が認識していた場合でも、「契約の内容に適合しない」といえる場合には、売主は契約不適合責任を負うことになります。改正民法の契約不適合責任において、欠陥（瑕疵）が「隠れた」ものであることを要件としなかったのは、当該欠陥（瑕疵）が代金決定にあたって売買価格に織り込まれているか否か（つまり、当該欠陥に関するリスクを買主が受け入れているか否か）の判断は、契約不適合があるといえるか否か（売買対象物の性状が契約の趣旨に適合しているか否か）の判断に帰着することから、それに重ねて当該欠陥（瑕疵）が隠れているか否かを問題にする意義は乏しいためであると説明されています（法務省民事局参事官室「民法〔債権関係〕の改正に関する中間試案の補足説明〔平成25年7月4日補訂〕」

10

407頁、法制審議会民法〔債権関係〕部会 部会資料75A・18頁～19頁）。

◆法制審議会民法（債権関係）部会 部会資料75A・18～19頁《http://www.moj.go.jp/content/000121259.pdf》

　目的物の性状が契約の趣旨に適合しない場合の買主の権利（前記4の代金減額請求権も含む。）の行使要件について、その不適合が「隠れた」（民法第570条）ものであるという要件は設けないこととしている。その理由は、以下のとおりである。

　ア　瑕疵が「隠れた」ものであるとの要件について、判例は瑕疵に関する買主の（契約締結における）善意無過失と解していると一般に言われているが（大判昭和5年4月16日民集9巻76頁参照）、過失があった買主については救済を全て否定するという結論は、買主に酷であると考えられ、買主の過失で瑕疵を見落としたような場合には過失相殺（民法第418条）により事案に応じた弾力的な解決を図るほうが適切であると考えられる。また、契約当事者が契約締結時点では瑕疵の存在を認識していても、売主が当該瑕疵を修補した上で買主に引き渡す義務を負うと解すべき事案があること（工業製品の売買においてはこのような場合は少なくないように思われる。）も念頭に置くと、契約締結時点における買主の主観的要件で一律に救済の可否を決する規律の在り方は適切でないと考えられる。

　イ　瑕疵が「隠れた」ものであることを要件としたのは、明白な瑕疵は代金決定の際に織り込まれているはずであるからと説明されているが、当該瑕疵が代金決定に当たって織り込まれているか否かの判断は、その目的物が性状に関して契約の趣旨に適合しているか否かの判断に帰着するように思われ、それに重ねて瑕疵が隠れているか否かを問題にする意義は乏しいと考えられる。

※法務省民事局参事官室「民法（債権関係）の改正に関する中間試案の補足説明（平成25年7月4日補訂）」407頁も同旨《http://www.moj.go.jp/content/000112247.pdf》

　当事者が認識している土地・建物の欠陥（又は容易に認識することができる土地・建物の欠陥）があることをもって、対象地が「契約の内容に適合しない」といえるか否かは、必ずしも明らかではありません。

　そこで、後の紛争をできる限り避けるためには、当事者が認識している土地・建物の欠陥については、売買契約書や重要事項説明書、物件概要書等で明示し、必要に応じて売買代金から相当額を減額した上で、売主が責任を負わない（又は責任を負う）ことを明確にすることが考えられます。

POINT 当事者が認識している土地・建物の欠陥については、売買契約書や重要事項説明書、物件概要書等で明示し、必要に応じて売買代金を減額した上で、売主が責任を負わない（又は責任を負う）ことを明確にすることを検討する

第1章　不動産業（売買）

(3) 売主の表明保証責任に関する契約条項

ア．表明保証責任の概要

　表明保証とは、契約当事者の一方が、他方当事者に対して、契約の目的物等に関連する一定の事項について真実かつ正確であることを表明し、その表明した内容を保証するものです。例えば、土地売買契約の売主が、買主に対し、売買対象地の土地中に、特定有害物質、ダイオキシン類、アスベスト等の土壌汚染が存在しないことを表明保証することなどが考えられます。

イ．表明保証責任の要件を明確にする

　例えば、土壌汚染に関する表明保証条項について、対象地の地中に「禁止有害物質」や「価値減損物質」が存在しない旨の条項として規定されることも多く見受けられます。

　一般に、禁止有害物質とは、法令や条例等において製造、輸入、使用が禁止、規制されている物質をいいます。また、価値減損物質とは、対象地の所有、使用や改良等が行われる場合に、当該物質に関して法令や条例上の規制に基づいて負担するおそれのある責任を回避するために、費用、義務又は何らかの制限を負うこととなるような物質のことをいいます。

　この条項で注意すべきなのは、表明保証条項はもともと欧米の実務から導入されたものであることから、そのまま流用することが日本の実務にそぐわない場合があるということです。例えば、土壌汚染対策法やダイオキシン類対策特別措置法等で規制されている物質が存在しないことを表明保証の対象とすることがありますが、特定有害物質やダイオキシン類等の有害物質が「禁止有害物質」や「価値減損物質」に含まれるのか必ずしも明らかではありません。土壌汚染対策法は、特定有害物質の使用自体を禁止しているわけではなく、一定の土壌汚染があった場合に対策等の措置を求めているだけであり、対策が要求されるのも要措置区域等の指定（土壌汚染対策法6条1項）を受けた場合のみであるためです。

　売買契約書においてこのような規定を入れるかどうか、入れるとしてもその具体的な内容をどうするべきかについても検討すべきであると考えられます（【参考文献20】80頁等）。

　そこで、土地の買主が、"対象地に土壌汚染が存在せず、地中障害物等も存在しない"ことを売主に確約させたいという場合、売買契約書において、(a)

表明保証条項としてその旨の条項（概括的な条項）を設ける、(b) 対象地の地歴や関係書類、売主の説明等からみて後に発見される可能性があると考えられる土壌汚染や地中障害物、廃棄物等について具体的に明記した上で、それらが存在しないことを表明保証する旨の条項（具体的に列挙する条項）を設けることなどが考えられます。

　表明保証の対象となる土壌汚染（有害物質）や地中障害物を具体的に明記する場合には、対象となる有害物質や基準値（基準値がない場合の任意数値基準）、その検査方法等についても検討することが必要となります。

POINT 対象地の地歴や関係書類、売主の説明等からみて後に発見される可能性があると考えられる土壌汚染や地中障害物、廃棄物等について、表明保証の対象として具体的に明記することを検討する

契約条項例	第6節【書式例】9条参照

　土壌汚染対策法に規定する環境省令又は環境庁告示（平成3年環境庁告示第46号）に適合しない特定有害物質及びダイオキシン類対策特別措置法7条に規定する環境庁告示（平成11年環境庁告示第68号）で定める基準に適合しないダイオキシン類が存在しないこと。

ウ．表明保証責任違反の効果を明確にする

　表明保証条項が規定される場合には、通常、一方当事者により表明保証された事項が"真実・正確ではなかった場合"の損害補償義務等が定められます。

　もっとも、表明保証条項は、前記**イ**のとおり、もともと欧米の実務から導入されたものであって日本の民法で当然に予定されているものではなく、裁判例の蓄積も多くはないため、表明保証条項に違反した場合に認められる効果は必ずしも明確ではありません。

　そのため、後の紛争をできる限り予防するために、売買契約書において、表明保証条項違反による補償内容を具体的に規定するほか、その他の表明保証違反の効果（クロージング条件の未充足や、場合によっては契約の解除事由となること等）

第1章　不動産業（売買）

を規定することなどが考えられます（【参考文献20】80頁、【参考文献2】113頁参照）。

POINT 表明保証条項違反による補償内容を具体的に規定するほか、その他表明保証違反の効果（クロージング条件の未充足や場合によっては契約の解除事由となること等）を明確にすることを検討

契約条項例	第6節【書式例】9条参照

　乙（売主）は、本条に規定する表明及び保証に関し、誤りがあり又は不正確であったことが判明した場合には、直ちに甲（買主）に対しその旨を書面により通知するものとする。乙（売主）が本条に規定する表明及び保証義務に違反した場合、又は乙（売主）が本項に規定する通知義務に違反した場合、乙（売主）は、本物件の引渡しを完了したときから○年間、当該違反に起因又は関連して甲（買主）に生じる一切の損害、損失及び費用（追加調査・対策費用、工事遅延に伴う追加工事費用、合理的な範囲の弁護士費用を含むが、これらに限らない。）を速やかに補償するものとする。

エ．表明保証と契約不適合責任の適用関係を整理する

　前記 **2.**(1)のとおり、「契約の内容に適合しない」との文言は、従前の「瑕疵」の概念を実質的に変更することを意図したものではないとされています（法制審議会民法〔債権関係〕部会　部会資料75A・9～10頁）。

　もっとも、表明保証条項と契約不適合責任の関係は必ずしも明らかではないことから、ある表明保証事項に反する事実（例えば、売買対象の中古高層住宅にアスベストを使用していないこと等）が判明した場合において、現行民法では表明保証違反が「瑕疵」とまでの評価を受けないものであっても、改正民法下においては、当該表明保証事項が「契約の内容」（売主の給付義務の内容）を確定するものと解され、表明保証違反に加えて、「契約の内容に適合しない」（改正民法562条等）と評価される余地があります（なお、現行民法においても同様に、表明保証事項違反が「瑕疵」と評価されるのかどうかという問題は存在しているものと思われます）。

14

そのため、売買目的物の性状等に関する表明保証規定を置く場合、例えば、売買目的物の性状等に関する表明保証条項（例えば、上記の例のほか、売買対象地の土地中に、特定有害物質、ダイオキシン類、PCB等の土壌汚染が存在しないことを表明保証する場合等）を規定する場合には、契約不適合責任その他の責任と表明保証責任の適用関係や整合性に留意すべきと考えられます。

この点を明確にするためには、例えば、土地の買主として、売主に契約不適合責任、売買契約上の地中調査・対策義務（後記第3節**2.**(2)ウで説明します）に加えて表明保証責任も負ってもらいたいというのであれば、それぞれの事項について条項を規定した上で、各要件を満たす限り各条項に規定される権利を選択的（いずれか）又は重畳的（いずれも）に行使することができる旨を規定するような方法が考えられます（【参考文献20】83頁等）。これに対し、土地の売主として責任範囲を限定したいということであれば、ある特定の表明保証条項（例えば、土壌汚染が存在しないことを内容とする表明保証条項）に違反した場合について、売主の負う責任を表明保証違反に基づく補償責任に限定し、その他の責任、例えば契約不適合責任に基づく権利行使は認めない（契約解除については認めないなど）というような方法が考えられます（【参考文献2】113頁参照）。

POINT 契約不適合責任と表明保証責任の適用関係や整合性を明確にすることを検討

契約条項例	第6節【書式例】9条参照
乙（売主）は、第〇条に定める責任とは別個独立に本条に規定する表明保証責任を負い、甲（買主）は、任意に選択的又は重畳的に各責任に基づく請求等を行うことができるものとする。	

第1章　不動産業（売買）

第3節 買主による権利行使手段の実務対応

1. 総論

(1) 改正のポイント（権利行使手段の多様化）

　上記第2節**1.(2)ア**のとおり、改正民法においては、契約不適合責任は債務不履行責任に関する売買の特則として整理され、買主の権利として、新たに、欠陥の修補や代替物の引渡し等を内容とする追完請求権（改正民法562条1項）や欠陥部分相当額の代金減額請求権（改正民法563条1項、2項）が規定されました（追完請求や代金減額請求の内容については、後記**2.3.**で説明します）。また、瑕疵担保責任として現行民法でも認められていた解除権や損害賠償請求権については、改正民法下では、債務不履行責任の一般規定である契約解除の条項（改正民法564条、541条、542条）、及び損害賠償の条項（改正民法564条、415条）に基づき、認められることになります。

　なお、以下の表は、後述する各権利行使手段の主観的要件（各権利行使手段と当事者の責めに帰すべき事由の要否の関係）をまとめたものです（法務省民事局「民法〔債権関係〕の改正に関する説明資料－主な改正事項－」40頁を参考に作成）。

【表】契約不適合責任に基づく買主の権利行使手段と主観的要件

	買主に帰責事由あり	双方に帰責事由なし	売主に帰責事由あり
追完請求（562条）	×	○	○
代金減額請求（563条）	×	○	○
損害賠償請求（415条）	×	×	○
契約解除（541条）	×	○	○

(2) 改正民法による実務対応

ア. 権利行使手段の多様化とそれぞれの関係を検討する

改正民法で定められた各権利行使手段（追完請求権、代金減額請求権、解除権、損害賠償請求権）について、相互の関係を統一的に規律するということはなされていません（法制審議会民法〔債権関係〕部会 部会資料75A・16頁）。そのため、買主が、各権利行使手段のうちどの手段を選ぶかは自由であり、決められた優先順位はありません。

もっとも、これらの各権利行使手段のうちの複数の手段を矛盾する形で行使することはできません（法制審議会民法〔債権関係〕部会 部会資料75A・16頁）。例えば、売買対象物で発覚した欠陥に関して代金減額請求権を行使した場合（例えば、100万円の売買代金から欠陥相当部分について20万円を減額するという請求をした場合）には、当該売買代金の減額する理由とした欠陥部分（減額した20万円に相当する部分）については追完請求（欠陥部分の修補や代替品の引渡しの請求）をすることができません。なぜなら、契約の内容に適合しない欠陥部分について代金の減額を求めた以上、その部分は履行しないでよいことにしたはずであるにもかかわらず、追完（欠陥部分の修補や代替品の引渡しの請求）を求めることは、いわば二重取りとなり矛盾すると考えられるためです。なお、いずれか一方を求めるために複数の救済手段に基づく権利行使を行うことは認められます。例えば、主位的に特定の各権利行使手段（例えば、契約の全部解除）を求めつつ、それが認められない場合に備えて予備的に他の各権利行使手段（例えば、代金減額請求）を求めること、又は、いずれかが認められるように選択的に権利行使を行うことは可能です。

◆法制審議会民法（債権関係）部会 部会資料75A・16頁《http://www.moj.go.jp/content/000121259.pdf》
　中間試案第35,5⑶では、代金減額請求権行使の意思表示につき、履行の追完を請求する権利（履行の追完に代わる損害の賠償を請求する権利を含む。）及び契約の解除をする権利を放棄する旨の意思表示と同時にしなければその効力を生じないものとしていた。（略）
　しかし、この論点については、パブリック・コメントの手続において、実際の民事紛争の場面では、全部解除や損害賠償請求等を希望しつつも、これらが認められるかどうかが不明確である場合に、予備的に代金減額請求権を行使したい場合があり、解除権等の放棄を要件としてしまうと、柔軟な民事紛争の解決ができなくなってしまうこと等を理由として、多くの反対意見が寄せられている。このような意見分布を踏まえ、矛盾する他の救済手段を行使することができないことは明文規定がなくても解釈論として導くことが可能であると考えられることなどを考慮し、中間試案第35,5⑶の規律については、設けないこととした。

第1章　不動産業（売買）

　契約実務上は、改正民法の規定を特約でどのように修正して、各権利行使手段相互の順序づけや矛盾の解消をするかが、課題であるとされています。

　実務的には、①それぞれの権利行使手段を行使することができる順序に関する特約や、②一部の権利行使手段に限定する（あるいは放棄する）特約を規定することが考えられます。②一部の権利行使手段を放棄する特約については、宅建業者が売主になる場合における宅地建物取引業法上の規制には抵触しないこと、また、消費者契約法上も無効とはならないことが指摘されています（【参考文献26】66頁）。

イ．改正民法の規定を変更する特約を検討する

　強行規定である場合を除き、契約不適合責任に基づく買主の権利行使手段について特約を合意することは可能です。この点については、債務不履行に関し、以下のように説明されています。

◆法制審議会民法（債権関係）部会　部会資料79-3・10頁《http://www.moj.go.jp/content/000124058.pdf》

　契約及び取引通念に照らして帰責事由の有無が判断されるといっても、例えば、売買契約上の特約において、目的物に特定の瑕疵（契約不適合）があった場合には売主の帰責事由の有無を問わずに一定額の損害賠償責任を負う旨が定められ、現にそのような瑕疵（契約不適合）があった場合に、契約及び取引通念に照らして判断した結果、債務者の帰責事由が否定され損害賠償責任も否定されるといったことは想定されていない。「契約及び取引上の社会通念に照らして債務者の責めに帰することができない事由によって生じた債務不履行に基づく損害賠償の責任は負わない」旨の規律は、その意味で任意規定であり、その点は現行法と何ら変わらない。

　もっとも、当該特約が民法90条（公序良俗に反する条項の無効）、消費者契約法10条（消費者の利益を一方的に害する条項の無効）等に抵触する場合にはその効力が制限されることはいうまでもありません（法制審議会民法〔債権関係〕部会　部会資料79-3・7〜8頁）。

◆法制審議会民法（債権関係）部会　部会資料79-3・7〜8頁《http://www.moj.go.jp/content/000124058.pdf》

　また、契約及び取引通念に照らして定まるといっても、例えば、売買契約上の特約において、買主は自己の財産に対するのと同一の注意をもって目的物を保存すれば足りる旨が定められている場合に、契約及び取引通念に照らして判断した結果、当該特約の内容とは異なる保存義務が認められるといったことは想定されていない。当該特約が民法第90条、消費者契約法第10条、民法第1条第2項、同条第3項等によって制限されることはもちろん否定されないものの、契約及び取引通念に照らして当事者間の特約の内容を変容させるようなことは想定されていない。

　以下、それぞれの権利行使手段について説明します。

第3節　買主による権利行使手段の実務対応

2. 追完請求権

(1) 改正のポイント

●**改正民法562条**（買主の追完請求権）

1. 引き渡された目的物が種類、品質又は数量に関して契約の内容に適合しないものであるときは、買主は、売主に対し、目的物の修補、代替物の引渡し又は不足分の引渡しによる履行の追完を請求することができる。
   ただし、売主は、買主に不相当な負担を課するものでないときは、買主が請求した方法と異なる方法による履行の追完をすることができる。
2. 前項の不適合が買主の責めに帰すべき事由によるものであるときは、買主は、同項の規定による履行の追完の請求をすることができない。

●**改正民法565条**（移転した権利が契約の内容に適合しない場合における売主の担保責任）

　前三条の規定は、売主が買主に移転した権利が契約の内容に適合しないものである場合（権利の一部が他人に属する場合においてその権利の一部を移転しないときを含む。）について準用する。

　改正民法では、売主が契約の内容に適合しない目的物を引き渡した場合には、履行が不能である場合等を除き、買主に追完請求権が認められることになりました（改正民法562条1項）。追完請求の具体的内容としては、売買対象物に欠陥があった場合には欠陥のない代替物の引渡し又は欠陥箇所の修補を求めること、売買対象物の数量が不足する場合には不足分の引渡しを求めることが認められます。もっとも、買主の責めに帰すべき事由によって契約の不適合が生じた場合には、追完請求をすることはできないとされています（同条2項）。

　追完請求のうち、履行の方法が複数ある場合（修補の方法が複数ある場合も同様）には買主に選択権がありますが、「買主に不相当な負担を課すものではないとき」は、売主は買主の請求とは異なる方法での履行の追完をすることが可能とされています（同条1項但書）。

(2) 改正民法による実務対応

ア．追完方法の内容や追完方法の決定者をあらかじめ合意する

　前記(1)のとおり、追完請求のうち、履行の方法が複数ある場合（修補の方法が複数ある場合も同様）には買主に選択権がありますが、「買主に不相当な負担を課すものではないとき」は、売主は買主の請求とは異なる方法での履行の追完

19

第1章　不動産業（売買）

をすることが可能とされています。

　例えば、買主が代替品の提供（新品の提供）を求めたのに対し、売主は修補することで契約不適合部分を完全に解消（除去）できることを理由に修補を選択することができ、これによって代替品の提供を免れることになります。

　不動産取引実務上ここで特に問題となるのが、土地売買契約の対象地から土壌汚染が発見されたようなケースです。土地の売買契約の内容として“土壌汚染のない土地の引渡し”が求められている場合、買主は汚染土壌の掘削除去による追完（完全な汚染除去）を求める一方で、売主は覆土（盛土）などによる追完（相対的にコストの安価な健康被害防止のための必要最低限の対策）を主張することで、争いとなることがあります。

　実際、現行民法下においても、土地売買契約で売主に土壌汚染対策義務が規定されているような事案で、土壌汚染対策方法を巡って紛争となった裁判例があります（東京地判平成18年11月28日・判例秘書掲載L06134820等）。当該事例においては、「開発工事に際し、飛散防止及び搬出土壌の適正な処分が必要であり、かつ、汚染が健康に影響する可能性を考慮すれば、舗装、盛土、土壌入替え等の対症療法ではなく、汚染土壌の除去が必要」と判示されています。売買契約の予定する内容として、「土壌汚染が一切存在しない土地」である必要があるのか、「汚染土壌による健康等のおそれのない土地」（つまり、汚染自体は存在するものの封じ込め等によって隔離することで健康被害のない状態の土地）であれば足りるのかによって、結論が変わることになります。

　後の紛争をできる限り避けるためには、売買契約書において、追完方法をあらかじめ具体的に規定しておくことも考えられますが、より現実的には、**追完方法の一部を放棄**することや**追完方法を具体的に明示**（修補方法の具体的内容を明示）すること、もしくは、**買主（又は売主）のみが追完内容を指定できることを規定**しておくことなどが考えられます。

POINT

◆追完方法をあらかじめ具体的に規定しておくか、追完方法の一部を放棄することや追完方法を具体的に明示（修補方法の具体的内容を明示）することを検討

◆買主（又は売主）のみが追完内容を指定できることを規定しておくことを検討

以下の【契約条項例】は、第1項において、品質が契約内容に適用しない場合には追完方法として修補のみを認め、特に土壌汚染が存在する場合は補修方法の内容として汚染土壌の掘削除去の方法によることを具体的に明示する一方で、第2項において、改正民法562条1項但書の適用がないことを明確にすることで売主による追完方法の選択権を明確に排除する内容となっています。ここで注意すべきは、第1項において追完方法の指定権者ないし具体的方法を規定した場合であっても、必ずしも相手方（売主）の選択権（改正民法562条1項但書）を明確に排除したことにはならないということです。契約内容に疑義を生じさせないためにも、民法の適用を排斥したいと考える場合には、明示的に規定すべきと考えられます（【参考文献1】98頁参照）。

契約条項例	第6節【書式例】5条1項参照

1. 甲（買主）に引き渡された本物件が種類、品質に関して契約の内容に適合しないものであるときは、甲（買主）は、相当の期間を定めて、甲（買主）の指定した合理的な方法により、本物件の修補（土壌汚染が存在する場合は汚染土壌の掘削除去等を含むがこれに限らない。）を求めることができる。
2. 民法562条1項但書は、本契約には適用しない。ただし、修補に過大の費用を要する場合（売買代金額の○割を超えた場合を含むがこれに限らない。）には、この限りではない。

イ．追完請求ができない場合（追完する必要がない場合）を明確にする

　売買対象に契約不適合があるケースでも、追完することが不能な場合（例えば欠陥部分の修補が不可能な場合）には、追完請求をすることはできないと考えられています。

　しかし、どのような欠陥があれば（どの程度の欠陥があれば）追完不能と判断され、売主が追完請求を免れるのかは必ずしも明らかではありません。

　追完不能か否かの判断は、履行不能の規定（改正民法412条の2）により **「契約その他の債務の発生原因及び取引上の社会通念に照らして不能である」** か否かで判断されることになります。

第1章　不動産業（売買）

> **●改正民法412条の2（履行不能）**
> 1. 債務の履行が契約その他の債務の発生原因及び取引上の社会通念に照らして不能であるときは、債権者は、その債務の履行を請求することができない。
> 2. 契約に基づく債務の履行がその契約の成立の時に不能であったことは、第415条の規定によりその履行の不能によって生じた損害の賠償を請求することを妨げない。

　具体的には、①履行が物理的に不可能である場合、②履行に要する費用が、債権者が履行により得る利益と比べて著しく過大なものである場合、③その他、当該契約の趣旨に照らして、債務者に債務の履行を請求することが相当でないと認められる場合などには履行不能と判断されることになると考えられます（法務省民事局参事官室「民法〔債権関係〕の改正に関する中間試案の補足説明〔平成25年7月4日補訂〕」106頁、【参考文献21】61頁参照）。

　例えば、土壌汚染がある場合の汚染対策等に過大の費用を要するケースでは、仮に土壌汚染対策を行うこと自体は物理的に可能だったとしても、履行の追完が不能であると判断され、代金減額、契約解除、損害賠償などによって対応せざるを得ない場合がでてくると思われます。

◆法務省民事局参事官室「民法（債権関係）の改正に関する中間試案の補足説明（平成25年7月4日補訂）」106頁《http://www.moj.go.jp/content/000112247.pdf》

　契約による債権（金銭債権を除く。）につき次に掲げるいずれかの事由（以下「履行請求権の限界事由」という。）があるときは、債権者は、債務者に対してその履行を請求することができないものとする。
　ア　履行が物理的に不可能であること。
　イ　履行に要する費用が、債権者が履行により得る利益と比べて著しく過大なものであること。
　ウ　その他、当該契約の趣旨に照らして、債務者に債務の履行を請求することが相当でないと認められる事由

（概要）

　契約による債権につき、履行請求権がいかなる事由がある場合に行使できなくなるか（履行請求権の限界）について、明文規定を設けるものである。従来はこれを「履行不能」と称することが一般的であったが、これには物理的に不可能な場合のみならず、過分の費用を要する場合など、日常的な「不能」の語義からは読み取りにくいものが広く含まれると解されている（社会通念上の不能）。（略）そこで、本文では、履行請求権が一定の事由がある場合に行使することができなくなることと、その事由の有無が契約の趣旨（略）に照らして評価判断されることを定めるものとしている（本文ウ）。また、履行請求の限界事由に該当するものの例として、履行が物理的に不可能な場合（本文ア）及び履行に要する費用が履行により債権者が得る利益と比べて著しく過大なものである場合（本文イ）を示すこととしている。

　後の紛争をできる限り避けるためには、売買契約書において、修補に過大の

費用を要する場合（例えば、「〇円を超える場合」、「売買代金額の〇割を超える場合」）には修補する義務を免れ、他の方法（代替物の引渡しを内容とする追完請求のほか、売買代金減額請求、契約解除、損害賠償請求等）で対応する旨を明記するなどの方法が考えられます（【参考文献1】99頁参照）。

なお、あらかじめ追完が不能であることについて客観的基準を設けることが宅地建物取引業法40条に規定される「買主に不利となる特約」として無効となるかどうかについては注意を要します。

> **POINT**
> ◆どのような場合に契約の追完（修補）が不能となるかを明確にすることを検討
> ◆追完・修補に過大の費用を要する場合には追完を行わず、他の権利行使手段で対応することができることを規定することを検討

ウ．売主の地中調査義務・地中対策義務を契約で規定する

不動産実務上、地中から土壌汚染や油分、地中障害物、廃棄物等が発見されるケースは非常によく見られます。

買主が、購入した工場跡地などの土地上に高層建築物を建築して第三者へ転売したり、自らが同建物において事業を行うようなプロジェクトを計画しているケースでは、土地の引渡しがなされるまでに十分な地中調査や適切な地中対策がなされないと、プロジェクト計画自体が遅れ、その結果として多大な損害（工期延長による追加コスト、事業開始遅延による機会損失等）を被るほか、プロジェクト自体が頓挫してしまう可能性も否定できません。

このようなリスクに対しては、土地の引渡しを受けた後に前述の追完請求権を行使することが考えられますが、それでは不十分な場合もあります。そのため、買主としては、売買契約書に、土地引渡し時（ないしはそれ以前の任意の時期）までに地中調査・対策を実施する売主の義務を明記することにより、売主によって適時適切にその義務が履行されることを促すことが考えられます。

実務上は、地中調査については買主が実施するケースも多く見られます。

> **POINT**
> 売買契約で、売主の義務として土地の引渡し時（ないしはそれ以前の任意の時期）までに地中調査・対策義務を負うことを規定することを検討

第1章　不動産業（売買）

エ．売主の地中調査・対策義務について対策方法や義務違反の効果を明確にする

　売買契約書に、売主の地中調査・対策義務が明記されていたとしても、それだけで売主としてどのような調査・対策が求められるのか、どのような範囲・深度で調査・対策をすればよいのかが決まるわけではありません。

　そこで、買主としては、買主が求める内容（水準）の地中調査・対策が実施されるように、売買契約書等において、**調査・対策の対象物質、基準値、実施範囲、深度及び分析方法等を明記するか、これらを買主が指示することができる旨を明記**することが考えられます（【参考文献20】84頁、【参考文献1】99頁参照）。

　さらに、買主としては、売主による地中調査や対策が不十分である場合に、売主に追加調査の義務を課すほか、地中調査・対策が不十分だった場合の効果（契約の解除事由となる、損害賠償が認められる、売買代金支払いの一部留保することができる等）についても、売買契約書に規定することが考えられます。具体的な契約条項の内容については、対象地の状況や各当事者の事情等を踏まえた適切な内容とする必要があります（【参考文献20】88頁等）。

POINT

◆地中調査・対策の対象物質、基準値、実施範囲、深度及び分析方法等を規定するか、これらを買主が指示することができる旨を規定することを検討

◆売主による地中調査や対策が不十分であると考えられる場合に、売主に追加調査の義務を課すほか、調査・対策が不十分だった場合の効果（契約の解除事由となる、損害賠償が認められる、売買代金支払いの一部留保することができる等）を規定することを検討

契約条項例	第6節【書式例】10条参照

　土壌汚染履歴調査の結果、甲（買主）が必要と認めた場合には、乙（売主）は、甲（買主）が指定する日までに、乙（売主）の責任と負担により、指定調査機関に対し、土壌汚染対策法に規定する環境省令又は環境庁告示（平成3年環境庁告示第46号）及びダイオキシン類対策特別措置法7条に規定する環境庁告示（平成11年環境庁告示第68号）における項目、基準、範囲、深度及び方法…等に基づき、土壌汚染等の存在の有

無を把握するための調査を実施させた上で、調査結果を書面により甲（買主）に報告するものとする。

オ．売主の地中調査・対策義務と他の条項との関係を明確にする

また、売買契約において、売主による地中調査・対策義務についての条項が規定された場合に、売主がさらに契約不適合責任や不法行為責任を負うことは別の問題です。

これに対して、実務上、売主から、「その後に発見された土壌汚染や地中障害物等に関する責任については当該条項の範囲でのみ責任を負うのであるから、地中調査・対策義務条項への合意又は同条項に従って調査・対策を実施したことをもって、その他の契約不適合責任や不法行為責任は免責された」と主張されることがあります。

買主としては、後の紛争を予防するために、売買契約において、土壌調査を実施し浄化等の措置をすでに実施した場合であっても、後に判明した土壌汚染についての売主の責任を免責しない旨の規定を規定しておくことが考えられます（【参考文献20】89頁等）。

3. 代金減額請求権

(1) 改正のポイント

●改正民法563条（買主の代金減額請求権）

1. 前条第1項本文に規定する場合において、買主が相当の期間を定めて履行の追完の催告をし、その期間内に履行の追完がないときは、買主は、その不適合の程度に応じて代金の減額を請求することができる。
2. 前項の規定にかかわらず、次に掲げる場合には、買主は、同項の催告をすることなく、直ちに代金の減額を請求することができる。
   一　履行の追完が不能であるとき。
   二　売主が履行の追完を拒絶する意思を明確に表示したとき。
   三　契約の性質又は当事者の意思表示により、特定の日時又は一定の期間内に履行をしなければ契約をした目的を達することができない場合において、売主が履行の追完をしないでその時期を経過したとき。
   四　前三号に掲げる場合のほか、買主が前項の催告をしても履行の追完を受ける見込みがな

第1章　不動産業（売買）

　　　いことが明らかであるとき。
　3.第1項の不適合が買主の責めに帰すべき事由によるものであるときは、買主は、前2項の規定
　　による代金の減額の請求をすることができない。

　改正民法では、売主が契約の内容に適合しない目的物等を引き渡した場合には、買主の責めに帰すべき場合を除き、新たに代金減額請求権が認められました（改正民法563条1項、2項）。代金減額請求の具体的内容としては、売買対象物に欠陥があった場合には欠陥に対応する金額を売買代金から減額することを求めること、売買対象物の数量が不足する場合には不足分の金額を売買代金から減額することを求めることが認められます。もっとも、買主の責めに帰すべき事由によって契約の不適合が生じた場合には、代金減額請求をすることはできないとされています（同条3項）。

　代金減額請求権は、履行の追完を催告したにもかかわらずこれがない場合に、「不適合の程度に応じて」代金の減額を請求することができるものです。

(2) 改正民法による実務対応

ア．代金減額請求の要件として相手方の帰責事由を求める

　改正民法では、損害賠償請求を行うにあたり売主の帰責事由（売買対象物に契約不適合があることについて売主の責めに帰すべき事由があること）が必要となりますが、代金減額請求ではこれが要求されていません。そのため、売主に帰責事由がなく損害賠償請求を行うことができないケースでも、買主が代金減額請求を行うことによって実質的に損害賠償請求を行うのと同様の結果を得ることができる場合があります（法制審議会民法〔債権関係〕部会　部会資料75A・15頁）。

◆法制審議会民法（債権関係）部会　部会資料75A・15頁《http://www.moj.go.jp/content/000121259.pdf》
　この権利は、履行の追完を請求する権利につき履行が不能である場合や、債務不履行による損害賠償につき免責事由がある場合であっても行使することができる点に存在意義がある。

　売主として、そのような事態を避けたいと考える場合には、売買契約書において、代金減額請求権の要件として損害賠償請求と同様に売主の帰責事由を求めることを規定しておくことが考えられます（【参考文献1】100頁参照）。

POINT 代金減額請求権の要件として損害賠償請求と同様に売主の帰責事由を求めることを検討

イ．代金減額請求を行使するのに必要となる事前の催告を不要とする

　代金減額請求は、買主が売主に対して相当の期間を定めて履行の追完を催告（例えば、「2週間以内に追完せよ」との催告）したにもかかわらず、当該期間内に履行の追完がない場合に、行使することができるものです（法制審議会民法〔債権関係〕部会　部会資料75A・15頁）。

◆法制審議会民法（債権関係）部会　部会資料75A・15頁《http://www.moj.go.jp/content/000121259.pdf》

　代金減額請求権は形成権であり、訴訟外における買主の一方的な意思表示で効力が生ずる。売主の側で不適合の追完をする利益に配慮する観点から、その原則的な行使要件として、相当の期間を定めた追完の催告を経ることを必要としている。したがって、その期間内に買主が求める内容による追完の提供がされたときは、買主は、代金減額請求権を行使することができない。また、売主が買主の選択と異なる追完の提供をした場合であっても、その内容が前記3⑵の要件（筆者注：売主の提供する方法が契約の趣旨に適合し、かつ、買主に不相当な負担を課するものでないとき）に該当するときは、弁済の提供の効力を生ずるから、同様に代金減額請求権を行使することができない。

　そのため、このような追完の催告を要せずにただちに代金減額請求ができるようにしたいという場合には、売買契約書において、その旨を明記することが必要となります。

POINT　追完の催告を要せずに代金減額請求ができる条項とすることを検討

契約条項例	第6節【書式例】5条2項・3項参照

　甲（買主）に引き渡された本物件が種類、品質又は数量に関して契約の内容に適合しないものであるときは、催告を要することなく、甲（買主）は、その不適合の程度に応じて代金の減額を請求することができる。

　ただし、その債務の不履行が契約その他の債務の発生原因及び取引上の社会通念に照らして責めに帰することができない事由によるものであるときは、この限りでない。

第1章 不動産業（売買）

ウ．減額代金の算定方法をあらかじめ決める

改正民法で新設された代金減額請求について実務上大きな問題となりそうなのが、代金減額の算定方法です。

改正民法の条文（563条）には「**不適合の程度に応じて**」代金の減額を請求できると規定されているのみで、具体的な算定方法は明らかにされていません。また、代金減額請求が認められる場合の減額割合の算定基準時について、契約締結時、契約上の履行期、対象不動産の引渡し時のいずれと考えるのかについても、条文上は明らかではありません。この点については、引渡し時の価値を基準にするのが適切であるとの指摘がなされています（【参考文献21】262～263頁）。

もっとも、その時点の目的物の客観的な評価を行うことは必ずしも容易ではなく、評価方法や評価結果を巡り両者で紛争となることは避けられないのではないかと考えられます。例えば、売買対象地に地盤不良の欠陥があるケースや、風評被害により売買対象であるマンションの市場価値が下がった場合の減額幅について算定することは容易ではありません。

そのため、売買代金減額の算定方法について後の紛争を避けるために、売買契約書において、減額代金の算定方法や算定基準時等について規定しておくことが考えられます。例えば、契約締結時又は引渡し時の"適合物であれば有する価値"（つまり契約の不適合がない場合の価値）と"実際に引き渡された不適合物の価値"の差額を算定して減額するという条項を設けること等が考えられます。

また、他の考え方として、**契約不適合箇所の修補にかかった実費用（その他契約不適合を解消するのに要した費用）をもって売買代金減額請求の金額とする**等の方法を採ることも考えられるのではないでしょうか（【参考文献1】100頁参照）。

POINT
- ◆代金減額請求の減額割合の算定方法や算定基準時を明確にすることを検討
- ◆契約不適合箇所の修補にかかった実費用（その他契約不適合を解消するのに要した費用）をもって売買代金減額請求の金額とすることを検討

エ．代金減額請求と他の権利行使手段との関係を整理する

前記■(2)アのとおり、売買対象物に関する契約の不適合について代金減額

請求権の行使をした場合は、当該減額分に相当する部分については追完請求（欠陥部分の修補や代替品の引渡しの請求）をすることができません。

　また、代金減額請求権は、契約解除とは両立せず、両者をいずれも行使することはできないと考えられています。つまり、代金減額請求権は、契約の一部解除（それに伴う売買代金の減額）という側面を有することから、代金減額請求権を行使しながら契約の一部又は全部の解除をすることは許されないといわれています。

　また、代金減額請求権は、履行利益（売買契約が履行されていれば、その利用や転売等により得られたであろう転売利益や逸失利益）の損害賠償請求とも両立せず、両者をいずれも行使することはできないと考えられています。これに対して、信頼利益（支払済みの売買代金その他の実費に関する損害）の損害賠償請求とは両立し得るとも考えられます。

4. 損害賠償請求権

(1) 改正のポイント

●**改正民法564条**（買主の損害賠償請求及び解除権の行使）
　前二条の規定は、第415条の規定による損害賠償の請求並びに第541条及び第542条の規定による解除権の行使を妨げない。

●**改正民法415条**（債務不履行による損害賠償）
1. 債務者がその債務の本旨に従った履行をしないとき又は債務の履行が不能であるときは、債権者は、これによって生じた損害の賠償を請求することができる。
　ただし、その債務の不履行が契約その他の債務の発生原因及び取引上の社会通念に照らして債務者の責めに帰することができない事由によるものであるときは、この限りでない。
2. 前項の規定により損害賠償の請求をすることができる場合において、債権者は、次に掲げるときは、債務の履行に代わる損害賠償の請求をすることができる。
　一　債務の履行が不能であるとき。
　二　債務者がその債務の履行を拒絶する意思を明確に表示したとき。
　三　債務が契約によって生じたものである場合において、その契約が解除され、又は債務の不履行による契約の解除権が発生したとき。

●**改正民法416条**（損害賠償の範囲）
1. 債務の不履行に対する損害賠償の請求は、これによって通常生ずべき損害の賠償をさせることをその目的とする。
2. 特別の事情によって生じた損害であっても、当事者がその事情を予見すべきであったときは、債権者は、その賠償を請求することができる。

第1章　不動産業（売買）

ア．損害賠償請求をするには相手方の帰責事由が必要

　現行民法における瑕疵担保責任は、売主の無過失責任（売主の帰責性は不要）であると解されていますが、改正民法における契約不適合責任は、債務不履行一般の損害賠償請求のルールに従うことになります。

　そのため、改正民法では、目的物に契約不適合があった場合でも、「債務の不履行が契約その他の債務の発生原因及び取引上の社会通念に照らして債務者の責めに帰することができない事由によるものであるとき」には、損害賠償請求をすることはできません（改正民法415条1項但書）。このような債務者（売主）の帰責事由がないことを立証する責任（立証責任）は、債務者（売主）側にあるとされています。

　もっとも、売買契約等においては、売主に帰責事由がないことにより免責されるケースはほとんどなく、事実上不可抗力の場合に限られるなどといわれています（法制審議会民法〔債権関係〕部会　部会資料75A・17頁）。

◆法制審議会民法（債権関係）部会　部会資料75A・17頁《http://www.moj.go.jp/content/000121259.pdf》

　損害賠償について、従来の法定責任説の立場からは、民法第570条による損害賠償責任は債務不履行の一般原則と異なり無過失責任である（免責が認められない）と解する一方、損害賠償の範囲については、信頼利益にとどまり履行利益までは認められないとの理解が示されることがある（もとよりこの点は法定責任説に分類される学説の間でも一様でない。）。この理解を仮に前提として、今般の改正により債務不履行の一般原則に従って損害賠償が認められることとすると、帰責事由がない場合の免責を認める点では売主の責任が軽減される一方、損害賠償の範囲が履行利益にも及び得るとされる点で売主の責任が加重されるように見える。

　しかし、損害賠償の免責の可否について、売主の債務のような結果債務については、債務不履行の一般原則によっても、帰責事由の欠如により損害賠償責任につき免責されるのは実際上不可抗力の場合などに限られるとの見方もあり、また、損害賠償責任につき免責事由があるとされる場合でも買主は代金減額請求権（略）の行使が可能なので、具体的な帰結は、法定責任説から理解した現行法の実質とほぼ相違はないと言える。

イ．損害賠償請求の範囲は履行利益に関する損害まで含む

　現行民法の瑕疵担保責任に基づく損害賠償の範囲は、**信頼利益**に係る損害（その契約が有効であると信じたために発生した実費等の損害）であるといわれています。

　これに対し、改正民法の契約不適合責任に基づく損害賠償は、債務不履行一般と同様に損害の範囲に**履行利益**（その契約が履行されていれば、その利用や転売などにより発生したであろう利益）に関する損害を含むことになると考えられます（改正民法416条）（【参考文献21】264頁参照）。

特別の事情によって生じた損害であっても、当事者がその事情を予見すべきであったときは、損害賠償請求ができるとされています（改正民法416条2項）。現行民法416条2項においては「予見し、又は予見することができたとき」と規定されていましたが、改正民法416条2項ではこれを「予見すべきであったとき」と改められました。これにより、相手方が現実に予見していたか（予見することができたか）という事実の有無を重視して判断するのではなく、"予見すべきであったか"という評価を重視して判断することになります。

ウ．債務の履行に代わる損害賠償（填補賠償）が認められる

売買契約に関する損害賠償請求のうち、売買契約が履行された場合に得られる目的物の価値相当額の賠償のことを填補賠償といいます。現行民法においては、債務の履行に代わる損害賠償（填補賠償）について具体的な規定はありませんでした。もっとも、学説上は、売買契約が履行不能となった場合や売買契約の解除によって債務が消滅した場合に、填補賠償ができると考えられていました。

改正民法においては、履行不能の場合（改正民法415条2項1号）、債務者が債務の履行を拒絶する意思を明確に表示した場合（同2項2号）や、債務の不履行による契約の解除権が発生した場合（同2項3号）に、填補賠償の請求ができることとしました。

改正民法415条2項2号においては、履行不能に類似する場合として確定的に履行の拒絶がなされることが要件とされたことから、単に履行期前の交渉において履行の拒絶がなされたのみでは、填補賠償が認められることにはならないと考えられます。また、同条2項3号後段は、債務不履行により解除権が発生したがその解除権を行使していない場合にも填補賠償を認めています。

◆法制審議会民法（債権関係）部会　部会資料68A・7頁以下《http://www.moj.go.jp/content/ 000117654. pdf》

2　填補賠償の請求をすることができる場合

（1）填補賠償の請求をすることができる場合としてまず挙げられるのは、債務の履行が不能の場合である（上記最判昭和30年4月19日参照）。

また、履行不能の場合に類似するものとして、債務者がその債務の履行をしない旨の確定的な意思を表示した場合（いわゆる確定的履行拒絶があった場合）が挙げられる。例えば、東京地判昭和34年6月5日判時192号21頁は、（略）、債務者が確定的な履行拒絶の意思を表示した場合には債務不履行に該当することを前提として、その債務不履行による填補賠償（目的物の時価と約定代金との差額）の請求を認めている（ただし、上記説示のとおり債務不履行による解除をした事案である。）。

（2）填補賠償の請求をすることができる場合として次に挙げられるのは、債務が契約によっ

第1章　不動産業（売買）

て生じたものである場合において、当該契約を債権者が解除したときである。

　また、債権者が契約を解除していない場合であっても、①債権者が相当の期間を定めて履行の催告をし、その期間内に履行がないとき（上記大判昭和8年6月13日等参照）、②履行期が債務の性質又は特約等により債務の要素となっているため、履行期の徒過により履行不能と同様の状態を生じ、又は履行期後の履行が債権者にとって意味がないとき（上記大判大正4年6月12日等参照）、③履行の一部が不能であるが残部の履行は可能である場合において、残部のみでは債権者が契約をした目的を達することができないときは、いずれも、填補賠償の請求をすることができるとされている。

　この①から③までの要件は、それぞれ、①が民法第541条の解除の要件（略）、②が同法第542条の解除の要件（略）、③が同法第543条のうちの一部不能による全部解除の要件（略）に対応するものと考えられる。学説上も、填補賠償の請求を認めるための要件については、債務不履行による解除の類型を参考にすべきである旨の指摘がある。そこで、填補賠償の請求を認めるための要件として、「債務不履行による解除の要件を満たす場合」を挙げるのが相当であると考えられる。

(2) 改正民法による実務対応

ア．損害賠償の要件として帰責事由を不要とする

　前記(1)アのとおり、改正民法においては、売買対象物に契約不適合があっても「債務の不履行が契約その他の債務の発生原因及び取引上の社会通念に照らして債務者の責めに帰することができない事由によるものであるとき」は、損害賠償請求をすることはできません（改正民法415条1項但書）。

　そのため、買主として、現行民法の瑕疵担保責任（現行民法570条）と同様に、売主に無過失責任を負わせたい（帰責事由がなかった場合でも責任を負わせたい）という場合には、売買契約書においてその旨を規定する方法が考えられます（【参考文献2】109頁参照）。

> **POINT**　売主に無過失責任を負わせたい（帰責事由がなかった場合でも責任を負わせたい）という場合には、売買契約書においてその旨を規定することを検討

　以下の【契約条項例】は、帰責事由の有無にかかわらず責任を負わせるのではなく、「天変地異その他債務者の不可抗力による場合」という例外的な場合にのみ、契約不適合責任を免れる内容となっています（なお、無過失責任を規定した場合であっても、天変地異による場合にまで責任を負わせるものではないという考え方もあり得ます）。

契約条項例	第6節【書式例】7条1項参照

　甲（買主）又は乙（売主）が債務の本旨に従った履行をしないとき又は債務の履行が不能であるときは、相手方は、これによって生じた損害の賠償を請求することができる。ただし、天変地異その他の不可抗力による場合はこの限りではない。

イ．損害賠償の要件である帰責事由の有無について判断基準を明確にする

　前記(1)アのとおり、損害賠償義務が免責される要件である**「債務者の責めに帰することができない事由によるものである」**かどうか（債務者の帰責事由の有無）については、**「契約その他の債務の発生原因及び取引上の社会通念に照らして」**判断されることとなります。もっとも、その判断の際の考慮要素や判断基準については、必ずしも明らかではありません。そのため、後の紛争をできる限り避けるためには、売買契約書において、帰責事由の有無について判断するための考慮要素・判断基準（例えば、どのような要素を考慮して帰責事由があるのかを判断するのか、どの程度の事情があれば帰責事由があると認めるのかなど）を明確にしておくことが考えられます。

　また、売主が売買契約上の義務の履行の一部又は全部を第三者に委託した場合、一般的に当該第三者は「履行補助者」として売主と同視されると考えます。例えば、建築建物の売主が売買対象建物の建築施工を建築会社等の専門業者に委託した場合や、土地の売主が売買対象地における土壌汚染の浄化を第三者の土壌浄化業者等の専門業者に委託した場合に、売主が委託した当該専門業者は「履行補助者」としてその過失が売主の過失と同視されると考えられています。もっとも、履行補助者に過失があったとして、どのような場合にでも売主の責任を問うことができるのかどうかは必ずしも明確ではありません。買主として、このような場合でも売主に売買契約上の責任を負わせたいのであれば、その旨を売買契約書において明確にしておくことを検討することが考えられます。

第1章　不動産業（売買）

> **POINT**
> ◆契約不適合責任に基づく損害賠償請求について、売主の帰責事由の有無を判断するための考慮要素・判断基準を明確にしておくことを検討
> ◆売主が売買契約上の義務を第三者に委託した場合に、委託した業者の過失についても売主が責任を負うことを明確にすることを検討

ウ．損害賠償の要件である帰責事由の立証責任を転換する

前記(1)アのとおり、売買目的物の契約不適合責任に基づく損害賠償請求において、「債務者の責めに帰することができない事由によるものである」かどうか（債務者に帰責事由がないこと）の立証責任は、同責任についての債務者（売買契約における売主）の側にあります。

そのため、売主（債務者）として、帰責事由の立証責任を買主（債権者）に負わせたい場合、すなわち改正民法415条で規定されている帰責事由の立証責任を転換したい場合には、売買契約書において、その旨を規定することが考えられます。

なお、買主が消費者である場合においては、立証責任を買主に転換する特約が改正消費者契約法10条（消費者の利益を一方的に害する条項の無効）により無効となることがありますので、注意が必要です。

> **POINT**
> 契約不適合責任に基づく損害賠償請求について、帰責事由がないことの立証責任を債権者（買主）に転換することを検討

エ．売主が負担する損害賠償として認められる範囲を明確にする

損害賠償として認められる範囲について、民法改正の議論においては、「伝統的学説や裁判例で言及される信頼利益や履行利益という概念自体、内実が不明確であるとの指摘があるほか、下級審裁判例においても、信頼利益の名の下に、瑕疵の修補に要した費用の賠償を認めるなど、実質的には履行利益の賠償を認めているものがあるとの指摘もある」とされ、「損害賠償の範囲が契約の趣旨を踏まえて確定されるのであれば、その範囲確定のあり方が現在の実務と

34

大きく変更されるような事態は、想定しにくいように思われる」との説明がなされています（なお、信頼利益、履行利益の意味については、前記(1)イにおいて説明したとおりです）（法制審議会民法〔債権関係〕部会 部会資料75A・18頁）。

◆法制審議会民法（債権関係）部会 部会資料75A・18頁《http://www.moj.go.jp/content/000121259.pdf》

　損害賠償の範囲についても、そもそも伝統的学説や裁判例で言及される信頼利益や履行利益という概念自体、内実が不明確であるとの指摘があるほか、下級審裁判例においても、信頼利益の名の下に、瑕疵の修補に要した費用の賠償を認めるなど、実質的には履行利益の賠償を認めているものがあるとの指摘もあることからすると、損害賠償の範囲を一般原則に委ねることにより損害賠償責任の負担が重くなるというのは、必ずしも当を得た評価とは言えない。損害賠償の範囲が契約の趣旨を踏まえて確定されるのであれば（部会資料68A 第2、6参照）、その範囲確定のあり方が現在の実務と大きく変更されるような事態は、想定しにくいように思われる。

　もっとも、実際の紛争において認められる損害賠償の対象や範囲は必ずしも明確ではありません。そこで、後の紛争を避けるためにも、売買契約書において、以下のように損害賠償の対象や範囲を明記しておくことが例として考えられます。この場合、買主としては損害賠償の範囲をできる限り広くすることを希望し、他方で、売主としてはできる限り限定することを希望するものと考えられます。

　下記は、それぞれの立場から希望することが考えられるいくつかの例となります（【参考文献2】109頁参照）。

【表】売買契約書で規定することが考えられる損害賠償の対象・範囲

	立　場	損害賠償の対象や範囲
①	買主に有利	被った一切の損害を賠償の対象とする
②	売主に有利	被った損害のうち、賠償の対象を通常かつ直接の損害に限定する（間接損害や予見すべき特別事情による損害を排除する）
③	売主に有利	被った損害のうち、一定の金額までを損害の対象とする（賠償額の上限を設定する）
④	（高額の場合）買主に有利（低額の場合）売主に有利	被った損害にかかわらず、賠償額を固定額とする

　なお、当該特約条項が無効と判断されないように公序良俗や宅地建物取引業法、消費者契約法、その他の法令等に留意して適切な金額とすることを検討する必要があります。

　例えば、宅建業者が自ら売主となる不動産の売買契約における損害賠償額予

第1章　不動産業（売買）

定については、売買代金の額の10分の2を超える部分は無効となります（宅地建物取引業法38条）。また、売買契約が個人を相手とする消費者契約に該当する場合は、損害賠償の予定額が事業者に生ずべき平均的な損害額を超える部分は無効となります（消費者契約法9条）。もっとも、宅地建物取引業法38条が適用される場合は、同条の定めによることとなります（消費者契約法11条2項）。

また、買主が消費者である場合においては、損害賠償額に上限を設ける特約（表の③）は、売主に過失がある場合の損害賠償請求について上限を設けるのであれば有効ですが、売主に故意や重過失がある場合の損害賠償請求について上限を設ける場合には改正消費者契約法8条1項2号に反して無効となることがありますので、注意が必要です。

●改正宅地建物取引業法38条（損害賠償額の予定等の制限）

1. 宅地建物取引業者がみずから売主となる宅地又は建物の売買契約において、当事者の債務の不履行を理由とする契約の解除に伴う損害賠償の額を予定し、又は違約金を定めるときは、これらを合算した額が代金の額の10分の2をこえることとなる定めをしてはならない。
2. 前項の規定に反する特約は、代金の額の10分の2をこえる部分について、無効とする。

●改正消費者契約法9条（消費者が支払う損害賠償の額を予定する条項等の無効）

　次の各号に掲げる消費者契約の条項は、当該各号に定める部分について、無効とする。

一　当該消費者契約の解除に伴う損害賠償の額を予定し、又は違約金を定める条項であって、これらを合算した額が、当該条項において設定された解除の事由、時期等の区分に応じ、当該消費者契約と同種の消費者契約の解除に伴い当該事業者に生ずべき平均的な損害の額を超えるもの　当該超える部分

●改正消費者契約法11条（他の法律の適用）

1. 消費者契約の申込み又はその承諾の意思表示の取消し及び消費者契約の条項の効力については、この法律の規定によるほか、民法及び商法（明治32年法律第48号）の規定による。
2. 消費者契約の申込み又はその承諾の意思表示の取消し及び消費者契約の条項の効力について民法及び商法以外の他の法律に別段の定めがあるときは、その定めるところによる。

POINT

◆損害賠償の範囲について明確にすることを検討

① 被った一切の損害を賠償範囲に含めたい場合

② 通常かつ直接の損害に限定したい場合（間接損害や予見すべき特別事情による損害を排除したい場合）

③ 損害賠償額の上限を設定したい場合

④ 損害賠償額を固定額としたい場合（損害賠償額の予定）

◆公序良俗や宅地建物取引業法、消費者契約法、その他の法令等に留意して適切な金額とすることに留意

36

第3節　買主による権利行使手段の実務対応

オ．損害賠償の費用・損害項目を具体的に規定する

　また、同様に、後の紛争をできる限り避けるためには、これまでの裁判例において損害賠償の対象として認められるかどうかが争いとなった費用項目のうち、売買目的となる対象地で具体的に懸念される費用について、売買契約書において、売主（又は買主）が負担すべき損害の項目として規定することも考えられます。

　裁判例において問題となった費目としては、例えば売買対象地から土壌汚染が発見されたようなケースで、土壌汚染対策費用等に加え、土壌汚染調査費用、工事遅延による損害（土壌汚染により地上建物の建築等の工事が遅延したことによる逸失利益の損害等）、工事が遅延したことで突貫工事が必要となったために要した増額費用、土壌汚染の対策に伴い必要となった人件費その他の間接経費、土壌汚染を理由に売買契約が解除されたケースにおいて買主が負担する借入金利息、火災保険、転売先に対する解約違約金、固定資産税・都市計画税のほか、弁護士費用、土地の減価相当額、信用の毀損による損害等の費用などがあります（【参考文献20】98頁、【参考文献2】109〜110頁参照）。

POINT　契約不適合責任に基づく損害賠償請求について、売主又は買主が負担すべき費用・損害項目を具体的に規定する

契約条項例	第6節【書式例】7条3項参照

　甲（買主）又は乙（売主）が債務の本旨に従った履行をしないとき又は債務の履行が不能であるときは、相手方（債権者）は、これによって自己に生じた一切の損害、損失及び費用（○○、○○、合理的な範囲の弁護士費用を含む。）の賠償を請求することができる。

カ．買主が予見すべき特別の損害に関する対象を明確にする

　前記(1)**イ**のとおり、特別の事情によって生じた損害（特別損害）であっても、当事者がその事情を予見すべきであったときは、損害賠償請求ができるとされています（改正民法416条2項）。現行民法416条2項において、当該特別損害についての損害賠償請求が認められる要件として、「**予見し、又は予見するこ**

37

第1章　不動産業（売買）

とができたとき」と規定されていましたが、改正民法416条2項ではこれを**「予見すべきであったとき」**と改められました。

　現行民法下では、売主が買主に対して特別の事情（例えば転売する予定であること、賃貸用マンションを建築して賃貸事業を行うこと等）が存在することを告げることにより、その特別の事情によって生じた損害がすべて賠償の範囲に含まれる（「予見し」たときといえる）とも考えられます。しかし、改正民法においては、実際に予見していたかどうかではなく、「予見すべきであった」かどうかが問題となり、売主が買主に対して特別の事情が存在することを伝えていた場合であっても、必ずしも「予見すべきであった」とはいえない場合もあり得るため（つまり、賠償の範囲に含まれるとはいえず）、その意味で特別損害の範囲が限定されるようにも思われます（法制審議会民法〔債権関係〕部会　部会資料79-3・12頁）。他方で、「例えば不法行為の過失判断の場合には、現に予見していないし、予見可能性があったと言えないかもしれないけれども、調査するなどして予見すべき義務があったというように拡張的な使い方もある」ことから、実際に予見していなくとも「予見すべきであった」とされる場合もあるともいえます（法制審議会民法〔債権関係〕部会　第90回会議議事録55頁）。

◆法制審議会民法（債権関係）部会　部会資料79-3・12頁《http://www.moj.go.jp/content/000124058.pdf》

　①「予見すべきであった」との要件のみで損害賠償の範囲を決めるのは相当でないとの指摘や、②「予見すべきであった」かどうかを契約の趣旨に照らして判断するとしながら予見の基準時を契約締結時ではなく債務不履行時とするのは整合性を欠くとの指摘があった。また、コンセンサスの形成が困難であるならば現行法維持もやむを得ないとの指摘があった一方で、現行の民法第416条には、同条第2項の債務者の「予見」に関する要件が、債務者が現実に予見していたかどうかという事実の有無を問題とするものではなく、債務者が予見すべきであったかどうかという規範的な評価を問題とするものであることが条文上明確でないとの問題があり、少なくともその点については、何らかの改正をする必要があるとの指摘もあった。

　そこで、民法第416条第1項の規定は維持した上で、同条第2項の「予見し、又は予見することができたとき」との要件を「予見すべきであったとき」との要件に改めることとした。これにより、例えば、契約の締結後に債権者が債務者に対してある特別の事情が存在することを告げさえすればその特別の事情によって生じた損害が全て賠償の範囲に含まれるというのではなく、債務者が予見すべきであったと規範的に評価される特別の事情によって通常生ずべき損害のみが賠償の範囲に含まれるとの解釈をすることが可能となる。

◆法制審議会民法（債権関係）部会　第90回会議議事録55頁、61頁《http://www.moj.go.jp/content/001128483.pdf》

○中田委員

　（略）現行法の「予見し、又は予見することができた」を「予見すべきであった」に変えて

います。この結果、現在の416条の規範内容がより明確になったかというとそうではなくて、むしろより不明確になったのではないかと思います。二つあるのですけれども。一つは前回も申し上げたのですが、ここでは予見すべきという言葉を現に予見していても予見すべきだとは当然には言えないという意味で制限的な機能をもつものとして使っていると思うのです。他方で、例えば不法行為の過失判断の場合には、現に予見していないし、予見可能性があったと言えないかもしれないけれども、調査するなどして予見すべき義務があったというように拡張的な使い方もあるものですから、そこが分かりにくくなっているということがあると思います。
（略）
○内田委員
　（略）　予見すべきという部分について、これだけにするのであれば現行法の方がまだいいという御意見もありましたけれども、現行法は事実としての予見可能性を要件とする文言であるために限定を加えることが非常にしにくいということで、結局416条を無視して相当因果関係などという変な概念を入れてやっているわけですね。416条そのものの中に規範的な判断ができる概念を入れ込めば判例もそれを軸にして展開できるのではないかということで、現在の提案がされているのだと思います。

　改正民法416条については、「予見すべきであった」という要件における"予見の主体は誰か"、"予見の時期はいつか"、"予見の対象は何か"などについても明文化されることが検討されましたが、結局、従前どおり解釈に委ねられることとなりました。

【表】特別損害における予見の主体・時期・対象

予見の主体	判例のいう「債務者」が明文化されなかった
予見の時期	判例のいう「債務不履行時」が明文化されなかった
予見の対象	「損害」が提案されていたが、「事情」の文言が維持された

　そのため、その解釈については、従前の判例が維持されるのか、それとも改正を受けて変更されるのかについては、今後の裁判例の推移を見て判断する必要があります。
　売主としては、不動産売買契約において、間接的に生じた損害や将来生じるであろう損害など「特別な事情によって生じた損害」については、責任を負わない旨を規定することが考えられます。

POINT 売主としては、間接的に生じた損害や将来生じるであろう損害など「特別な事情によって生じた損害」については責任を負わない旨を規定することを検討

第1章　不動産業（売買）

キ．填補賠償が認められる場合について理解する

　填補賠償について規定した改正民法415条2項2号（債務者が債務の履行を拒絶する意思を明確に表示した場合）と同項3号（債務の不履行による契約の解除権が発生した場合）においては、履行請求権と填補賠償請求権が併存することになり、債権者は両者を選択的に行使することが可能です。もっとも、填補賠償の請求をした際に、本来の履行請求ができるかどうか（本来の請求権を失うかどうか）は依然解釈に委ねられています（法制審議会民法〔債権関係〕部会　部会資料68A・7頁以下）。

◆法制審議会民法（債権関係）部会　部会資料68A・7頁以下《http://www.moj.go.jp/content/000117654.pdf》

3　改正の内容
　（略）中間試案においては、填補賠償の請求をしたときは、債権者は債務者に対してその債務の履行を請求することができない旨の規律を設けることとしていたが（略）、パブリック・コメントの手続に寄せられた意見の中には、現実に填補賠償がされるまでは履行請求権の行使を認めるべきである旨の指摘や、債権者が予想外に履行請求権を失うという事態を生じかねない旨の指摘があった。また、債権者が填補賠償を選択したことが債務者を拘束するか（債務者が本来の債務を履行することは否定されるか）という点を明確にしないまま上記の規律を設けるのは相当でない旨の指摘があったが、この点については、学説上も考え方が分かれているところである。そこで、上記の規律については明文の規定を設けずに、引き続き解釈に委ねることとした。

　填補賠償請求に関して売買契約に特段の条項を設けていないケースでは、買主が、売買対象物に契約不適合があることを理由に対象物の修補に代えて修補代金相当額の損害賠償請求をする場合には、まずは相当期間を定めて修補請求をし、売主がこれに応じなかったことをもって解除権を発生させて（改正民法541条本文）、その上で填補賠償請求をすることになるのではないかと考えられます（改正民法415条2項3号後段）。

　もちろん、この点に関して後の紛争をできる限り避けるために、売買契約において、填補賠償請求を行使することができるための要件を規定することも考えられます。

POINT
　◆填補賠償の請求（履行に代わる損害賠償請求）をした場合に、本来の履行請求ができるのかどうかについて検討する
　◆売買契約書において、填補賠償請求を行使することができるための要件を規定することを検討する

5. 売買契約の解除

(1) 改正のポイント

●改正民法541条（催告による解除）

　当事者の一方がその債務を履行しない場合において、相手方が相当の期間を定めてその履行の催告をし、その期間内に履行がないときは、相手方は、契約の解除をすることができる。

　ただし、その期間を経過した時における債務の不履行がその契約及び取引上の社会通念に照らして軽微であるときは、この限りでない。

●改正民法542条（催告によらない解除）

1. 次に掲げる場合には、債権者は、前条の催告をすることなく、直ちに契約の解除をすることができる。
   - 一　債務の全部の履行が不能であるとき。
   - 二　債務者がその債務の全部の履行を拒絶する意思を明確に表示したとき。
   - 三　債務の一部の履行が不能である場合又は債務者がその債務の一部の履行を拒絶する意思を明確に表示した場合において、残存する部分のみでは契約をした目的を達することができないとき。
   - 四　契約の性質又は当事者の意思表示により、特定の日時又は一定の期間内に履行をしなければ契約をした目的を達することができない場合において、債務者が履行をしないでその時期を経過したとき。
   - 五　前各号に掲げる場合のほか、債務者がその債務の履行をせず、債権者が前条の催告をしても契約をした目的を達するのに足りる履行がされる見込みがないことが明らかであるとき。
2. 次に掲げる場合には、債権者は、前条の催告をすることなく、直ちに契約の一部の解除をすることができる。
   - 一　債務の一部の履行が不能であるとき。
   - 二　債務者がその債務の一部の履行を拒絶する意思を明確に表示したとき。

●改正民法543条（債権者の責めに帰すべき事由による場合）

　債務の不履行が債権者の責めに帰すべき事由によるものであるときは、債権者は、前二条の規定による契約の解除をすることができない。

ア．解除するのに相手方の帰責性は不要

　現行民法では、債務不履行を理由とする解除の要件として、債務者の責めに帰すべき事由の存在（帰責性）が必要であるとされています。

　しかし、改正民法における解除の要件としては、債務者の責めに帰すべき事由は必要とされていません。改正民法の文言に明確に規定されているわけでは

第1章　不動産業（売買）

ありませんが、改正民法543条において現行民法543条後段の規定（「その債務の不履行が債務者の責めに帰することができない事由によるものであるときは、この限りでない」）が削除されていることから、このように解釈されています。

　買主が契約から解放されたいと考える場合、売主の帰責性の有無にかかわらず、事前に催告することによる解除（改正民法541条）又は無催告解除（改正民法542条）ができることになります。これは、契約解除規定の趣旨が、債務の履行をしなかった債務者に対する責任追及の手段としての解除制度（現行民法）から、債務の履行を得られなかった債権者を契約の拘束力からの解放するための手段としての解除制度へと変わったことによるものです（【参考文献21】241頁）。

　他方で、債権者（買主）の責めに帰すべき事由によって債務不履行が生じた場合には、買主から契約解除することはできないこととされています（改正民法543条）。

イ．債務不履行が「軽微」な場合には契約解除ができない

　現行民法においては、瑕疵担保責任に基づく解除をする際に「契約をした目的を達成することができない」ことが要件とされています。これに対し、改正民法においては、債務の不履行が「契約及び取引上の社会通念に照らして軽微であるとき」には契約解除ができないこととされました（改正民法541条但書）。

　債務の不履行が「軽微である」ことを、契約解除を認めない要件としたのは、催告期間が経過した時の不履行の部分が数量的に僅かである場合や付随的な債務の不履行にすぎない場合には、催告解除が認められないという判例法理（大判昭和14年12月13日・判決全集7輯4号10頁、最判昭和36年11月21日・民集15巻10号2507頁等）を明文化したものだと説明されています（法制審議会民法〔債権関係〕部会　部会資料79-3・13頁）。

◆法制審議会民法（債権関係）部会　部会資料79-3・13頁《http://www.moj.go.jp/content/000124058.pdf》
　民法第541条は、催告解除の前提となる債務不履行について、「当事者の一方がその債務を履行しない場合」とのみ定めている。そのため、債務不履行の程度を一切問わずに催告解除をすることができるかどうかについて疑義を生じ、判例（大判昭和14年12月13日判決全集7輯4号10頁、最判昭和36年11月21日民集15巻10号2507頁等）が、不履行の部分が数量的に僅かである場合や、付随的な債務の不履行にすぎない場合には、同条の催告解除は認められない旨を判示している。そこで、この判例法理を明文化する必要があると考えられる。素案は、上記の問題の所在を踏まえ、民法第541条にただし書を加えて、催告期間を経過した時における債務の不履行が軽微であるときは、同条の催告解除は認められない旨を定めるものである。

債務の不履行が「軽微」であることの主張・立証責任は、契約解除を主張される売主（債務者）側が負うことになります。

ウ．一定の場合には無催告解除も認められる

また、債務の履行が不能である場合や、その他、催告をしても契約をした目的を達するのに足りる履行がされる見込みがないことが明らかであるとき（債務者が債務の全部の履行を拒絶する意思を明確に表示したとき等）には、催告によらずに契約を解除することができます（改正民法542条）。

(2) 改正民法による実務対応

ア．解除の要件として相手方の帰責事由を求める

前記(1)アのとおり、現行民法では、履行不能を理由とする解除の要件として、「債務の不履行が債務者の責めに帰することができない事由による」（現行民法543条但書）事情の存在が必要であるとされていました。

これに対し、改正民法における契約不適合責任に基づく解除の要件としては、このような要件は必要とされていません。

この改正によって、買主にとっては契約を解除しやすくなるように思われます。そのため、売主として契約を解除される事態を限定したいということであれば、売買契約等において契約解除が認められる場合を限定することが必要となります。例えば、契約不適合を理由とする契約解除の要件として売主の帰責事由を要件としたい場合には、売買契約書において、その旨を規定することが考えられます（【参考文献2】110頁参照）。

POINT 相手方に帰責事由がある場合にのみ契約解除ができる契約条項とすることを検討

イ．解除の要件（債務不履行が軽微であり解除が認められない要件）を明確にする

前記(1)イのとおり、改正民法下において催告による契約解除を行う場合、債務の不履行が**「契約及び取引上の社会通念に照らして軽微であるとき」**には契約解除ができないこととされています（改正民法541条但書）。

債務の不履行が「軽微である」かどうかは、「契約及び取引上の社会通念」に照らして判断されます。例えば、「ある製品を製作するための部品を供給する契約において、債務者が供給しなかった部品が数量的に僅かであるものの当

第1章　不動産業（売買）

該製品の製作にとっては必要不可欠のものである場合には、その不履行は当該契約および取引上の社会通念に照らして軽微であるとはいえないため、債権者は催告解除をすることができる」と説明されています（法制審議会民法〔債権関係〕部会　部会資料79-3・13頁）。このように、債務の不履行が「軽微である」かどうかは、その不履行が債権者に与える不利益や当該契約の目的達成に与える影響が軽微であるかどうか等について、契約書の文言のほか契約に関する事情を総合的に考慮して判断されるものと思われます。

◆法制審議会民法（債権関係）部会　部会資料79-3・13頁《http://www.moj.go.jp/content/000124058.pdf》
　債務の不履行が軽微であるかどうかは、当該契約及び取引通念に照らして判断される。例えば、数量的に僅かな部分の不履行にすぎない場合であっても、その不履行の部分が当該契約においては極めて重要な役割を果たしている場合があり得る。ある製品を製作するための部品を供給する契約において、債務者が供給しなかった部品が数量的には僅かであるものの当該製品の製作にとって必要不可欠のものである場合には、その不履行は当該契約及び取引通念に照らして軽微であるとは言えないため、債権者は催告解除をすることができる。そこで、素案ただし書では、「当該契約及び取引上の社会通念に照らして軽微であるとき」との表現を用いている。「取引通念」ではなく「取引上の社会通念」との表現を用いたのは、両者の意味が異なることを前提とするものではなく、「取引通念」との表現が比較的難解であることを理由とする。

　また、債務の不履行が「軽微である」かどうかについては、債務者（売主）が追完に要するコストと債権者（買主）が追完（債務の本旨に従った履行）を受けられないことによる不利益を比較考慮するなどして判断されるのが適切であるとも指摘されています【参考文献21】240〜241頁）。

　ここでいう"債務の不履行が「軽微であるとき」"の内容は必ずしも明確ではありませんが、「契約をした目的を達成することができないとき」に契約解除ができることを定めた現行民法570条とは異なる結論となる場合があるように思われます。例えば、売買対象物に"契約目的は達成できる"が"軽微とはいえない"欠陥が存在した場合に、現行民法では契約解除できなかったものが、改正民法では契約解除できる場合があり得るということです。

　一般的には、「契約をした目的を達成することができないとき」に限り契約解除ができるとする現行民法570条と比較して、買主にとっては契約を解除しやすくなるケースが多くなるように思われます。したがって、売主として契約解除される事態を限定したいということであれば、売買契約書において（現行民法570条と同様に）**「売買目的を達成することができない」**場合に限り契約解除を認めることを規定するか、その他、契約解除が認められない場合の条件を具

体的に規定するなどして、契約解除することができる場合を明確にしておくことも考えられます（【参考文献2】111頁参照）。

　他方で、買主として、より契約を解除しやすくしたいということであれば、不動産売買契約書において、「契約をした目的を達成することができない」かどうか、「債務不履行が軽微である」かどうかにかかわらず（つまりこれらの要件が満たされなかったとしても）、契約解除できることを規定することなどが考えられます。

POINT

◆契約解除が認められない場合（債務不履行が「軽微である」場合）がどのような場合かを明確にすることを検討

◆売主としては、現行民法の規定に合わせて「売買目的を達成することができない」場合に契約解除ができることを規定することを検討

◆買主としては、「契約をした目的を達成することができない」かどうか、「債務不履行が軽微である」かどうかにかかわらず、契約解除ができることを規定することを検討

契約条項例	第6節【書式例】8条1項参照

　甲（買主）又は乙（売主）が、本契約の債務を履行しない場合において、相手方が相当の期間を定めてその履行の催告をし、その期間内に履行がないときは、相手方は、本契約の目的を達成できない場合に限り、契約の解除をすることができる。

ウ．解除の要件（債務不履行が軽微であり解除が認められない要件）について立証責任を転換する

　前記(1)イのとおり、改正民法では、債務不履行の程度が「軽微である」ことについては、契約解除を主張される売主（債務者）側が主張立証しなければならないことになります。

第1章　不動産業（売買）

　そのため、売主として、立証責任を買主に負わせたい場合（立証責任を転換したい場合）には、売買契約書において、その旨を明記することが考えられます。

POINT　契約解除する場合について、債務の不履行が「軽微である」ことの立証責任を債権者（買主）に転換することを検討

エ．解除の要件（債務不履行が軽微であり解除が認められない要件）についての判断権者を明確にする

　また、債務の不履行が「軽微である」かどうかは、必ずしも明確ではないため、その解釈を巡って紛争となる可能性があります。

　買主としては、この点についての紛争を回避するために、売買契約書において、**買主が「軽微である」とはいえないと合理的に判断した場合**には契約を解除することができる（要件の判断権者を買主とする）ことを規定しておくということも考えられます（【参考文献20】78頁等参照）。

POINT　契約解除する場合について、債務の不履行が「軽微である」ことの判断権者を明確にすることを検討

　また、場合によっては、**買主が、「売買目的を達成することができない」と合理的に判断した場合**には契約を解除することができることを規定することも考えられます。

契約条項例	第6節【書式例】8条2項・3項参照

　甲（買主）は、次の事由のいずれか一つでも生じたときは、催告を要せず直ちに本契約を解除することができるものとする。

(1)　第○条に規定する土壌汚染履歴調査、土壌汚染確認調査又は土壌汚染詳細調査の結果、汚染が著しく、表示土地を甲（買主）の事業の用に供することが困難であると甲（買主）が合理的に判断した場合

46

> (2) 第○条に基づく追加調査の結果、汚染が著しく、本物件を甲（買主）の事業の用に供することが困難であると甲が合理的に判断した場合

オ．危険負担制度との関係を整理する

　売買契約が成立した後に、債務者の責めに帰することができない事由で目的物が滅失・毀損等してしまったことにより履行不能（後発的履行不能）となった場合において、そのリスクを当事者のいずれが負担するか、つまり、相手方当事者の反対債務（売買代金債務）も消滅するか、反対債務が消滅することなく存続するかということが問題となります（危険負担の問題）。

　契約の解除については、民法改正に伴って変更された危険負担（現行民法534条〜536条等、改正民法536条等）の制度との関係についても考慮の上で、売買契約上どのような場合に契約を解除することができるかを検討する必要があります。

第1章　不動産業（売買）

第4節　買主の権利行使期間に関する実務対応

1. 改正のポイント

（1）1年間の通知期間制限

> ●改正民法566条（目的物の種類又は品質に関する担保責任の期間の制限）
> 　売主が種類又は品質に関して契約の内容に適合しない目的物を買主に引き渡した場合において、買主がその不適合を知った時から1年以内にその旨を売主に通知しないときは、買主は、その不適合を理由として、履行の追完の請求、代金の減額の請求、損害賠償の請求及び契約の解除をすることができない。
> 　ただし、売主が引渡しの時にその不適合を知り、又は重大な過失によって知らなかったときは、この限りでない。

ア．契約不適合を認識してから1年以内の通知が必要となる

　現行民法においては、瑕疵担保責任に基づく損害賠償請求等について、瑕疵を知ってから1年以内に請求権を行使するという権利行使の期間制限（現行民法566条3項等）が存在します。損害賠償請求権を保全するための権利の行使は、裁判例により「売主に対し、具体的に瑕疵の内容とそれに基づく損害賠償をする旨を表明し、請求する損害額の算定の根拠を示す」必要があるとされています（最判平成4年10月20日・民集46巻7号1129頁）。

　これに対し、改正民法では、**「種類又は品質」**に関する契約不適合を認識したにもかかわらず、売主に対して1年間その旨の**「通知」**をしない場合に、買主が失権することとされました（改正民法566条）。ここでは、損害賠償請求を行うことまでは求められておらず、不適合についての「通知」を行うことで足りることとされました。

　この「通知」は、商法526条2項の「通知」と同様に、契約内容の不適合についてその大体の範囲を明らかにすれば足り、損害賠償の額の算定根拠まで示す必要はないとされています（大判大正11年4月1日・大民集1巻155頁、東京地判平成

14年9月27日・判例秘書掲載L05732039、法制審議会民法〔債権関係〕部会 部会資料 75A・22〜25頁、39頁以下）。

> ◆法制審議会民法（債権関係）部会 部会資料75A・22〜25頁《http://www.moj.go.jp/content/000121259.pdf》
>
> 　民法第570条において準用する同法第566条第3項は、瑕疵担保責任に基づく権利行使につき「事実を知った時から一年以内」という期間制限を設けており（数量不足・一部滅失に関しても同様である。同法第565条、第564条）、判例は、上記期間内に買主がすべき権利行使の内容につき、「売主に対し具体的に瑕疵の内容とそれに基づく損害賠償請求をする旨を表明し、請求する損害額の根拠を示す」必要がある（最判平成4年10月20日民集46巻7号1129頁）としている。また、判例は、上記期間制限とは別に、同法第570条による損害賠償請求権につき、物を引き渡した時を起算点とする10年の消滅時効（同法第167条第1項）に服するとしている（最判平成13年11月27日民集55巻6号1311頁）。
>
> 　（略）
>
> 　「通知」の意義については、商法第526条第2項の「通知」と同様に解釈するのが合理的であると考えられる。同項の「通知」は、売主に善後策を講ずる機会を与えるためのものであることから、瑕疵・数量不足の種類とその大体の範囲を通知する必要があるとされており（大判大正11年4月1日民集1巻155頁）、素案の「通知」もこれと同程度のものになると考えられる。また、商人間の売買の場合は商法第526条第2項が適用されるので、素案(1)の規律は、当事者のいずれかが商人でない売買か、当事者がいずれも商人でない売買について適用されることになる。
>
> 　（略）
>
> 　「通知」の意義については、商法第526条第2項の「通知」と同様に解釈するのが合理的であると考えられる。同項の「通知」は、売主に善後策を講ずる機会を与えるためのものであり、瑕疵・数量不足があったことだけを通知したのでは不十分であるが、瑕疵・数量不足の種類とその大体の範囲を通知すればよく、その細目は通知する必要がないと理解されている（大判大正11年4月1日民集1巻155頁）。仮に詳細な通知を要求すれば、迅速な通知の妨げとなり、また、買主に過大な負担を課すことになるからである。なお、下級審において、合板の売買に関し、不良製品の正確な枚数を明示していなくても同項の「通知」として欠けるところはないと判断された事例（東京地判昭和56年8月19日判時1035号123頁）や、ゴルフネットの売買に関し、買主が売主に対し品質に多少問題があるようである旨の話をしたことが、同項の「通知」としては不十分であると判断された事例（東京地判昭和54年9月25日判時959号119頁）も参考となる。

　もっとも、売主が、売買目的物の引渡し時に契約不適合があることを知り、又は重過失で知らなかったときは、この通知期間制限が適用されないことになります（改正民法566条但書）。

イ．「種類又は品質」以外の「目的物の数量」「権利移転」の契約不適合は対象とならない

　後記(2)の消滅時効とは異なり、「目的物の数量」や「権利移転」に関する契約不適合は本条項の対象とならないことに注意が必要です。

　この点は、後述します。

第1章　不動産業（売買）

【表】契約不適合責任の権利行使期間制限

不適合の類型	消滅時効 （166条1項）	通知期間制限 （566条）
種　類	○	○
品　質	○	○
数　量	○	－
権　利	○	－

(2) 5年間又は10年間の消滅時効

●改正民法166条（債権等の消滅時効）

1. 債権は、次に掲げる場合には、時効によって消滅する。
   一　債権者が権利を行使することができることを知った時から5年間行使しないとき。
   二　権利を行使することができる時から10年間行使しないとき。
2. 債権又は所有権以外の財産権は、権利を行使することができる時から20年間行使しないときは、時効によって消滅する。
3. 前二項の規定は、始期付権利又は停止条件付権利の目的物を占有する第三者のために、その占有の開始の時から取得時効が進行することを妨げない。
   ただし、権利者は、その時効を更新するため、いつでも占有者の承認を求めることができる。

ア．主観的起算点（権利行使が可能と知ったとき）から5年間の消滅時効が規定された

　消滅時効について、現行民法は「権利を行使することができる時から進行」（現行民法166条1項）し、「債権は、10年間行使しないときは、消滅する」（現行民法167条1項）ものとされています。

　これに対し、改正民法においては、**「権利を行使することができることを知った時」**（主観的起算点）から**「5年間」**行使しないとき、又は**「権利を行使することができる時」**（客観的起算点）から**「10年間」**行使しないときは、時効によって消滅することとなりました（改正民法166条1項）。

イ．「目的物の数量」「権利移転」の契約不適合は消滅時効の対象となる

　前記**(1)**の「種類又は品質」に関する契約不適合に1年間の通知期間制限が課されるのに対し、「目的物の数量」や「権利移転」に関する契約不適合については、改正民法566条の対象とはならず、一般的な消滅時効の定めに従うものとされています（【参考文献23】412頁、【参考文献21】267〜268頁、法制審議会民法〔債権関係〕部会　部会資料75A・24〜25頁、法務省民事局参事官室「民法〔債権関係〕

50

の改正に関する中間試案の補足説明〔平成25年7月4日補訂〕」419頁参照）。

◆法務省民事局参事官室「民法（債権関係）の改正に関する中間試案の補足説明（平成25年7月4日補訂）」419頁《http://www.moj.go.jp/content/000112247.pdf》
　権利移転義務の不履行に関しては、前記6のような期間制限に関する規律を取り上げていないが、これは消滅時効と区別された短期の期間制限を設けず、消滅時効の一般原則に委ねる趣旨である。いわゆる権利の瑕疵とされるもののうち権利の一部が他人に属する場合（民法第563条）及び地上権等がある場合（同法第566条）につき、買主の救済手段の行使に関して1年の短期期間制限が設けられている（同法第564条、第566条第3項）が、権利移転義務の不履行については、短期間でその不履行の判断が困難になるとは考え難く、目的物の契約不適合に関して論じられているような、消滅時効の一般原則と異なる短期の期間制限を必要とする趣旨（前記6の（補足説明）欄参照）が妥当しないと考えられることによる。したがって、同法第564条及び第566条第3項は、単純に削除することとなる。

◆法制審議会民法（債権関係）部会　部会資料75A・24〜25頁《http://www.moj.go.jp/content/000121259.pdf》
　民法第564条及び第566条第3項は、担保責任の権利行使につき「事実を知った時から一年以内」という期間制限を設けている。しかし、権利移転義務の不履行については、売主が契約の趣旨に適合した権利を移転したという期待を生ずることは想定し難く、短期間で契約不適合の判断が困難になるとも言い難い。そこで、目的物の性状に関する契約不適合について論じられているような、消滅時効の一般原則と異なる短期の期間制限を必要とする趣旨が妥当しないと考えられる。
　（略）
　素案(1)では、目的物の性状に関する契約不適合のみを取り上げ、数量に関する契約不適合は対象としていない。これについては、素案(2)で該当規定（民法565条による同法第564条の準用）を削除することとしている。数量に関する契約不適合について、現在は、特定物の数量指示売買には期間制限がある一方（民法第565条、第564条）、不特定物売買における数量不足には特別な期間制限の規定がない。しかし、特定物売買であるか不特定物売買であるかを問わず、性状に関する契約不適合の場合と異なり、数量不足は外形上明白であり、履行が終了したとの期待が売主に生ずることは通常考え難く、買主の権利に期間制限を適用してまで、売主を保護する必要性は乏しいと考えられる。また、数量不足の場合は、性状に関する不適合と異なり、目的物の使用や時間経過による劣化等により比較的短期間で瑕疵の有無の判断が困難となることから、法律関係の早期安定という期間制限の趣旨が妥当しない場面が多いように思われる。そこで、買主の保護が不十分であるという中間試案の乙案に対する批判も踏まえて、数量に関して契約不適合である場合における買主の権利については期間制限を適用しないこととするのが相当と考えられる。
　（略）
　民法第564条（同法第565条による準用を含む。）及び第566条第3項を削除し、数量に関する契約不適合の場合、移転した権利が契約不適合の場合及び権利の一部が移転されない場合における買主の権利については、期間制限が適用されないこととするものである。これにより、以上の場合における買主の権利については、消滅時効の一般原則によることになる。

第1章　不動産業（売買）

(3) 人の生命・身体の侵害による損害賠償請求権の消滅時効

●改正民法167条（人の生命又は身体の侵害による損害賠償請求権の消滅時効）
　人の生命又は身体の侵害による損害賠償請求権の消滅時効についての前条第1項第2号の規定の適用については、同号中「10年間」とあるのは、「20年間」とする。

●改正民法724条（不法行為による損害賠償請求権の消滅時効）
　不法行為による損害賠償の請求権は、次に掲げる場合には、時効によって消滅する。
　一　被害者又はその法定代理人が損害及び加害者を知った時から3年間行使しないとき。
　二　不法行為の時から20年間行使しないとき。

●改正民法724条の2（人の生命又は身体を害する不法行為による損害賠償請求権の消滅時効）
　人の生命又は身体を害する不法行為による損害賠償請求権の消滅時効についての前条第1号の規定の適用については、同号中「3年間」とあるのは、「5年間」とする。

●改正製造物責任法（消滅時効）
1. 第3条に規定する損害賠償の請求権は、次に掲げる場合には、時効によって消滅する。
　一　被害者又はその法定代理人が損害及び賠償義務者を知った時から3年間行使しないとき。
　二　その製造業者等が当該製造物を引き渡した時から10年を経過したとき。
2. 人の生命又は身体を侵害した場合における損害賠償の請求権の消滅時効についての前項第1号の規定の適用については、同号中「3年間」とあるのは、「5年間」とする。
3. 第1項第2号の期間は、身体に蓄積した場合に人の健康を害することとなる物質による損害又は一定の潜伏期間が経過した後に症状が現れる損害については、その損害が生じた時から起算する。

　改正民法167条は、「人の生命又は身体の侵害による損害賠償請求権」の時効期間について、客観的起算点から20年間、主観的起算点から5年間としました。これは、改正民法166条1項2号（客観的起算点から10年間）の特則になります。

　また、改正民法724条の2についても、「人の生命又は身体を害する不法行為による損害賠償請求権」の時効期間を、「損害及び加害者を知った時」（主観的起算点）から5年間としました。これは、改正民法724条1号（主観的起算点から3年間）の特則になります。

　なお、今回の民法改正にあわせて、製造物責任法においても、「人の生命又は身体を侵害した場合における損害賠償の請求権」の時効期間が、「損害及び賠償義務者を知った時」から5年間（通常は3年間）とされました（改正製造物責任法5条2項）（【参考文献21】49頁）。

第4節　買主の権利行使期間に関する実務対応

【表】消滅時効の期間と起算点

	現行民法	改正民法	
			生命・身体の侵害による損害賠償請求
消滅時効	権利を行使することができる時から10年 (166条1項、167条1項)	権利を行使することができることを知った時から5年 (166条1項1号)	左に同じ
		左に同じ (166条1項2号)	権利を行使することができる時から20年 (167条)
不法行為	被害者が損害及び加害者を知った時から3年 (724条前文)	左に同じ（724条1号）	被害者が損害及び加害者を知った時から5年 (724条の2)
	不法行為の時から20年 (724条後文)	左に同じ（724条2号）	左に同じ

(4) 消滅時効の障害事由（時効の更新と完成猶予）

ア．消滅時効の障害事由の整理・分類が変わった

　現行民法における時効の進行や完成を妨げる事由（時効障害事由）としては、「時効の中断」「時効の停止」が規定されています。

　しかし、「時効の中断」は進行していた時効期間を"ゼロにリセット"した上で新たに時効期間が進行するものであるにもかかわらず、その名称により、時効期間の進行が"いったんストップ"する（時効の停止）にすぎないことを意味するとの誤解を生じやすかったことから、改正民法は、「時効の中断」「時効の停止」という概念を廃止し、代わりに「時効の更新」「時効の完成猶予」という概念を用いることとされました。

【表】消滅時効の中断・停止と更新・完成猶予

現行民法	改正民法	
時効の中断	時効の更新	進行していた時効期間を"ゼロにリセット"した上で新たに時効期間が進行する
時効の停止	時効の完成猶予	時効期間の進行が"いったんストップ"することで時効が完成しない

　改正民法では、(a) 権利行使の意思を明らかにしたと評価できる事実が生じた場合を「時効の完成猶予」事由に、(b) 権利の存在について確証が得られたと評価できる事実が生じた場合を「時効の更新」事由に整理しています。な

53

お、「権利の承認」については、改正前の民法におけるのと同様に、「時効の更新」事由としています。

その上で、改正後の民法は、「時効の更新」「時効の完成猶予」という障害事由ごとに規定を編成するのではなく、以下の表のように、当事者及び関係者間で生じた事態の類型ごとに規定を編成する方針を採用しています（【参考文献21】36頁）。

【表】消滅時効完成の障害事由

改正民法	類　型	障害事由
147条	裁判上の請求等	時効の完成猶予
	確定判決等	時効の更新
148条	強制執行等	時効の完成猶予
	その手続終了	時効の更新
149条	仮差押え・仮処分等	時効の完成猶予
150条	催告	時効の完成猶予
151条	協議を行う旨の合意	時効の完成猶予
152条	承認	時効の更新

イ．注意すべき「時効の更新」「時効の完成猶予」事由

特に注意すべき具体的な「時効の更新」「時効の完成猶予」事由は、以下のとおりです。

> ●改正民法149条（仮差押え等による時効の完成猶予）
> 　次に掲げる事由がある場合には、その事由が終了した時から6箇月を経過するまでの間は、時効は、完成しない。
> 　一　仮差押え
> 　二　仮処分

現行民法154条においては、**「仮差押え・仮処分」**について、「時効の中断」事由として判決と同様の効果が与えられていましたが、これらの手続の開始には債務名義が不要であることや、その後に本案訴訟提起等が予定されていることから、改正民法149条で「時効の完成猶予」事由とされました（法制審議会民法（債権関係）部会　部会資料69A・19頁、【参考文献21】40頁）。「仮差押え・仮処分」の取下げ等で終了した場合には、時効の進行を止めるために6か月以内に訴訟提起等が必要になることに注意が必要です。

◆法制審議会民法（債権関係）部会 部会資料69A・19頁《http://www.moj.go.jp/content/000119882.pdf》

　　現行法上、「仮差押え又は仮処分」（民法第147条第2号）は時効の中断事由とされているが、民事保全手続の開始に債務名義は不要であり、その後に本案の訴え提起又は続行が予定されている。そして、債権者が起訴命令に従わない場合には時効中断の効力を生じないとされ（同法第154条、民事保全法第37条参照）、本案の訴えが提起されたならば、それによって時効は中断される（民法第147条第1号）。このような保全手続の暫定性に鑑みれば、結局、仮差押え等は、本案の訴えが提起されるまでの間、時効完成を阻止するものに過ぎず、実質的には時効の停止事由として機能している。

●改正民法151条（協議を行う旨の合意による時効の完成猶予）

1. 権利についての協議を行う旨の合意が書面でされたときは、次に掲げる時のいずれか早い時までの間は、時効は、完成しない。
   一　その合意があった時から1年を経過した時
   二　その合意において当事者が協議を行う期間（1年に満たないものに限る。）を定めたときは、その期間を経過した時
   三　当事者の一方から相手方に対して協議の続行を拒絶する旨の通知が書面でされたときは、その通知の時から6箇月を経過した時
2. 前項の規定により時効の完成が猶予されている間にされた再度の同項の合意は、同項の規定による時効の完成猶予の効力を有する。ただし、その効力は、時効の完成が猶予されなかったとすれば時効が完成すべき時から通じて5年を超えることができない。
3. 催告によって時効の完成が猶予されている間にされた第1項の合意は、同項の規定による時効の完成猶予の効力を有しない。同項の規定により時効の完成が猶予されている間にされた催告についても、同様とする。

　また、新たな制度として注目されるのは**「協議による時効の完成猶予」**制度です（改正民法151条）。現行民法においては、債権（請求権）があることには争いがないもののその金額に争いがあるケースなどで、当事者間で交渉・協議が行われている場合でも、「時効の更新」事由である「権利の承認」（改正民法152条）にはあたらず、消滅時効の進行を止めることはできません。そのため、時効の完成が近づいた場合に、和解に向けた交渉をしているにもかかわらず、訴訟提起などの時効の中断の措置をとらなければならない事態が生じるという問題がありました。

　改正民法151条では、当事者間で権利に関する協議を行う旨の書面による合意があったときは、①合意があった時から1年間、②協議を行う期間（1年未満）を書面合意で定めたときはその期間経過時、③当事者の一方が相手方に対して協議続行を拒絶することを書面で通知した時から6か月のいずれか早い時までの間は、時効は完成しないこととされました（【参考文献21】41頁）。

第1章　不動産業（売買）

2. 改正民法による実務対応

(1) 契約不適合の状態及び認識した日時を証拠化する

　改正民法566条で1年間の通知期間制限が起算する「買主がその不適合を知った時」が、どのような事実を認識した時点をいうのかについては必ずしも明らかではありません。

　建物の売買においては、買主が何らかの不具合（現象）に気づいた場合であっても、不具合の原因（例えば経年劣化・使用劣化によるものなのか、構造上の問題があるのか）を判別することは容易ではありません。例えば、漏水に気づいたとしても、その原因（屋根や柱部分の施工不良による雨漏りなど）についてすぐに判別するわけではありません。また、建物の傾きに気づいたとしても、それが地盤の問題なのか、基礎の設置不良の問題なのか、建物自体に起因する問題なのかなどいろいろな可能性があり得ますが、その判別は用意ではありません。買主が、このような不具合について売主に対して法的な責任を追及し得るものであると認識するためには、技術的調査が必要な場合もあります。

　この点に関しては、「売買の目的である権利の一部が他人に属し、又は数量を指示して売買した物が不足していたことを知ったというためには、**買主が売主に対し担保責任を追及し得る程度に確実な事実関係**を認識したことを要する」とする最高裁判例（最判平成13年2月22日・判時1745号85頁）の解釈が参考になると説明されています（法制審議会民法〔債権関係〕部会　部会資料75A・39頁）。これに対し、改正民法下における「買主がその不適合を知った時」の意味については、同最高裁判例の求める認識までは必要ないとの指摘もあります（【参考文献21】267頁）。

◆法制審議会民法（債権関係）部会　部会資料75A・39頁《http://www.moj.go.jp/content/000121259.pdf》
　「知った時」とは、注文者がどのような事実を認識した時点を指すのかについては、売買の担保責任に関する規定の解釈が参考になると考えられる。判例は、民法第564条の「知った時」の意義について、買主が売主に対し担保責任を追及し得る程度に確実な事実関係を認識したことを要すると解するのが相当であると判断している（最判平成13年2月22日判時1745号85頁）。また、下級審において、同法第566条第3項の「知った時」について、契約解除ができる程度の重大な瑕疵を知った時と解すべきであると判断された事例がある（東京地判平成4年9月16日判時1458号87頁）。これらの判例の解釈は、素案の「知った時」の解釈にも基本的に妥当するものと考えられる。

第4節　買主の権利行使期間に関する実務対応

　いずれにしても、買主がいつどのような事実を認識したのかが極めて重要となることから、建物に何らかの不具合（現象）を発見した場合には、不具合の状態を証拠化するとともに、権利行使期間の起算点を明確にするために、不具合の内容、日時等を証拠化しておくことが重要と考えられます。具体的な方法としては、不具合の箇所を写真撮影、動画撮影することなどが考えられます（【参考文献2】112頁参照）。

> **POINT** 建物に何らかの不具合（現象）を発見した場合には、不具合の状態を証拠化するとともに、権利行使期間の起算点を明確にするために、不具合の内容、日時等を証拠化しておくことを検討

(2) 権利行使期間の起算点を客観的な時点とする

　売買契約から直接生じる債権（目的物の引渡請求権、売買代金の支払請求権等）については、通常、履行期が定められていることから、当事者はその到来を当然に認識しているはずであり、主観的起算点（権利を行使することができることを知った時）と客観的起算点（権利を行使することができる時）とは一致することが多いと考えられます。そのため、契約から直接生じる債権の多くは時効期間が5年になると思われます。これに対して、不法行為に基づく損害賠償請求権や不当利得返還請求権などは、主観的起算点と客観的起算点がずれることがあり得ます。

　前記(1)で説明しましたが、権利行使期間の起算点について当事者の主観を判断の基礎とする場合（当事者がいつ不具合を認識したかを判断の基礎とする場合）には、当事者間に疑義が生じることは避けられません。

　そこで、売買契約において、**権利行使期間の起算点を客観的な時点（売買目的物の引渡し時等）とする**ことが考えられます。現行民法下の不動産取引実務においては、権利行使期間を売買対象物の引渡し時から一定期間（2年間等）とすることはよく見られるところです。

> **POINT** 権利行使期間の起算点を客観的な時点（売買目的物の引渡し時等）とすることを検討

57

第1章 不動産業（売買）

(3) 「協議による時効の完成猶予」は容易ではない

協議による時効の完成猶予は、時効の完成を阻止することだけを目的とする無用な訴訟提起等を回避できる可能性があることから、これがうまく機能すれば大きなメリットのある制度となります。

しかしながら、前記**1**(4)**イ**のとおり、その要件として求められる協議合意は書面等で行う必要があることから、当事者間の対立が激しいようなケースでは、そもそも協議合意の書面を作成することが期待できないこともあります。その場合には、従前の実務に従い、催告や訴訟提起等を行うことにより適切に時効完成への対処を行う必要があります。そのための準備を怠らないようにしておくことが必要となると思われます。

第5節　関連法の改正に関する実務対応

第5節 関連法の改正に関する実務対応

　民法の改正に伴い、関連法令についても、「民法の一部を改正する法律の施行に伴う関係法律の整備等に関する法律」が制定されていますので注意が必要です。

　売買における契約不適合責任との関係では、現行民法の下で関連法において「瑕疵」と定義、整理されてきたものが、「契約の内容に適合しない」ものとして定義、整理し直されています。

【表】契約不適合に関する関連法の改正

関連法	改正概要
商法526条	"瑕疵" ⇒ "契約不適合" に改める
建設業法19条	"瑕疵" ⇒ "契約不適合" に改める
宅建業法40条等	"瑕疵" ⇒ "契約不適合" に改める
消費者契約法8条	"瑕疵" ⇒ "契約不適合" に改める
品確法2条5項	"瑕疵" を "契約内容不適合" と定義（文言の変更なし）

　売買契約における契約不適合責任との関係では、特に以下のような関連法の改正が重要です。以下、重要な点についてのみ説明することとします。

1. 商　法

●**改正商法526条**（買主による目的物の検査及び通知）

1. 商人間の売買において、買主は、その売買の目的物を受領したときは、遅滞なく、その物を検査しなければならない。
2. 前項に規定する場合において、買主は、同項の規定による検査により売買の目的物が種類、品質又は数量に関して契約の内容に適合しないことを発見したときは、直ちに売主に対してその旨の通知を発しなければ、その不適合を理由とする履行の追完の請求、代金の減額の請求、損害賠償の請求及び契約の解除をすることができない。売買の目的物が種類又は品質に関して契約の内容に適合しないことを直ちに発見することができない場合において、買主が6箇月以内にその不適合を発見したときも、同様とする。
3. 前項の規定は、売買の目的物が種類、品質又は数量に関して契約の内容に適合しないことにつき売主が悪意であった場合には、適用しない。

59

第1章　不動産業（売買）

（1）改正のポイント

　商法526条（買主による目的物の検査及び通知）は、民法の改正にあわせて、「瑕疵」から「契約の内容に適合しないこと」という表現に改められます。

　商法526条により買主には検査・通知義務が課されるため、売買対象物の引渡し時から6か月以内に「瑕疵」について発見し、その後ただちに通知しなければ損害賠償請求権等の権利は保存されません。この点については、改正民法下でも基本的に同様です。

（2）改正法による実務対応

ア．不動産取引でも引渡しから6か月以内に不適合の通知が必要

　売買契約に基づく土地の引渡しがなされたとしても、その時点からすぐに地上建築物の建築工事等の開発が開始されるとは限りません。また、地中の土壌汚染等についてはその調査にかなりの期間を要することから、土地の引渡しを受けてから6か月以内に土地の状況を把握して売主に対して通知する時間的余裕がないことも多いのが実情です。そのため、実務上、買主から、不動産取引に商法526条を適用すべきではないとして争われるケースが数多くあります（東京地判平成18年9月5日・判タ1248号230頁等）。

　この点については争いがありますが、少なくとも同条の適用の可能性がある以上は、後の紛争をできる限り避けるために、売買契約書において、同条の適用の有無について規定しておくことが考えられます。買主としては、商法526条の適用を排除することを意図するのであれば、売買契約にその旨を規定しておくことが考えられます（【参考文献20】97頁等、【参考文献2】112頁参照）。

POINT 　商法526条の適用の有無については、売買契約書に明確に規定することを検討

契約条項例	第6節【書式例】5条6項参照

1. 乙（売主）が種類又は品質に関して契約の内容に適合しない目的物を甲（買主）に引き渡した場合において、甲（買主）がその不適合を知った時から1年以内にその旨を乙（売主）に通知しないときは、甲（買主）は、その不適合を理由として、履行の追完の請求、代金の減額の請求、損害賠償の請求及び契約の解除をすることができない。

　　ただし、乙（売主）が引渡しの時にその不適合を知り、又は重大な過失によって知らなかったときは、この限りでない。
2. 本契約には、商法526条を適用しないものとする。

イ．事前のデュー・ディリジェンスや適切な情報開示が必要

　売主が契約不適合を「知りながら告げなかった」場合には、責任制限特約（商法526条による売主の責任期間制限のほか、民法572条に規定される責任制限特約も同様です）が無効とされます。売主としては、そのような事態を避けるために、買主から契約不適合を「知りながら告げなかった」と主張される可能性のある事実の有無を確認し、そういった事実があるのであれば、事前に買主に開示しておくことが必要となります。具体的には、売買対象である土地・建物の履歴について調査した上で、契約不適合となる可能性を示す重要な事実（例えば、有害物質を使用していた事実や有害物質の流出事故があった事実、これらについて行政機関からの指導や指摘があった事実等）があれば、買主に開示しておくことが必要となると思われます。また、地中に存在する可能性が高く、調査をすれば容易に判明するような有害物質や障害物については、調査を実施した上で買主に対してその結果を説明しておくことを検討することも必要です。その意味で、売主側のデュー・ディリジェンスや相手方に対する適切な情報開示が極めて重要であると思われます（【参考文献20】74頁等）。

第1章　不動産業（売買）

2. 消費者契約法

●改正消費者契約法8条（事業者の損害賠償の責任を免除する条項の無効）
1. 次に掲げる消費者契約の条項は、無効とする。
　一　事業者の債務不履行により消費者に生じた損害を賠償する責任の全部を免除する条項
　二　事業者の債務不履行（当該事業者、その代表者又はその使用する者の故意又は重大な過失によるものに限る。）により消費者に生じた損害を賠償する責任の一部を免除する条項
2. 前項第1号又は第2号に掲げる条項のうち、消費者契約が有償契約である場合において、引き渡された目的物が種類又は品質に関して契約の内容に適合しないとき（当該消費者契約が請負契約である場合には、請負人が種類又は品質に関して契約の内容に適合しない仕事の目的物を注文者に引き渡したとき（中略））に、これにより消費者に生じた損害を賠償する事業者の責任を免除するものについては、次に掲げる場合に該当するときは、同項の規定は、適用しない。
　一　当該消費者契約において、引き渡された目的物が種類又は品質に関して契約の内容に適合しないときに、当該事業者が履行の追完をする責任又は不適合の程度に応じた代金若しくは報酬の減額をする責任を負うこととされている場合

●改正消費者契約法10条（消費者の利益を一方的に害する条項の無効）
　消費者の不作為をもって当該消費者が新たな消費者契約の申込み又はその承諾の意思表示をしたものとみなす条項その他の法令中の公の秩序に関しない規定の適用による場合に比して消費者の権利を制限し又は消費者の義務を加重する消費者契約の条項であって、民法第1条第2項に規定する基本原則に反して消費者の利益を一方的に害するものは、無効とする。

（1）改正のポイント

　改正消費者契約法8条（事業者の損害賠償の責任を免除する条項の無効）は、民法の改正にあわせて、「瑕疵」から「契約の内容に適合しないこと」という表現に改められました。

　本条においては、消費者契約法の適用がある取引（事業者と消費者の間での取引）において、消費者が損害を受けた場合に正当な額の損害賠償を請求できるように、民法、商法等の任意規定に基づき負うこととなる損害賠償責任が特約によって免除又は制限されている場合に、その特約の効力を否定することとしています（消費者庁ウェブサイト「消費者契約法逐条解説」）。

（2）改正法による実務対応

　消費者契約法の適用がある取引（事業者と消費者の間での取引）においては、改正民法で規定される権利よりも不利な内容を合意（特約）した場合に、当該合

意（特約）が無効と判断されるおそれがあることから注意が必要です（【参考文献1】97頁参照）。なお、事業者の損害賠償責任を制限する消費者契約の条項について、改正消費者契約法8条に該当しないものであっても、改正消費者契約法10条（消費者の利益を一方的に害する条項の無効）により無効となることがありますので、この点についても注意が必要です。

その他、注意すべき具体的な特約の内容については、個別の項目で説明します。

3. 住宅の品質確保の促進等に関する法律（品確法）

●改正品確法2条（定義）
5. この法律において「瑕疵」とは、種類又は品質に関して契約の内容に適合しない状態をいう。

●改正品確法95条（新築住宅の売主の瑕疵担保責任）
1. 新築住宅の売買契約においては、売主は、買主に引き渡した時（当該新築住宅が住宅新築請負契約に基づき請負人から当該売主に引き渡されたものである場合にあっては、その引渡しの時）から10年間、住宅の構造耐力上主要な部分等の瑕疵について、民法第415条、第541条、第542条、第562条及び第563条に規定する担保の責任を負う。
2. 前項の規定に反する特約で買主に不利なものは、無効とする。

●改正品確法97条（瑕疵担保責任の期間の伸長等）
住宅新築請負契約又は新築住宅の売買契約においては、請負人が第94条第1項に規定する瑕疵その他の住宅の瑕疵について同項に規定する担保の責任を負うべき期間又は売主が第95条第1項に規定する瑕疵その他の住宅の瑕疵について同項に規定する担保の責任を負うべき期間は、注文者又は買主に引き渡した時から20年以内とすることができる。

(1) 改正のポイント

住宅の品質確保の促進等に関する法律（品確法）では、2条5項において、「種類又は品質に関して契約の内容に適合しない状態をいう」と定義された上で、「瑕疵」という文言は維持されました（改正品確法95条、97条等）。

(2) 改正法による実務対応

現行民法から変更される点は基本的にありません。

不動産売買との関係では、改正品確法95条が、改正民法166条、566条の特則となります。具体的には、新築住宅の売買における「住宅の構造耐力上主要

第1章　不動産業（売買）

な部分等の瑕疵」（構造耐力上主要部分や雨水浸入防止部分の欠陥）についての担保期間が売買対象物の引渡しから10年間とされており、これよりも買主に不利な特約（例えば、同期間を5年間とすると規約等）は無効となることに注意が必要です。

これに対し、同担保期間を最大20年間まで伸長することは可能です（改正品確法97条）。

4. 宅地建物取引業法（宅建業法）

> ●改正宅地建物取引業法40条（担保責任についての特約の制限）
> 1. 宅地建物取引業者は、自ら売主となる宅地又は建物の売買契約において、その目的物が種類又は品質に関して契約の内容に適合しない場合におけるその不適合を担保すべき責任に関し、民法566条に規定する期間についてその目的物の引渡しの日から2年以上となる特約をする場合を除き、同条に規定するものより買主に不利となる特約をしてはならない。
> 2. 前項の規定に反する特約は、無効とする。

(1) 改正のポイント

改正宅地建物取引業法35条（重要事項の説明等）、37条（書面の交付）、40条（担保責任についての特約の制限）は、民法の改正にあわせて、「瑕疵」から「契約の内容に適合しないこと」という表現に改められました。

(2) 改正法による実務対応

現行民法から変更される点は基本的にありません。

不動産売買との関係では、改正宅地建物取引業法40条1項が、改正民法566条の特則となります。具体的には、「種類又は品質に関して契約の内容に適合しない場合におけるその不適合を担保すべき責任」について、通知期間（改正民法566条）を引渡しの日から2年以上とする特約を除いては、同条に規定するものより買主に不利となる特約をすることができないことに注意が必要です。

注意すべき具体的な特約の内容については、個別の項目で説明します。

第6節　［書式例］売買契約書

第**6**節 ［書式例］売買契約書

　本節では、ここまで見てきた契約条項を折り込み、改正法に対応した売買契約書の書式例を示しています。

　以下は、民法改正との関係で重要だと思われる条項を便宜上一覧的に並べた上で、改正民法を踏まえた条項、及び、改正民法の内容を前提に修正の方向性・コンセプトを示すための修正条項案を列挙したものです。実際の使用時には、事案ごとに契約の目的や個別具体的なその他の事情に応じて適当な内容を規定することが想定されます。

第1条（本契約の目的及び対象物）

　買主（以下「甲」という。）は、本物件上において共同住宅分譲事業を行う目的で、売主（以下「乙」という。）から本物件を買い受けるものである。

改定条項例	1条を改定
甲は、本物件を、○○のために取得するものであり、本物件の地中に土壌汚染、廃棄物その他地中障害物が一切存在しない状態で引き渡されることを求めるものである。	

第2条（売買代金の支払い）

1. 甲は、本物件の売買代金として、金○円を、○○年○月○日に、乙に支払うものとする。

2. 甲が前項の代金の支払いを怠った場合、甲は、乙に対し、支払期限の翌日から支払済みまで、遅滞が生じた時点を基準とする法定利率の割合による遅延損害金を支払うものとする。

第3条（本物件の引渡し及び所有権の移転）

65

第1章　不動産業（売買）

1. 本物件の所有権は、第2条第1項による売買代金全額の支払いと同時に、乙から甲へ移転する。

2. 乙は、第2条第1項の売買代金支払いと同時に、本物件を甲に引き渡すものとする。

第4条（本物件の滅失、毀損）

1. 甲乙双方の責めに帰することができない事由によって（本物件が滅失するなどにより）本物件の引渡債務を履行することができなくなったときは、甲は、反対給付の履行を拒むことができる。甲の責めに帰すべき事由によって債務を履行することができなくなったときは、甲は、反対給付の履行を拒むことはできない。この場合において、乙は、自己の債務を免れたことによって利益を得たときは、これを甲に償還しなければならない。

2. 乙が甲に本物件を引き渡した場合において、その引渡しがあった時以後に本物件が当事者双方の責めに帰することができない事由によって滅失し、又は損傷したときは、甲は、その滅失又は損傷を理由として、履行の追完の請求、代金の減額の請求、損害賠償の請求及び契約の解除をすることができない。この場合において、甲は、代金の支払いを拒むことができない。乙が契約の内容に適合する目的物をもって、その引渡しの債務の履行を提供したにもかかわらず、甲がその履行を受けることを拒み、又は受けることができない場合において、その履行の提供があった時以後に当事者双方の責めに帰することができない事由によってその目的物が滅失し、又は損傷したときも、同様とする。

第5条（契約不適合責任）

1. 甲に引き渡された本物件が種類、品質又は数量に関して契約の内容に適合しないものであるとき（以下「契約不適合」という。）は、甲は、乙に対し、本物件の修補、代替物の引渡し又は不足分の引渡しによる履行の追完を請求することができる。ただし、乙は、甲に不相当な負担を課するものでないときは、甲が請求した方法と異なる方法による履行の追完をすることができる。

改定条項例	5条1項を改定
1. 甲に引き渡された本物件が種類、品質に関して契約の内容に適合しないものであるときは、甲は、相当の期間を定めて、甲の	

指定した合理的な方法により、本物件の修補（土壌汚染が存在する場合は汚染土壌の掘削除去等を含むがこれに限らない。）を求めることができる。

2. 民法562条1項但書は、本契約には適用しない。ただし、修補に過大の費用を要する場合（売買代金額の○割を超えた場合を含むがこれに限らない。）には、この限りではない。

2. 前項本文に規定する場合には、甲が相当の期間を定めて履行の追完の催告をし、その期間内に履行の追完がないときは、甲は、その不適合の程度に応じて代金の減額を請求することができる。

3. 前項の規定にかかわらず、次に掲げる場合には、甲は、同項の催告をすることなく、直ちに代金の減額を請求することができる。

(1) 履行の追完が不能であるとき。

(2) 乙が履行の追完を拒絶する意思を明確に表示したとき。

(3) 契約の性質又は当事者の意思表示により、特定の日時又は一定の期間内に履行をしなければ契約をした目的を達することができない場合において、乙が履行の追完をしないでその時期を経過したとき。

(4) 前3号に掲げる場合のほか、甲が前項の催告をしても履行の追完を受ける見込みがないことが明らかであるとき。

改定条項例	5条2項・3項を改定

甲に引き渡された本物件が種類、品質又は数量に関して契約の内容に適合しないものであるときは、催告を要することなく、甲は、その不適合の程度に応じて代金の減額を請求することができる。

ただし、その債務の不履行が契約その他の債務の発生原因及び取引上の社会通念に照らして責めに帰することができない事由によるものであるときは、この限りでない。

4. 第1項の不適合が甲の責めに帰すべき事由によるものであるときは、甲は、同項の規定による履行の追完の請求、第2項及び第3項の規定による代金の減額

第1章　不動産業（売買）

の請求をすることができない。

5. 第1項ないし前項の規定は、第7条の規定による損害賠償の請求並びに第8条の規定による解除権の行使を妨げない。

6. 乙が種類又は品質に関して契約の内容に適合しない目的物を甲に引き渡した場合において、甲がその不適合を知った時から1年以内にその旨を乙に通知しないときは、甲は、その不適合を理由として、履行の追完の請求、代金の減額の請求、損害賠償の請求及び契約の解除をすることができない。ただし、乙が引渡しの時にその不適合を知り、又は重大な過失によって知らなかったときは、この限りでない。

改定条項例	5条6項を改定

1. 乙が種類又は品質に関して契約の内容に適合しない目的物を甲に引き渡した場合において、甲がその不適合を知った時から1年以内にその旨を乙に通知しないときは、甲は、その不適合を理由として、履行の追完の請求、代金の減額の請求、損害賠償の請求及び契約の解除をすることができない。

　　ただし、乙が引渡しの時にその不適合を知り、又は重大な過失によって知らなかったときは、この限りでない。

2. 本契約には、商法526条を適用しないものとする。

第6条（甲による本物件の検査・通知）

1. 甲は、本物件の引渡しを受けたときは、遅滞なく、本物件を検査しなければならない。

2. 第5条第6項の規定にかかわらず、前項に規定する場合において、甲は、同項の規定による検査により本物件が種類、品質又は数量に関して契約の内容に適合しないことを発見したときは、直ちに乙に対してその旨の通知を発しなければ、その不適合を理由とする履行の追完の請求、代金の減額の請求、損害賠償の請求及び契約の解除をすることができない。売買の目的物が種類又は品質に関して契約の内容に適合しないことを直ちに発見することができない場合において、甲が6か月以内にその不適合を発見したときも、同様とする。

第6節 ［書式例］売買契約書

3. 前項の規定は、売買の目的物が種類、品質又は数量に関して契約の内容に適合しないことにつき乙が悪意であった場合には、適用しない。

第7条（債務不履行による損害賠償）

1. 甲又は乙が、債務の本旨に従った履行をしないとき又は債務の履行が不能であるときは、相手方（債権者）は、これによって生じた損害の賠償を請求することができる。ただし、その債務の不履行が契約その他の債務の発生原因及び取引上の社会通念に照らして債務者の責めに帰することができない事由によるものであるときは、この限りでない。

改定条項例	7条1項を改定

　甲又は乙が債務の本旨に従った履行をしないとき又は債務の履行が不能であるときは、相手方は、これによって生じた損害の賠償を請求することができる。ただし、天変地異その他の不可抗力による場合はこの限りではない。

2. 前項の規定により損害賠償の請求をすることができる場合において、債権者は、次に掲げるときは、債務の履行に代わる損害賠償の請求をすることができる。
   (1) 債務の履行が不能であるとき。
   (2) 債務者がその債務の履行を拒絶する意思を明確に表示したとき。
   (3) 債務が本契約によって生じたものである場合において、本契約が解除され、又は債務の不履行による契約の解除権が発生したとき。

3. 債務の不履行に対する損害賠償の請求は、これによって通常生ずべき損害の賠償をさせることをその目的とする。特別の事情によって生じた損害であっても、当事者がその事情を予見すべきであったときは、債権者は、その賠償を請求することができる。

改定条項例	7条3項を改定

　甲又は乙が債務の本旨に従った履行をしないとき又は債務の履行が不能であるときは、相手方（債権者）は、これによって自己に生

69

第1章　不動産業（売買）

じた一切の損害、損失及び費用（○○、○○、合理的な範囲の弁護士費用を含む。）の賠償を請求することができる。

第8条（解除）

1. 甲又は乙が、本契約の債務を履行しない場合において、相手方が相当の期間を定めてその履行の催告をし、その期間内に履行がないときは、相手方は、契約の解除をすることができる。ただし、その期間を経過した時における債務の不履行が本契約及び取引上の社会通念に照らして軽微であるときは、この限りでない。

改定条項例	8条1項を改定

　甲又は乙が、本契約の債務を履行しない場合において、相手方が相当の期間を定めてその履行の催告をし、その期間内に履行がないときは、相手方は、本契約の目的を達成できない場合に限り、契約の解除をすることができる。

2. 次に掲げる場合には、甲又は乙は、前項の催告を要することなく、直ちに本契約の解除をすることができる。
   (1) 相手方の債務の全部の履行が不能であるとき。
   (2) 債務者がその債務の全部の履行を拒絶する意思を明確に表示したとき。
   (3) 相手方の債務の一部の履行が不能である場合又は債務者がその債務の一部の履行を拒絶する意思を明確に表示した場合において、残存する部分のみでは本契約をした目的を達することができないとき。
   (4) （本契約の性質又は当事者の意思表示により、特定の日時又は一定の期間内に履行をしなければ契約をした目的を達することができない場合において、）乙が本物件の引渡しをしないで第3条第2項に規定する引渡しの時期を経過したとき。
   (5) 前各号に掲げる場合のほか、債務者がその債務の履行をせず、債権者が第1項の催告をしても本契約をした目的を達するのに足りる履行がされる見込みがないことが明らかであるとき。

3. 次に掲げる場合には、甲又は乙は、第1項の催告をすることなく、直ちに本契

第6節　［書式例］売買契約書

約の一部の解除をすることができる。

(1) 債務の一部の履行が不能であるとき。

(2) 債務者がその債務の一部の履行を拒絶する意思を明確に表示したとき。

改定条項例	8条2項・3項を改定

　甲は、次の事由のいずれか一つでも生じたときは、催告を要せず直ちに本契約を解除することができるものとする。

(1) 第10条第1項及び第2項に規定する土壌汚染履歴調査、土壌汚染確認調査又は土壌汚染詳細調査の結果、汚染が著しく、表示土地を甲の事業の用に供することが困難であると甲が合理的に判断した場合

(2) 第10条第3項に基づく追加調査の結果、汚染が著しく、本物件を甲の事業の用に供することが困難であると甲が合理的に判断した場合

4.債務の不履行が債権者の責めに帰すべき事由によるものであるときは、債権者は、本条の規定による契約の解除をすることができない。

第9条（表明保証責任）【新設】

改定条項例	9条を新設

1.乙は、本条に規定する表明及び保証に関し、誤りがあり又は不正確であったことが判明した場合には、直ちに甲に対しその旨を書面により通知するものとする。乙が本条に規定する表明及び保証義務に違反した場合、又は乙が本項に規定する通知義務に違反した場合、乙は、本物件の引渡しを完了したときから〇年間、当該違反に起因又は関連して甲に生じる一切の損害、損失及び費用（追加調査・対策費用、工事遅延に伴う追加工事費用、合理的な範囲の弁護士費用を含むが、これらに限らない。）を速やかに補償するものとする。

71

第1章　不動産業（売買）

　　(1)　（略）

　　(2)　土壌汚染対策法に規定する環境省令又は環境庁告示（平成3
　　　　年環境庁告示第46号）で定める基準及びダイオキシン類対策
　　　　特別措置法7条に規定する環境庁告示（平成11年環境庁告示第
　　　　68号）における有害物質が存在しないこと。

2. 乙は、第5条に定める責任とは別個独立に本条に規定する表明保
　　証責任を負い、甲は、任意に選択的又は重畳的に各責任に基づ
　　く請求等を行うことができるものとする。

第10条（買主の土壌調査対策）【新設】

改定条項例	10条を新設

1. （略）

2. 土壌汚染履歴調査の結果、甲が必要と認めた場合には、乙は、
　　甲が指定する日までに、乙の責任と負担により、指定調査機関
　　に対し、土壌汚染対策法に規定する環境省令又は環境庁告示（平
　　成3年環境庁告示第46号）及びダイオキシン類対策特別措置法7条に
　　規定する環境庁告示（平成11年環境庁告示第68号）における項目、
　　基準、範囲、深度及び方法…等に基づき、土壌汚染等の存在の
　　有無を把握するための調査を実施させた上で、調査結果を書面
　　により甲に報告するものとする。

3. （略）

4. （略）

　　※第1項は土壌汚染履歴調査、第2項は土壌汚染確認調査、第3項は土壌汚染
　　　追加調査、第4項は土壌汚染対策措置が規定されることを想定した上で、
　　　ここでは改正民法の追完請求と関係する第2項について条項例を記載して
　　　います。

第2章

不動産賃貸業
（賃貸借）

第1節 民法［債権法］改正と不動産賃貸借

　不動産賃貸業においては、建物賃貸借と土地の賃貸借がありますが、その対象にはマンションやアパートなどの居住用物件、オフィスビルや商業ビルテナントなどの事業用物件等様々なものがあります。これらに関連して、サブリース等の事業も広く展開されています。また、再開発事業等においては、対象地を売買契約によって取得するだけではなく、借地上に建物を建築して開発を行う場合もあります。これらの取引においても、民法上の問題は避けて通れません。

　第1章第1節冒頭で説明したとおり、今回の民法改正は、特に債権法という部分に関する改正を内容としています。その改正項目も200にも及びます。不動産賃貸借に関係する内容としても、これまでの考え方が大きく変更される点が少なくありません。例えば、敷金や原状回復義務等、現行法でもトラブルが数多く生じていた点について明文化がなされたほか、賃貸不動産の一部滅失の場合の賃料減額が当然に認められることになったこと、賃借人に賃貸不動産の修繕権が認められたことなど、現行民法からの大きな変化が見られます。また、改正民法の各条項が新設・改正されたことにより、従来の実務で見られた原状回復費用の負担、敷引特約、その他の特約との関係についてもあらためて整理することが必要となります。

　現在、不動産取引において用いられている契約書は、現行の民法を前提に作成されているため、今後は、各条項について、改正民法でどのように変わるのかを確認した上で適切に見直すことが必要となります。

　以下、改正民法のポイントについて、その概要を説明した上で、改正民法を踏まえて不動産賃貸借契約の修正を検討すべき点を中心に説明します。

　なお、本文中で示す契約条項例は、改正民法の内容を前提に修正の方向性・コンセプトを示すためのものですので、実際の使用時には、事案ごとに契約の目的や個別具体的なその他の事情に応じて適当な内容を規定することが想定されます。実務上は、公表されている標準契約や標準契約約款が利用されることも多いと思われます。

第2節　賃貸借に関する改正の実務対応

第2節 賃貸借に関する改正の実務対応

1. 賃貸借の存続期間に関する実務対応

(1) 賃貸借の類型

ア. 土地の賃貸借（定期借地・普通借地）

　借地権には、民法のみが適用される土地賃貸借と、建物の所有を目的とし、特別法である借地借家法が優先適用される土地賃貸借（借地借家法3～25条）があります。

　前者の借地権は、改正民法601条以下で規定されています。後者の借地権には、普通借地権（借地借家法3条）と定期借地権等がありますが、これらは、一定の契約期間が定められているか、契約の更新があるかに違いがあります。定期借地権等は、一般定期借地権（借地借家法22条：存続期間50年以上）、事業用定期借地権（同法23条1項：存続期間30年以上50年未満）及び事業用借地権（同法23条2項：存続期間10年以上30年未満）などに分かれています。

　この点の詳細は、【参考文献20】102頁を参照ください。

イ. 建物の賃貸借（定期借家・普通借家）

　借家権（建物の賃貸借）については、契約の更新やその効力等に関して、特別法である借地借家法が優先適用されます（借地借家法26～40条）。

　借家権にも、普通借家権と定期借家権がありますが、普通借家権については借地借家法26～37条が、定期借家権にはこれに加えて借地借家法38条が適用されます。

75

第2章　不動産賃貸業（賃貸借）

(2) 改正のポイント

●改正民法604条（賃貸借の存続期間）
1. 賃貸借の存続期間は、50年を超えることができない。契約でこれより長い期間を定めたときであっても、その期間は、50年とする。
2. 賃貸借の存続期間は、更新することができる。ただし、その期間は、更新の時から50年を超えることができない。

　現行民法において、建物の所有を目的としない土地の賃貸借には借地借家法の適用がない（現行民法604条が適用される）ため、賃貸借の存続期間の上限は20年間となります。そのため、20年以上の期間の賃貸借を希望する場合については、賃貸借契約を更新して対応する必要があります。

　なお、現行法上も定期借地権等であれば20年以上の期間も可能であり、一般定期借地権（同法22条）の場合には、50年以上の期間を設定することも可能です（【参考文献20】102頁参照）。

　これに対し、改正民法604条では、賃貸借期間の上限が20年から50年に伸長されました。これにより、大型プラント、太陽光発電パネル、ゴルフ場、駐車場の設置のための敷地を賃借する場合に、20年間を超える賃貸借契約を締結することが可能となります。

◆法制審議会民法（債権関係）部会　部会資料83-2・44頁《http://www.moj.go.jp/content/000126620.pdf》
　本論点は、現代社会においては20年を超える賃貸借を認めるニーズがあることから、民法第604条を削除するというものであった。しかし、これまでも部会において、あまりにも長期にわたる賃貸借は、目的物の所有権にとって過度な負担になる等の弊害が生ずる懸念があるとの指摘があり、改めて検討したところ、このような弊害に対しては公序良俗等の一般原則によっては十分な対応ができないおそれがあることから、何らかの存続期間の上限を設けるのが相当であると考えられた。そこで、民法第278条が物権である永小作権の存続期間の上限を50年と規定していること等を参照して、賃貸借の存続期間の上限を20年から50年に改めるものである。

(3) 改正を踏まえた実務対応

　賃貸借の存続期間については、民法のほか借地借家法や農地法の規定も含めて確認・整理しておくことが必要となります。

　なお、借地借家法や農地法が適用される不動産賃貸借については、民法改正による影響は基本的にありません（法制審議会民法〔債権関係〕部会　部会資料83-2・44頁、【参考文献21】293頁）。

【表】賃貸借期間（定期賃貸借を除く）

	関連する法律		現行民法	改正民法
期間の下限	民法		下限なし	
	借地借家法	借地（普通）	30年以上（3条）	
		借家（普通）	1年以上 （1年未満は期間の定めのない契約となる） （29条1項）	
期間の上限	民法604条		20年以下	50年以下
	借地借家法（普通）		上限なし	
	農地法19条		50年以下 （民法604条の改正により本条は削除）	

POINT 賃貸借の存続期間について、民法のほか借地借家法や農地法の規定も含めて確認・整理

2. 不動産賃貸借の対抗力に関する実務対応

(1) 改正のポイント

> ●**改正民法605条**（不動産賃貸借の対抗力）
> 　不動産の賃貸借は、これを登記したときは、その不動産について物権を取得した者その他の第三者に対抗することができる。

ア．現行民法605条で規定される賃貸借の対抗力

　現行民法605条は、「不動産の賃貸借は、これを登記したときは、その後その不動産について物権を取得した者に対しても、その効力を生ずる」と規定しており、不動産の賃貸借について登記をすれば、第三者に対する対抗力が具備されることになります。

　ここで、（ア）条文上は、「その後（その不動産について物権を取得した者に対しても）」と規定されていますが、判例では、対抗力の優劣は対抗要件を具備した時間的先後により決せられ、単に物権を取得（売買契約を締結）した時間的先後で決まるのではないとされています（最判昭和42年5月2日・判時491号53頁）。判例の考え方によれば、対抗力を先に備えれば、対抗要件を備えた後に物権（当該

不動産）を取得した者のみならず、対抗要件を備える前に物権（当該不動産）を取得した者に対しても賃借権を対抗することができるものとされています。

また、（イ）対抗することができる相手方として挙げられている「物権を取得した者」には、不動産を賃借した者、不動産を差し押さえた者も含まれると解されています。

イ．改正民法605条で規定される賃貸借の対抗力

改正民法605条は、上記のような状況を踏まえて、（ア）「その後」という文言を削除し、対抗関係は対抗要件の具備の先後によることを明確にしました。

また、（イ）「物権を取得した者」の次に「その他の第三者」という文言を付け加え、二重に賃貸借をした者や不動産を差し押さえた者にも対抗できることを明確にしました（法務省民事局参事官室「民法〔債権関係〕の改正に関する中間試案の補足説明〔平成25年7月4日補訂〕」451頁）。

◆法務省民事局参事官室「民法（債権関係）の改正に関する中間試案の補足説明（平成25年7月4日補訂）」451頁《http://www.moj.go.jp/content/000109950.pdf》

（概要）

本文(1)は、まず、民法第605条の「その後その不動産について物権を取得した者」という文言について、「その他の第三者」を付加するとともに、「その後」を削除するものである。同条の規律の対象として、二重に賃借をした者、不動産を差し押さえた者等が含まれることを明確にするとともに、「その後」という文言を削除することによって賃貸借の登記をする前に現れた第三者との優劣も対抗要件の具備の先後によって決まること（最判昭和42年5月2日判時491号53頁参照）を明確にするものである。また、本文(1)では、同条の「その効力を生ずる」という文言を「対抗することができる」に改めている。これは、第三者に対する賃借権の対抗の問題と、第三者への賃貸人たる地位の移転の問題とを区別し、前者を本文(1)、後者を本文(2)で規律することによって、同条の規律の内容をより明確にすることを意図するものである。

筆者注：「本文(1)」＝「不動産の賃貸借は、これを登記したときは、その不動産について物権を取得した者その他の第三者に対抗することができるものとする」との改正案。「本文(2)」＝「不動産の譲受人に対して本文(1)により賃貸借を対抗することができる場合には、その賃貸人たる地位は、譲渡人から譲受人に移転するものとする」との改正案。

---

(2) 改正を踏まえた実務対応

現行民法下の考え方を踏まえて改正民法605条が規定されたことから、実務対応において大きく変わる点はないものと思われます。

もっとも、実務上、建物の賃借権の登記がされることはほとんどなく、当該建物の引渡しを受けたことをもって対抗力を具備するのが通常であるとされています（借地借家法31条1項）。

また、借地借家法の適用のある土地の賃貸借（借地）については、地上建物の登記がある場合でも対抗力が具備されることになります（借地借家法10条1項）。

●借地借家法10条1項（借地権の対抗力等）

　借地権は、その登記がなくても、土地の上に借地権者が登記されている建物を所有するときは、これをもって第三者に対抗することができる。

●借地借家法31条1項（建物賃貸借の対抗力等）

　建物の賃貸借は、その登記がなくても、建物の引渡しがあったときは、その後その建物について物権を取得した者に対し、その効力を生ずる。

---

3. 賃借人による妨害停止等の請求権に関する実務対応

(1) 改正のポイント

●改正民法605条の4（不動産の賃借人による妨害の停止の請求等）

　不動産の賃借人は、第605条の2第1項に規定する対抗要件を備えた場合において、次の各号に掲げるときは、それぞれ当該各号に定める請求をすることができる。

　一　その不動産の占有を第三者が妨害しているとき　その第三者に対する妨害の停止の請求

　二　その不動産を第三者が占有しているとき　その第三者に対する返還の請求

　現行民法、改正民法のいずれにおいても、所有権に基づく妨害排除請求権等（所有物の明渡請求権、返還請求権等）を行使できることに争いはありません。

　しかし、サブリース事業において、賃貸不動産に不法占拠者がいるようなケースでは、サブリース会社（賃貸管理会社）は当該賃貸不動産の所有者ではないために、所有権に基づく権利行使（返還請求、妨害排除請求）をすることができません。このような事案では、賃借権に基づく返還請求・妨害停止（排除）請求権の行使ができることは、実務上重要な意味を持つことになります。

　現行民法は、賃借権に基づく妨害排除請求権や返還請求権について、明文の規定を設けていませんが、判例は、不動産の賃借権について対抗要件を備えている場合には、賃借権に基づく妨害排除請求権や返還請求権を認めています（最判昭和28年12月18日・民集7巻12号1515頁〔二重賃貸借がなされた事例〕、最判昭和30年4月5日・民集9巻4号431頁〔不法占拠がなされた事例〕）。

　改正法605条の4は、このような判例を踏まえて、対抗要件を備えた賃貸不

動産において、第三者が占有又は賃借人の占有を妨害しているときは、賃借人は、妨害の停止・返還を求めることができることを明文化しました。

(2) 改正を踏まえた実務対応

ア．不法占拠者に対する妨害停止等の要件を確認する

現行民法下の考え方を踏まえて改正民法605条の4が規定されたことから、実務対応において大きく変わる点はないと思われます。

もっとも、賃借人が賃貸不動産において対抗要件を備えていない場合に、不法占拠者のような正当な利益を有しない第三者に対しても賃借権に基づく妨害停止請求等ができないのかについては、今後の解釈に委ねられると説明されています（【参考文献21】298頁）。

4. 賃貸人たる地位の移転に関する実務対応

投資用マンション等ではオーナーが頻繁に変わることも多く、その際に対象不動産の賃貸借契約に基づく権利関係にも変化が生じます。このようなオーナー（所有者）兼賃貸人という地位の移転に際してはトラブルが生じるケースが多いのが現状です。

以下、改正民法における賃貸不動産の譲渡に伴う賃貸人たる地位の移転について解説します。

(1) 改正のポイント

ア．対抗力を備えた賃貸不動産の譲渡に伴う賃貸人たる地位の移転

> **●改正民法605条の2（不動産の賃貸人たる地位の移転）**
> 1. 前条（注：不動産賃貸借の対抗力）、借地借家法第10条又は第31条その他の法令の規定による賃貸借の対抗要件を備えた場合において、その不動産が譲渡されたときは、その不動産の賃貸人たる地位は、その譲受人に移転する。
> 2. （略）【後記参照】
> 3. 第1項又は前項後段の規定による賃貸人たる地位の移転は、賃貸物である不動産について所有権の移転の登記をしなければ、賃借人に対抗することができない。

賃貸不動産の所有権が移転した（オーナーが交代した）場合に、当該不動産の所有権が移転するほか、賃貸人たる地位にどのような影響があるのかは実務上

非常に重要です。

判例では、対抗要件を備えた賃貸不動産の所有権が移転した場合、「特段の事情がある場合」を除き、旧所有者（譲渡人）と新所有者（譲受人）との間で賃貸人たる地位を移転する合意がなくても、賃借人と旧所有者（譲渡人）との間の賃貸借関係は新所有者（譲受人）に当然に承継されるものとしています（大判大正10年5月30日・民録27輯1013頁）。改正民法605条の2第1項は、このような判例を明文化して、不動産の所有権が移転に伴い賃貸人たる地位も移転するものとしました。

ここにいう「特段の事情がある場合」の意味、その他判例の内容については、後記イ②③で後述します。

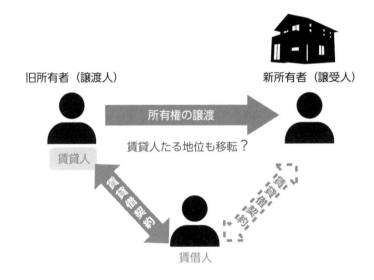

本条項の適用（すなわち、賃貸不動産が譲渡されたときに賃貸人たる地位も移転する）には賃貸借の対抗要件を備えることが必要となります。ここでいう賃貸借の対抗要件には、改正法605条に定める賃借権の登記のほか、借地借家法10条、31条その他の法令の規定による賃貸借の対抗要件が含まれることが明示されています。「その他の法令の規定」としては、例えば、農地法16条などが挙げられています。

第2章　不動産賃貸業（賃貸借）

●農地法16条（農地又は採草放牧地の賃貸借の対抗力）

1. 農地又は採草放牧地の賃貸借は、その登記がなくても、農地又は採草放牧地の引渡があったときは、これをもってその後その農地又は採草放牧地について物権を取得した第三者に対抗することができる。

イ．賃貸人たる地位を留保した賃貸不動産の譲渡

●改正民法605条の2（不動産の賃貸人たる地位の移転）

1. （略）【前記参照】
2. 前項の規定にかかわらず、不動産の譲渡人及び譲受人が、賃貸人たる地位を譲渡人に留保する旨及びその不動産を譲受人が譲渡人に賃貸する旨の合意をしたときは、賃貸人たる地位は、譲受人に移転しない。この場合において、譲渡人と譲受人又はその承継人との間の賃貸借が終了したときは、譲渡人に留保されていた賃貸人たる地位は、譲受人又はその承継人に移転する。
3. 第1項又は前項後段の規定による賃貸人たる地位の移転は、賃貸物である不動産について所有権の移転の登記をしなければ、賃借人に対抗することができない。

---

①　賃貸人たる地位の移転を留保する実務上の必要性

　不動産の流動化事業（不動産の所有者がその不動産が生み出すキャッシュフローを償還原資として資金調達を行う事業）等において、所有不動産を信託銀行等に信託譲渡し、当該不動産から発生する経済的利益（賃料収入等）を受け取る権利（信託受益権）を売買する取引が見られます。

　このような取引において、不動産の所有者が賃貸人たる地位を当該所有者に留保しておくという一定のニーズがあると言われています。例えば、賃貸不動産の譲受人（信託の受託者）が賃貸人としての義務（修繕義務や費用償還義務等）を負わないことを前提とするスキームを構築する必要がある場合、譲受人（信託の受託者）が譲渡人（信託の委託者）等に対して賃貸管理を委託するだけでは足りず、賃貸人たる地位を譲渡人に留保しておく必要があるということが説明されています（法制審議会民法〔債権関係〕部会 部会資料69A・46頁、法務省民事局参事官室「民法〔債権関係〕の改正に関する中間試案の補足説明〔平成25年7月4日補訂〕」451頁・452〜453頁）。

◆法制審議会民法（債権関係）部会 部会資料69A・46頁《http://www.moj.go.jp/content/000119882.pdf》

　実務では、例えば賃貸不動産の信託による譲渡等の場面において賃貸人の地位を旧所有者に留保するニーズがあり、そのニーズは賃貸人の地位を承継した新所有者の旧所有者に対する賃貸管理委託契約等がされたという構成によっては賄いきれない。すなわち、例えば賃貸管理のノウハ

第2節　賃貸借に関する改正の実務対応

ウを持たない新所有者が旧所有者にそれを委託するのみであれば、賃貸人の地位自体は新所有者に承継させた上で、賃貸人である新所有者が旧所有者との間で賃貸管理委託契約等を締結すれば足りるが、賃貸不動産の信託による譲渡等の場面においては、新所有者（信託の受託者）が修繕義務や費用償還義務等賃貸人としての義務を負わないことを前提とするスキームを構築するニーズがあり、賃貸管理委託契約等を締結することではそのニーズに応えることができず、賃貸人の地位自体を旧所有者に留保する必要がある。

※法務省民事局参事官室「民法（債権関係）の改正に関する中間試案の補足説明（平成25年7月4日補訂）」451頁《http://www.moj.go.jp/content/000109950.pdf》も同旨

　現在の実務では、賃貸人の地位を不動産の譲渡人に留保するために、多数に及ぶこともある賃借人（商業ビルのテナント、マンションの借家人等）全員から賃貸人の地位を留保することの合意を得るということも行われており、非常に煩雑であり不都合な事態が生じていることが指摘されています（法制審議会民法〔債権関係〕部会　部会資料69A・46～47頁）。

◆法制審議会民法（債権関係）部会　部会資料69A・46頁《http://www.moj.go.jp/content/000119882.pdf》
　現状では、多数に及ぶこともある賃借人から賃貸人の地位の留保の合意を得ることで、賃貸人の地位の留保を行っているが、非常に煩瑣であり、不都合な事態が生じている。

②　賃貸人たる地位の移転を留保するための要件（判例）

　前述のような状況がある中で、判例は、対抗要件を備えた賃貸不動産の所有権が移転した場合であっても、**「特段の事情がある場合」**には、賃貸人たる地位が譲渡人から譲受人に移転しない（賃貸人たる地位は譲渡人に留保される）ことがあると判示しています。

　しかし、その一方で、譲渡人（旧所有者）と譲受人（新所有者）との間で、"賃貸人たる地位を旧所有者に留保する旨の合意"をしただけでは、ただちには「特段の事情がある場合」にあたらないと判示しています（最判平成11年3月25日・判タ1001号77頁）。

●最判平成11年3月25日（判タ1001号77頁）
　本件は、建物所有者から建物を賃借していた被上告人が、賃貸借契約を解除し右建物から退去したとして、右建物の信託による譲渡を受けた上告人に対し、保証金の名称で右建物所有者に交付していた敷金の返還を求めるものである。
　自己の所有建物を他に賃貸して引き渡した者が右建物を第三者に譲渡して所有権を移転した場合には、特段の事情のない限り、賃貸人の地位もこれに伴って当然に右第三者に移転し、賃借人から交付されていた敷金に関する権利義務

83

> 関係も右第三者に承継されると解すべきであり（略）、右の場合に、新旧所有者間において、従前からの賃貸借契約における賃貸人の地位を旧所有者に留保する旨を合意したとしても、これをもって直ちに前記特段の事情があるものということはできない。

　最高裁判例でこのような判示がなされた背景としては、賃貸不動産の譲渡人・譲受人（旧所有者・新所有者）間の合意のみで賃貸人たる地位を旧所有者に留保できることを無制限に認めてしまうと、賃借人の関与しないところで、賃借人と所有権を譲渡した旧所有者との契約が転貸借の関係に立つことになり、譲渡人・譲受人（旧所有者・新所有者）間の契約関係が債務不履行解除等によって消滅した場合に、賃借人が賃貸不動産の明渡しを強いられるという不合理な状況が発生する可能性があるという問題がありました（法制審議会民法〔債権関係〕部会　部会資料69A・47頁、法務省民事局参事官室「民法〔債権関係〕の改正に関する中間試案の補足説明〔平成25年7月4日補訂〕」453頁）。

◆法制審議会民法（債権関係）部会　部会資料69A・47頁《http://www.moj.go.jp/content/000119882.pdf》
　現行法の規定では、賃貸人の地位を留保したまま賃貸不動産の所有権のみを移転させると、賃借人は所有権を失った旧所有者との間で転貸借の関係に立つこととなり、その後に新所有者と旧所有者との間の法律関係が債務不履行解除等によって消滅すると、賃借人は新所有者からの明渡請求等に応じなければならないことになってしまう（上記判例もこれを理由として、旧所有者と新所有者の合意だけでは「特段の事情」に当たらないとしている。）。そこで、賃貸人の地位の留保を認めるに当たっては、自らの意思とは無関係に転借人と同様の地位に立たされることとなる賃借人の不利益に配慮する必要がある。

※法務省民事局参事官室「民法（債権関係）の改正に関する中間試案の補足説明（平成25年7月4日補訂）」453頁《http://www.moj.go.jp/content/000109950.pdf》も同旨

③　改正民法下で賃貸人たる地位の移転を留保するための要件
　まず、改正民法605条の2第2項前段（新設）は、前記判例を踏まえて、旧所有者に賃貸人たる地位を留保するためには、

①　**譲受人・譲渡人（新・旧所有権者）間の賃貸人たる地位を留保する旨の合意**をすること

に加え、

②　**譲受人・譲渡人（新・旧所有者）間で譲受人（新所有者）を賃貸人、譲渡人（旧所有者）を賃借人とする賃貸借契約の締結**をすること

が必要であるとしました（法務省民事局参事官室「民法〔債権関係〕の改正に関する中間試案の補足説明〔平成25年7月4日補訂〕」451頁）。

◆法務省民事局参事官室「民法（債権関係）の改正に関する中間試案の補足説明（平成25年7月4日補訂）」451頁《http://www.moj.go.jp/content/000109950.pdf》

賃貸人たる地位の留保の要件について、判例（最判平成11年3月25日判時1674号61頁）は、留保する旨の合意があるだけでは足りないとしているので、その趣旨を踏まえ、留保する旨の合意に加えて、新所有者を賃貸人、旧所有者を賃借人とする賃貸借契約の締結を要件とし、その賃貸借契約が終了したときは改めて賃貸人たる地位が旧所有者から新所有者又はその承継人に当然に移転するというルールを用意することとしている。

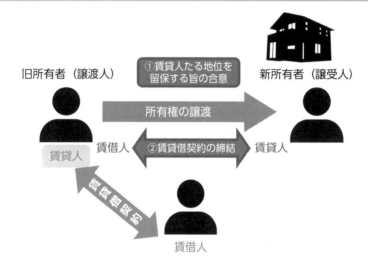

④ 改正民法下で賃貸人たる地位の移転を留保した場合の権利関係

また、賃借人が前記**2**のようなリスクを被る可能性があることを踏まえて、改正民法605条の2第2項後段は、譲渡人と譲受人（又はその承継人）の間の賃り貸借が終了したときは、譲渡人に留保されていた賃貸人たる地位は、譲受人（又はその承継人）に当然に移転することとしました。

これにより、賃借人は、譲受人・譲渡人（新・旧所有者）間でどのような取り決めがなされようと、譲渡人と譲受人間の原賃貸借契約終了時に賃貸不動産を明け渡す必要がなくなり、従来の内容で賃借人としての地位を保つことができるようになりました。

ウ．賃貸人たる地位の移転に伴う敷金等の承継

後記**5**.(1)オで説明するとおりです。

エ．賃貸借の対抗要件がない場合における合意による賃貸人たる地位の移転

第2章　不動産賃貸業（賃貸借）

> ●**改正民法605条の3**（合意による不動産の賃貸人たる地位の移転）
>
> 　不動産の譲渡人が賃貸人であるときは、その賃貸人たる地位は、賃借人の承諾を要しないで、譲渡人と譲受人との合意により、譲受人に移転させることができる。この場合においては、前条第3項及び第4項の規定を準用する。
>
> ●**改正民法605条の2**（不動産の賃貸人たる地位の移転）
> 3. 第1項又は前項後段の規定による賃貸人たる地位の移転は、賃貸物である不動産について所有権の移転の登記をしなければ、賃借人に対抗することができない。
> 4. 第1項又は第2項後段の規定により賃貸人たる地位が譲受人又はその承継人に移転したときは、第608条の規定による費用の償還に係る債務及び第622条の2第1項の規定による同項に規定する敷金の返還に係る債務は、譲受人又はその承継人が承継する。

　改正民法605条の3前段は、民法605条の2とは別途、賃借人の承諾を要せずに、賃貸不動産の譲渡人と譲受人の合意のみで、賃貸人の地位を譲受人に移転することができると規定しました。

　この条項は、改正民法605条の2第1項に規定する**「賃貸借の対抗要件を備えた」とはいえない賃貸不動産の所有権を移転する場合**でも、賃貸不動産の譲受人と譲渡人の合意のみで、賃借人の承諾を得ることなく、賃貸人たる地位の移転を賃借人に移転できることを明確にしたものです。

　本条の規定は、駐車場敷地の賃貸借など、賃借人が通常登記その他の対抗要件を具備しないような不動産賃貸借契約について、実益があると考えられています。

　また、改正民法605条の3後段（605条の2第3項、4項を準用）では、譲受人（新所有者）が賃貸人の地位の移転を賃借人に主張するには、賃貸不動産につき所有権移転登記が必要であること、また、賃貸人の地位の移転とともに費用償還債務、敷金返還債務も譲受人（又はその承継人）に移転することを規定しています。

(2) 改正を踏まえた実務対応

ア．賃貸人たる地位の移転の留保が必要な場面を検討する

　前記(1)イ①で説明したとおり、不動産の流動化事業等において、賃貸人たる地位を譲渡人に留保しておくという一定のニーズがあると言われています。

　もっとも、これに対しては、賃貸人たる地位を譲渡人に留保する手法は、譲渡人の倒産リスクを隔離すること（つまり、賃貸不動産が譲渡人の資産から分離され

ないまま他の資産と混在していると倒産により差押え等の対象となるおそれがあることから、隔離すること）、賃貸不動産の譲渡が、会計上も真正売買であることを否定されないようにすること（つまり、譲渡担保等、真の売買ではない金融取引と評価されないようにすること）等の観点からはマイナスの面があるため、賃貸人たる地位を譲渡人に留保するニーズは限定的なものとなるのではないかとの指摘もあります（【参考文献25】52頁）。

　そのため、賃貸人たる地位を譲渡人に留保するスキームを採用すべきかどうか、他のスキームで代替することはできないか等について十分に検討することが必要と考えられます。

> **POINT** 賃貸人たる地位を譲渡人に留保するスキームを採用すべきかどうか、他のスキームで代替することはできないか等について検討

イ．賃貸人たる地位の移転を留保した場合の権利関係について整理する

　賃貸人たる地位の移転を留保した場合の賃借人の権利関係について、不動産を転貸借した場合の効果を定める改正民法613条（賃貸借契約が解除されたときは転貸借も終了するとの規定）が適用されるのか、又は、改正民法605条の2第2項後段（譲受人・譲渡人間の賃貸借が終了したときでも、賃借人は賃貸不動産を明け渡す必要はない）が改正民法613条3項の特則として適用されるのかについては、必ずしも明らかではありません。賃借人の不利益に配慮するという改正民法605条の2の立法趣旨からすれば、同条2項後段が優先的に適用されると考えられます（【参考文献27】318頁）。

　いずれにしても、賃貸不動産を譲渡する場合には、可能な限り賃借人に事前通知をしてその理解を得ることが望ましいのはいうまでもありません。場合によっては、賃貸不動産の譲渡人（旧所有者）・譲受人（新所有者）・賃借人の三者間で合意するなど、また、賃借人が不利益を受けないような措置を講じることが必要になるケースもあるものと思われます。

> **POINT** 場合によっては、譲渡人（旧所有者）・譲受人（新所有者）・賃借人の三者間で合意したり、また、賃借人が不利益を受けないような措置を講じることを検討

第2章　不動産賃貸業（賃貸借）

ウ．賃貸不動産の地上権を譲渡した場合にも同様に賃貸人たる地位が移転する

　なお、不動産の地上権者が賃貸人である場合における地上権の譲渡についても、同様に、改正民法605条の2の規定が適用（あるいは類推適用）され、賃貸人たる地位が移転することが指摘されています（法制審議会民法〔債権関係〕部会　部会資料69A・46頁、法務省民事局参事官室「民法〔債権関係〕の改正に関する中間試案の補足説明〔平成25年7月4日補訂〕」451頁）。

◆法務省民事局参事官室「民法（債権関係）の改正に関する中間試案の補足説明（平成25年7月4日補訂）」451頁《http://www.moj.go.jp/content/000109950.pdf》

　所有者が賃貸人である場合が典型例であると見て、その場合における当該所有権の譲受人に関する規律を定めたものであるが、地上権者が賃貸人である場合における当該地上権の譲受人についても同様の規律が妥当すると考えられる。

※法制審議会民法（債権関係）部会　部会資料69A・46頁《http://www.moj.go.jp/content/000119882.pdf》も同旨

---

5. 敷金・権利金に関する実務対応

　不動産賃貸借において実務上大きな問題となる論点として、敷金等の取扱いがあります。敷金の取扱いについては、改正民法におけるポイントの一つでもありますので、その内容及び実務対応について検討しておくことが必要です。

(1) 改正のポイント

ア．敷金の定義が明確化された

●改正民法622条の2（敷金）

1. 賃貸人は、敷金（いかなる名目によるかを問わず、賃料債務その他の賃貸借に基づいて生ずる賃借人の賃貸人に対する金銭の給付を目的とする債務を担保する目的で、賃借人が賃貸人に交付する金銭をいう。以下この条において同じ。）を受け取っている場合において、次に掲げるときは、賃借人に対し、その受け取った敷金の額から賃貸借に基づいて生じた賃借人の賃貸人に対する金銭の給付を目的とする債務の額を控除した残額を返還しなければならない。
　　一　賃貸借が終了し、かつ、賃貸物の返還を受けたとき。
　　二　賃借人が適法に賃借権を譲り渡したとき。
2. 賃貸人は、賃借人が賃貸借に基づいて生じた金銭の給付を目的とする債務を履行しないときは、敷金をその債務の弁済に充てることができる。この場合において、賃借人は、賃貸人に対し、敷金をその債務の弁済に充てることを請求することができない。

88

現行民法において、敷金の定義は必ずしも明らかではありませんが、改正民法622条の2第1項においては、敷金が**「賃料債務その他の賃貸借に基づいて生ずる賃借人の賃貸人に対する金銭債務を担保する目的で、賃借人が賃貸人に交付する金銭」**と定義されました。

イ．敷金返還請求権は賃貸借終了後の明渡し完了時に発生する

敷金の発生時期について、判例（最判昭和48年2月2日・民集27巻1号80頁）は、敷金返還請求権は、賃貸借終了後家屋明渡し完了の時においてそれまでに生じた被担保債権を控除しなお残額がある場合に、その残額につき発生するとしていました。

改正民法622条の2第1項1号は、このような判例を踏まえて、「賃貸借が終了し、かつ、賃貸物の返還を受けたとき」に敷金が発生することとしました。

これにより、賃借人に対する敷金返還債務と賃貸人に対する賃借物の明渡債務とは、特約のない限り同時履行の関係に立たない、つまり、賃借人は賃貸不動産を先に明け渡さないと敷金を返してもらえないということが明らかになりました（【参考文献21】308頁）。

ウ．賃借権が移転した場合でも敷金は承継されない（賃貸人に対する敷金返還請求権が発生する）

賃貸人が賃借権の譲渡を承諾した場合には、賃貸借関係は同一性をもって旧賃借人から新賃借人へ承継されます。

しかし、賃貸不動産の賃借権が譲渡されたケースにおいて、判例（最判昭和53年12月22日・民集32巻9号1768頁等）は、賃借権が賃貸人の承諾を得て旧賃借人から新賃借人に移転された場合であっても、敷金に関する敷金交付者の権利義務関係は、特段の事情のない限り、新賃借人に承継されない（敷金の返還請求権は旧賃借人にとどまる）としています。

改正民法622条の2第1項2号は、このような判例を踏まえて、「賃借人が適法に賃借権を譲り渡したとき」であっても、賃貸人は賃借人に対して**「受け取った敷金の額から賃貸借に基づいて生じた賃借人の賃貸人に対する金銭の給付を目的とする債務の額を控除した残額」**を返還しなければならない」としました（【参考文献21】308頁）。

第2章　不動産賃貸業（賃貸借）

エ．賃借期間中でも敷金を賃借人の債務へ充当することができる

> ●改正民法622条の2（敷金）
> 2.賃貸人は、賃借人が賃貸借に基づいて生じた金銭の給付を目的とする債務を履行しないとき
> は、敷金をその債務の弁済に充てることができる。この場合において、賃借人は、賃貸人に
> 対し、敷金をその債務の弁済に充てることを請求することができない。

　改正民法622条の2第2項は、賃貸借終了後に賃貸不動産が明け渡された際など敷金返還債務が生じるよりも前の時点において、賃貸人が、敷金を債務の弁済に充てることができること、その一方で、賃借人は債務の弁済に充てるよう請求できないことを明らかにしました。

オ．賃貸人たる地位の移転に伴い敷金等も承継される

　現行民法には、賃貸人たる地位を移転する場合に、敷金返還債務や必要費（建物の修繕費など賃貸不動産の維持に必要となるために支出した費用）・有益費（賃貸不動産の改良その他価値を増加させるために支出した費用）の償還債務もともに移転するのかどうかについての規定はありません。

　敷金の承継について判例（最判昭和44年7月17日・民集23巻8号1610頁）は、賃貸不動産の旧所有者の下で生じた未払賃料等の弁済に充当された後の敷金残額が新所有者に移転するとしています。

> ●最判昭和44年7月17日（民集23巻8号1610頁）
> 　敷金は、賃貸借契約終了の際に賃借人の賃料債務不履行があるときは、その弁済として当然これに充当される性質のものであるから、建物賃貸借契約において当該建物の所有権移転に伴い賃貸人たる地位に承継があった場合には、旧賃貸人に差し入れられた敷金は、賃借人の旧賃貸人に対する未払賃料債務があればその弁済としてこれに当然充当され、その限度において敷金返還請求権は消滅し、残額についてのみその権利義務関係が新賃貸人に承継されるものと解すべきである。

　また、費用（必要費・有益費）の承継については、判例（最判昭和46年2月19日・民集25巻1号135頁）は、賃貸不動産の譲渡に伴い新所有者（譲受人）に当然に移転するものとしています。改正民法605条の2第4項は、かかる判例を踏まえて、賃貸不動産の譲渡等により賃貸人たる地位が移転した場合に、敷金返還債務及び費用償還債務が新所有者に当然に移転することとしました。

（2）改正を踏まえた実務対応

ア．敷金・権利金等の趣旨・取扱いを明確にする

① 賃借人から差し入れられる各種金員の法的性格

　賃貸借契約においては、敷金のほか、「保証金」「権利金」「建設協力金」などの名目で賃借人が賃貸人に金銭を差し入れることがありますが、差し入れた趣旨・内容によって、改正民法622条の2第1項で定義される「敷金」の定義にあてはまるかどうかが決まります。

　「敷金」であることが否定されると、賃貸人の地位が移転した場合に、別段の合意がない限り、差し入れた金員が新所有者に承継されることが否定されます。

a）保証金

　保証金とは、建物賃貸借の場合であれば、通常、賃貸借契約を締結する際に、借家人（賃借人）から家主（賃貸人）に交付され、賃貸借が終了し、借家人が賃貸建物を明け渡した後に返還される金員のことです。保証金の法的な性格は、それぞれの預入れの事情により異なりますが、一般的には、借地権者の地代の支払いや定期借地契約終了後の借地権者の建物取壊し費用（原状回復費用）等を担保する性格を有するといわれています。

　差し入れた保証金が、「賃料債務その他の賃貸借に基づいて生じる賃借人の賃貸人に対する金銭の給付を目的とする債務を担保する目的」で交付される場合には、改正民法622条の2第1項の「敷金」にあたり得ることになります。

【表】賃借人から差し入れられる各種金員の法的性格

	一般的な定義	法的性格
保証金	定期借地権の設定に際して借地人から地主に交付され、定期借地権が終了し、借地人が土地を明け渡した後に返還される金員	借地権者の地代の支払いや定期借地契約終了後の借地権者の建物取壊し費用（原状回復費用）等を担保
権利金・礼金	定期借地権を設定に際して借地人から地主に交付され、定期借地権の終了後に原則として返還する義務が生じない金員	定期借地権を設定する対価又は地代の一部
建設協力金	賃貸人が賃貸物件を建設するための建築資金に利用する目的で、賃借人又はその予約者から受ける金員	金銭消費貸借契約に基づく貸付金等

b）権利金・礼金

権利金・礼金とは、土地・建物の賃貸借契約を締結する際に、賃借人（借地人・借家人）から賃貸人（地主・家主）に交付され、賃貸借の終了後に原則として返還する義務が生じない金員のことです。これらは、定期借地権を設定する対価又は地代の一部という性格を有するといわれています。

c）建設協力金

賃貸人が建物を建設するための建築資金に利用する目的で、賃借人（予定者）から、建設協力金という名目で金銭の交付を受けることがあります。建設協力金には、金銭消費貸借契約に基づく貸付金の性格を有する場合があるといわれています。

② 賃借人から差し入れられる金員の趣旨・取扱いを明確にする

賃借人が差し入れる金員の趣旨が、賃貸借契約の成立に対する謝礼・対価、地代の一部前払いなどの場合（賃貸借契約終了時に返還することが不要の場合）には、前記の"担保目的"を欠くものとして「敷金」に該当しないと解釈されることもあります。前記ア①のとおり、「敷金」であることが否定されると、賃貸人の地位が移転した場合であっても、別段の合意がない限り、保証金等が新所有者に承継されることが否定されます。また、「敷金」に該当しないと解釈された場合、そもそも差し入れた金員の返還が不要であると解釈されることもあり得ます。そのため、賃貸借契約が終了した際に、確実に保証金等の返還を受けることに加え、どの当事者からどのような条件で返還を受けられるかについて明確にするためには、その対策が必要となります。

賃貸借契約等においてその旨規定するほか、賃貸人に差し入れる金員の性質・内容（返還の要否、債務への充当の可否）等を明確にしておくことを検討すべきと思われます。なお、差し入れた金員の法的性質はその実態によって決まり、名称のみに基づいて返還義務の有無が決まるわけではないことに注意が必要です。

これらの詳細については、【参考文献20】110頁、【参考文献5】100頁等もご参照ください。

> **POINT** 賃貸借契約等において、賃貸人に差し入れる金員の性質・内容（返還の要否、債務への充当の可否）等を明確にしておくことを検討

契約条項例	第5節【書式例】6条参照

1. 乙（賃借人）は、本契約から生じる乙（賃借人）の賃料支払債務、損害賠償債務、未払更新料その他の債務の担保として、頭書○○に記載する敷金を甲（賃貸人）に預け入れるものとする。

2. 乙（賃借人）は、本物件を明け渡すまでの間、敷金をもって賃料、共益費その他の債務の弁済に充てることを請求もしくは相殺を主張することができない。

3. 甲（賃貸人）は、本物件の明渡しがあったときは、遅滞なく、敷金の全額を無利息で乙（賃借人）に返還しなければならない。ただし、甲（賃貸人）は、本物件の明渡し時に、賃料の滞納、第○条に規定する原状回復に要する費用の未払い、損害賠償金等の支払債務その他の本契約から生じる乙（賃借人）の債務の不履行が存在する場合には、当該債務の額を敷金から差し引くことができる。

　この場合、甲（賃貸人）は、敷金から差し引く債務の額の内訳を乙（賃借人）に明示しなければならない。

イ．賃貸借が中途解約となった場合の権利金等の取扱いを明確にする

　前記ア①で説明したとおり、権利金は原則として賃貸借契約の終了後に返還する義務が生じません。契約期間の途中で賃貸借契約が終了した場合に、差し入れられた一部の権利金について返還義務が生じるか否かが問題となることがありますが、返還義務を否定した最高裁判例があります（建物賃貸借に関し、最判昭和29年3月11日・民集8巻3号672頁、最判昭和43年6月27日・民集22巻6号1427頁）。

　賃借人として差し入れた金員の返還を希望する場合には、必要に応じて、賃貸借契約書において、差し入れた権利金の性格が賃料の一部の一括前払いであること、契約期間の途中で賃貸借契約が終了した場合に権利金の一部について返還義務があることなどを規定することが考えられます。また、返還金額を明確にするために、例えば、契約経過期間と契約終了後の残存期間とで按分するなどの算定方法をあらかじめ規定しておくことも考えられます。

POINT 契約期間の途中で賃貸借契約が終了した場合に権利金の一部について返還義務があること、返金額の算定方法等を明確にしておくことを検討

ウ．敷金の充当に関する特約（敷引特約等）を検討する

　実務上、差し入れた敷金の一部を、未払い賃料の有無等にかかわらず当然に控除して返還する敷引特約が規定される例も見られます。

　敷引特約の有効性について、判例（最判平成23年3月24日・民集65巻2号903頁、最判平成23年7月12日・判タ1356号81頁）では、「建物に生ずる通常損耗等の補修費

【表】敷引特約の有効性に関する最高裁判例

	有効性の判断基準	当該事例における検討
最判H23・3・24（判例タイムズ1356号81頁）	消費者契約である居住用建物の賃貸借契約に付されたいわゆる敷引特約は、信義則に反して賃借人の利益を一方的に害するものであると直ちにいうことはできないが、賃借人が社会通念上通常の使用をした場合に生ずる損耗や経年により自然に生ずる損耗の補修費用として通常想定される額、賃料の額、礼金等他の一時金の授受の有無及びその額等に照らし、敷引金の額が高額にすぎると評価すべきものであるときは、当該賃料が近傍同種の建物の賃料相場に比して大幅に低額であるなど特段の事情のない限り、信義則に反して消費者である賃借人の利益を一方的に害するものであって、消費者契約法10条により無効となる。	消費者契約である居住用建物の賃貸借契約に付されたいわゆる敷引特約は、賃貸借契約締結から明渡しまでの経過期間に応じて18万円ないし34万円のいわゆる敷引金を保証金から控除するというもので、上記敷引金の額が賃料月額の2倍弱ないし3.5倍強にとどまっていること、賃借人が、上記賃貸借契約が更新される場合に1カ月分の賃料相当額の更新料の支払義務を負うほかには、礼金等の一時金を支払う義務を負っていないことなど判示の事実関係のもとでは、上記敷引金の額が高額にすぎると評価することはできず、消費者契約法10条により無効であるということはできない。
最判H23・7・12（判例タイムズ1356号81頁）	同　上	消費者契約である居住用建物の賃貸借契約に付されたいわゆる敷引特約は、保証金から控除されるいわゆる敷引金の額が賃料月額の3.5倍程度にとどまっており、上記敷引金の額が近傍同種の建物に係る賃貸借契約に付された敷引特約における敷引金の相場に比して大幅に高額であることはうかがわれないなど判示の事実関係のもとでは、消費者契約法10条により無効であるということはできない。

用として通常想定される額、賃料の額、礼金等他の一時金の授受の有無及びその額等に照らし、敷引金の額が高額に過ぎると評価すべきものである場合には、当該賃料が近傍同種の建物の賃料相場に比して大幅に低額であるなど特段の事情のない限り、……消費者契約法10条により無効となる」と判断されています。

そのため、敷金特約を規定する場合には、最高裁判例の判示を踏まえて「敷引金の額が高額に過ぎると評価すべきものである場合」にあたらないように設定することが必要となります。

その他、賃貸人としては、賃貸借契約において、敷金を未払い賃料等に充当したことにより敷金の額が減少した場合に敷金の追加差入れを求めることができる旨を規定しておくことが考えられます。

POINT

◆敷金特約を規定する場合には、最高裁判例の判示を踏まえて「敷引金の額が高額に過ぎると評価すべきものである場合」にあたらないように設定
◆賃貸人として、敷金を未払い賃料等に充当したことにより敷金の額が減少した場合に敷金の追加差入れを求めることができる旨を規定しておくことを検討

エ．賃借権の譲渡に伴い敷金も承継させるかどうかを検討する

前記(1)ウで説明したとおり、賃借権の譲渡を承諾した場合であっても、敷金は、特段の事情のない限り新賃借人に承継されません（敷金の返還請求権は旧賃借人にとどまります）。

もっとも、実務上、飲食店その他の営業用店舗では賃借人が行った内装をそのままの状態で賃借権を譲渡する場合に、賃借権の譲受人（新賃借人）が敷金を承継し、旧賃借人が賃貸人から敷金の返還を受けないという場合があります（「居抜き」などと呼ばれています）。また、（明確な特約がなくとも）取引慣行により、賃借権が譲渡されたときに敷金を承継させる黙示の合意があったと認定され、敷金が譲受人（新賃借人）に承継されると判断されることもあります（第193回国会 参議院法務委員会 第14号 平成29年5月25日 法務省民事局長小川秀樹氏発言）。

◆第193回国会 参議院法務委員会 第14号 平成29年5月25日《http://kokkai.ndl.go.jp/SENTAKU/sangiin/193/0003/main.html》

> ○小川敏夫君
> （略）
> 　それから、実際に敷金の返還、原状回復義務と一対になって議論するわけですけれども、実際に営業用建物のいわゆる居抜きの譲渡という場合に関しては、やはり純粋に理屈を言えば、賃借人は内部造作、随分お金を掛けた。そのお金を掛けた内部造作を売るんですけれども、敷金を返還しなければならないといいますと、大家とすれば、敷金を返してもらうということは、原状回復が全部なされていれば敷金を返すけれども、原状回復がなされないんなら敷金を返す義務ないわけですよ。原状回復の資金に充当しちゃったっていいわけです。
> 　だけど、どうなんですか。これは原状回復が全くなされないまま敷金を返さなければならないという規定ですと、少なくとも実際に今現状行われている居抜き取引との、この取引の実情とは乖離した規定じゃないかと思うんですが、そういうふうには認識は持たれないでしょうか。
>
> ○政府参考人（小川秀樹君）
> 　繰り返しになりますが、これは任意規定でございます。言わば原則的なものを定めたということにとどまるわけでございまして、事業譲渡、いわゆる居抜きであれば、それを前提とした形でどのような義務を承継し、それによって対価がどうなるか、あるいはどういう権利義務関係を承継するかということを逐一定めていただく合意を設けるということだと思いますし、先ほど申し上げましたが、仮にそういうものがない場合であっても、一定の敷金関係を承継させるという黙示の合意を認めることは可能だというふうに考えております。

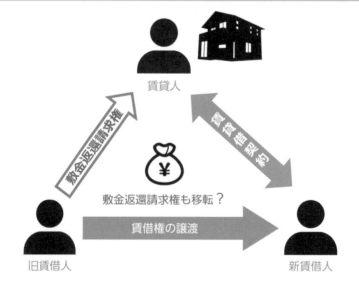

　賃借人としては、賃借権の譲渡に際して敷金（保証金）に関する権利関係を新しい賃借人に承継させるのか否か、承継するとしてその内容をどうするのか（全額をそのまま承継するのか否かなど）について契約において明確にしておくことが考えられます。

この点の詳細については、【参考文献20】134頁等をご参照ください。
　さらに、必要に応じて賃借人が支出した費用（必要費、有益費）の費用負担を明確にしておく必要がある場合もあります。

> **POINT** 賃借権の譲渡に際して敷金（保証金）に関する権利関係を新しい賃借人に承継させるのか否か、承継するとしてその内容をどうするのか（全額をそのまま承継するのか否かなど）について契約において明確にすることを検討

オ．賃貸人たる地位の移転に伴う敷金・費用の承継内容について明確にする

　前記(1)オで説明したとおり、改正民法605条の2第4項は、賃貸不動産の譲渡等により賃貸人たる地位が移転した場合に、敷金返還債務及び費用償還債務が新所有者に当然に移転することとしました。
　もっとも、賃貸不動産の譲受人（新所有者）に移転する敷金の範囲について、敷金全額が移転するのか、それとも譲渡人（旧所有者）の未払賃料等に敷金を充当した残額が移転するのかは、引き続き解釈・運用又は個別の合意に委ねることとされました（法制審議会民法〔債権関係〕部会　部会資料69A・48頁）。

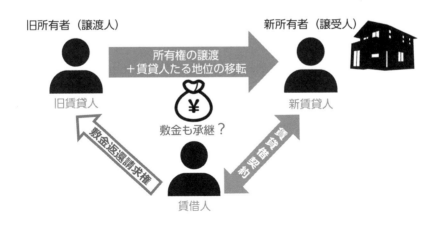

第2章　不動産賃貸業（賃貸借）

◆法制審議会民法（債権関係）部会　部会資料69A・48頁《http://www.moj.go.jp/content/000119882.pdf》

　敷金返還債務について、判例（最判昭和44年7月17日民集23巻8号1610頁）は、旧所有者の下で生じた延滞賃料等の弁済に敷金が充当された後の残額についてのみ敷金返還債務が新所有者に移転するとしているが、実務では、そのような充当をしないで全額の返還債務を新所有者に移転させることも多い。そこで、上記判例法理のうち敷金返還債務が新所有者に当然に移転するという点のみを明文化し、充当の関係については解釈・運用に委ねることとした。

　実務上は、賃貸不動産を譲渡する時点で賃借人の延滞賃料等があった場合でも、敷金を充当せずに敷金全額を移転することが多いように思われます（必要に応じて別途精算することもあります）。

　後の紛争を避けるためには、賃貸不動産の譲渡にあたり、譲渡人・譲受人（旧所有者・新所有者）間で、譲受人（新所有者）に移転する敷金の範囲をあらかじめ合意しておくことが考えられます。

　また、現在の実務で行われているように、必要な範囲で敷金額を含む賃貸借条件について賃貸不動産の賃借人（テナント）に対しても通知をすること、また、賃借人から承諾書を得ること（三者間で合意すること）も含めて検討することが考えられます（【参考文献27】318頁、【参考文献25】54頁、【参考文献28】45頁参照）。

　この点に関する具体的な実務対応については、【参考文献5】101頁等もご参照ください。

POINT

◆賃貸不動産の譲渡にあたり、譲渡人・譲受人（旧所有者・新所有者）間で、譲受人（新所有者）に移転する敷金の範囲をあらかじめ合意しておくことを検討

◆賃貸不動産の賃借人（テナント）に対しても通知をすること、また、賃借人から承諾書を得ること（三者間で合意すること）も含めて検討

6. 転貸借・サブリースに関する実務対応

　実務上、不動産の転貸・サブリースが行われるケースは数多く見受けられます。不動産の転貸においては、賃貸人、賃借人（転貸人）、転借人間の権利関係

が複雑化することから、トラブルも頻発しやすいということが指摘されています。そのため、改正民法における改正点や実務対応についても十分に確認しておくことが必要となります。

(1) 改正のポイント

ア．転借人が負う義務の内容が明確化された

> **●改正民法613条（転貸の効果）**
> 1. 賃借人が適法に賃借物を転貸したときは、転借人は、賃貸人と賃借人との間の賃貸借に基づく賃借人の債務の範囲を限度として、賃貸人に対して転貸借に基づく債務を直接履行する義務を負う。この場合においては、賃料の前払をもって賃貸人に対抗することができない。
> 2. 前項の規定は、賃貸人が賃借人に対してその権利を行使することを妨げない。
> 3. 賃借人が適法に賃借物を転貸した場合には、賃貸人は、賃借人との間の賃貸借を合意により解除したことをもって転借人に対抗することができない。ただし、その解除の当時、賃貸人が賃借人の債務不履行による解除権を有していたときは、この限りでない。

改正民法613条1項前段は、転貸借がなされた場合の転借人と賃貸人の関係について、転借人が賃貸人に対して直接履行すべき債務の内容は、転借人自身が当事者となっている「転貸借契約に基づく債務」であり、その範囲は元の賃貸借契約に基づく債務の範囲に限られることとしました。

賃貸人の転借人に対する直接の賃料請求権については、原賃貸借契約の賃料が転貸借契約の賃料より高い場合であっても、転貸借の賃料の額を超えて請求することはできず、逆に転貸借の賃料が原賃貸借の賃料より高い場合であっても、原賃貸借の賃料の額を超えて請求することはできないことになります。つまり、原賃貸借契約の賃料と転貸借契約の賃料のうち低い金額のみを請求できることになります。

また、改正民法613条1項後段は、転借人が転借料を弁済期前に支払ったことをもっても、賃貸人に対抗できないこととしました。

イ．賃貸借契約が解除された場合の転貸関係への影響が明確化された

賃貸借契約が解除された場合の転貸関係への影響について、判例は、賃貸人と賃借人（転貸人）との間で賃貸借契約を合意解除しても、転借人に対抗することができないとする（大判昭和9年3月7日・民集13巻278号）一方で、賃借人（転貸人）の債務不履行があるために解除権の行使ができるときに合意解除した場合は、転貸借も終了するとしています（最判昭和62年3月24日・判タ653号85頁）。

改正民法613条3項は、このような判例の考えを明文化し、賃貸人は賃借人

99

との間の賃貸借を合意により解除したことをもって転借人に対抗することができない（転貸借は終了しない）が、その解除の当時に賃貸人が賃借人の債務不履行による解除権を有していたときは転借人に対抗することができる（転貸借は終了する）としたものです。

ウ．借地権の無断譲渡・転貸を理由とする解除が認められる

借地人が、地主の承諾を得ずに第三者に対して借地権を譲渡又は転貸した場合には、賃貸人は借地契約を解除することができます（民法612条2項）。

しかし、無断譲渡や無断転貸があった場合でも、賃貸人（借地権設定者）に対する背信的行為と認めるに足りない特段の事情のあるときは、契約の解除は認められません（最判昭和44年2月13日・民集23巻2号316頁、最判昭和38年11月28日・民集17巻11号1446頁）。

この点は、改正法において変更はありません。詳細については、【参考文献20】133頁等をご参照ください。

(2) 改正を踏まえた実務対応

ア．賃借権の譲渡・転貸に関して承諾が必要となる場合を確認する

賃借権の譲渡・転貸を行う場合には賃貸人の承諾が必要となりますが、具体的に賃借人がどのような行為をすれば「譲渡・転貸」にあたるのかについては、判断が難しいケースがあります。

例えば、(a) 借地人が敷地利用権を譲渡せずに建物のみを譲渡するケース、(b) 借地人が地上建物を債権担保の目的で買戻し特約付きで譲渡するケース、(c) 借地人が地上建物に譲渡担保権を設定するケース、(d) 賃借人が法人であり株主構成の変更が生じるケースなどが挙げられます。

この点の詳細については、【参考文献20】131頁等をご参照ください。

イ．賃貸不動産で民泊経営を行う場合の問題について理解する

近時紙面を賑わせている民泊新法（住宅宿泊事業法）に基づく民泊は、不動産を自ら所有する者のみならず、賃貸不動産を賃借する者が当該賃貸物件において行うことも想定されています。現状、課題はあるものの、市場規模も極めて大きいことから今後も発展していくことが予想されます。

① 民泊に対する規制の概要

「民泊」についての法令上の明確な定義はありませんが、一般に、住宅（戸建住宅やマンションなどの共同住宅等）の全部又は一部を活用して、旅行者等に宿

第2節　賃貸借に関する改正の実務対応

【表】「譲渡・転貸」にあたるのかが問題となる事例

	賃借人の行為	判例の立場	関連する判例
(a)	敷地利用権を譲渡せずに借地上の建物を譲渡した場合	特別の事情のない限り、その敷地利用権も「譲渡」されたものとする 特別の事情がある場合は、土地の転貸借となる	最判昭和47年3月9日民集26巻2号213頁
(b)	借地上の建物を債権担保の目的で債権者に対して買戻し特約付きで譲渡した場合	借地人が引き続き建物を使用することが許されているなどの事情があれば、土地の「転貸又は譲渡」とはされない	最判昭和40年12月17日民集19巻9号2159頁
		建物の占有の移転を伴わない場合には、特段の事情のない限り、譲渡担保契約であるとされる	最判平成18年2月7日民集60巻2号480頁
(c)	借地上の建物について譲渡担保権を設定した場合	借地人が引き続き建物を使用している限りは、土地の「転貸又は譲渡」とはされない	
		譲渡担保権者が建物の引渡しを受けてこれを使用収益する場合は、譲渡担保実行による同建物の終局的確定的な所有権移転の前であっても、土地の「転貸又は譲渡」とされる	最判平成9年7月17日民集51巻6号2882頁
(d)	賃借人が法人であるケースで、株式ないし持分の移転等による構成員の変動や取締役等の変動が生じた場合	法人格の同一性が失われるものではなく賃借権の「譲渡」とされない	最判平成8年10月14日民集50巻9号2431頁

泊サービスを提供することを指して「民泊」といいます（国土交通省「民泊制度ポータルサイト」《http://www.mlit.go.jp/kankocho/minpaku/overview/minpaku/index.html》）。

　民泊を行う場合には、旅館業法における簡易宿所として許可を得るか、国家戦略特別区域法に基づく特例を利用する等の方法しかありませんでしたが、平成30年（2018年）6月15日に住宅宿泊事業法が新たに施行され、同法に基づく民泊が認められるようになりました。住宅宿泊事業法が対象とする「住宅宿泊事業」（いわゆる民泊）とは、旅館業法上の営業者以外の者が、宿泊料を受けて、「住宅」に人を宿泊させる宿泊サービスで、1年間あたりの宿泊させる日数が180日を超えないものをいいます（住宅宿泊事業法2条3項）。

　住宅宿泊事業を営もうとする者は、住宅宿泊事業届出書に必要事項を記入の上、必要な添付書類と合わせて、住宅の所在地を管轄する都道府県知事等に届け出る必要があります。届出者が賃借人である場合においては、届出書に、『賃貸人が住宅宿泊事業の用に供することを目的とした賃借物の転貸を承諾している旨』を記載した上でそれを証する書類（賃貸人が住宅宿泊事業の用に供することを

101

目的とした賃借物の転貸を承諾したことを証する書面）を添付する必要があります（住宅宿泊事業法3条3項、同法施行規則4条3項11号・12号、4項1号リ・ヌ参照）。

●住宅宿泊事業法2条（定義）

3. この法律において「住宅宿泊事業」とは、旅館業法（昭和23年法律第138号）第3条の2第1項に規定する営業者以外の者が宿泊料を受けて住宅に人を宿泊させる事業であって、人を宿泊させる日数として国土交通省令・厚生労働省令で定めるところにより算定した日数が1年間で180日を超えないものをいう。

●住宅宿泊事業法3条（届出）

2. 前項の届出をしようとする者は、国土交通省令・厚生労働省令で定めるところにより、住宅宿泊事業を営もうとする住宅ごとに、次に掲げる事項を記載した届出書を都道府県知事に提出しなければならない。

　七　その他国土交通省令・厚生労働省令で定める事項え

3. 前項の届出書には、当該届出に係る住宅の図面、第一項の届出をしようとする者が次条各号のいずれにも該当しないことを誓約する書面その他の国土交通省令・厚生労働省令で定める書類を添付しなければならない。

●住宅宿泊事業法施行規則4条

3. 法3条2項7号の国土交通省令・厚生労働省令で定める事項は、次に掲げるものとする。

　十一　届出者が賃借人である場合においては、賃貸人が住宅宿泊事業の用に供することを目的とした賃借物の転貸を承諾している旨

　十二　届出者が転借人である場合においては、賃貸人及び転貸人が住宅宿泊事業の用に供することを目的とした転借物の転貸を承諾している旨

4. 法3条3項の国土交通省令・厚生労働省令で定める書類は、次に掲げるものとする。

　一　届出者が法人である場合においては、次に掲げる書類

　　リ　届出者が賃借人である場合においては、賃貸人が住宅宿泊事業の用に供することを目的とした賃借物の転貸を承諾したことを証する書面

　　ヌ　届出者が転借人である場合においては、賃貸人及び転貸人が住宅宿泊事業の用に供することを目的とした転借物の転貸を承諾したことを証する書面

この点の詳細については、【参考文献19】もご参照ください。

② 　民泊経営が賃貸借契約における無断転貸にあたらないか

　賃貸不動産において賃借人や転借人が民泊事業を行う場合、宿泊利用者に当該物件を使用させることが、当該物件の賃貸人との間の賃貸借契約（転貸借契約）に違反するのではないかという問題があります。

　特区民泊は、事業者と宿泊利用者との間で「賃貸借契約及びこれに付随する契約」（国家戦略特別区域法13条1項）が締結されることが予定されており、「事業予定者は貸主及び転貸人の転貸の承諾を得る必要があります」との説明がなされています（内閣府地方創生推進事務局（平成28年11月11日付け通知〔国住マ第39号・

国住賃第22号〕）。また、住宅宿泊事業（民泊新法）による民泊の場合も同様に（特に、家主不在型民泊の場合）、事業者が宿泊利用者との間で締結する契約は賃貸借契約と同様の実態があるともいえることから、賃借人（住宅宿泊事業者）が宿泊利用者に賃貸物件を使用させることは転貸（又はこれに準ずるもの）にあたると考えられるように思われます。住宅宿泊事業を行おうとする者が届出を行う際にも、添付書類として、『賃貸人が住宅宿泊事業の用に供することを目的とした賃借物の転貸を承諾している旨』を記載した書類の提出が求められています（住宅宿泊事業法3条3項、規則4条4項1号リ・ヌ）。これらの考え方によれば、賃貸住宅を利用した民泊（住宅宿泊事業）についても、民泊事業について賃貸人の承諾を得ていない場合は、無断転貸と評価される可能性があると考えられます。

　いずれにしても、実務上、賃貸借契約書には賃貸物件の使用目的を定める条項が規定されているのが一般的です（例えば、国土交通省が公表している賃貸住宅標準契約書を踏まえて、「居住のみを目的として本物件を使用しなければならない」などとする規定が見られます）。

　そのため、賃貸物件で民泊事業を行うことは、「居住のみ」を目的とする使用方法ではないとして、転貸条項違反ないし用法遵守義務条項違反（民法594条1項、616条参照）となり、賃貸借契約の解除事由となり得ることになります。

　賃貸人が、賃借人による民泊事業を制限したいのであれば、賃貸借契約書に、民泊営業（国家戦略特別区域法に基づく特区民泊か住宅宿泊事業法に基づく民泊か等を問わない）が無断転貸ないし用法違反として契約解除事由になることを規定しておくことが考えられます。

> **POINT** 民泊営業（国家戦略特別区域法に基づく特区民泊か住宅宿泊事業法に基づく民泊か等を問わない）が無断転貸ないし用法違反として契約解除事由になることを明確にしておくことを検討

第2章　不動産賃貸業（賃貸借）

7. 損害賠償・費用償還請求の行使期間制限に関する実務対応

(1) 改正のポイント

●改正民法600条（損害賠償及び費用の償還の請求権についての期間の制限）
1. 契約の本旨に反する使用又は収益によって生じた損害の賠償及び借主が支出した費用の償還は、貸主が返還を受けた時から1年以内に請求しなければならない。
2. 前項の損害賠償の請求権については、貸主が返還を受けた時から1年を経過するまでの間は、時効は、完成しない。

●改正民法622条（使用貸借の規定の準用）
第597条第1項、第599条第1項及び第2項並びに第600条の規定は、賃貸借について準用する。

　賃貸借契約における損害賠償請求権については、改正民法600条1項の除斥期間（賃貸人が目的物の返還を受けた時から1年以内に請求）に加えて、消滅時効の規定も適用されます（例えば改正民法166条1項等）。

　消滅時効については、現行民法では「権利を行使することができる時から進行」（現行民法166条1項）し、「債権は、10年間行使しないときは、消滅する」（現行民法167条1項）ものとされています。これに対し、改正民法においては、「権利を行使することができることを知った時」（主観的起算点）から「5年間」請求権を行使しないとき、又は「権利を行使することができる時」（客観的起算点）から「10年間」請求権を行使しないときは、時効によって消滅することとされました（改正民法166条1項）。

　そのため、長期の賃貸借契約（例えば20年間等）が締結されている場合、賃貸借契約の継続中に、「権利を行使することができること」を知らないままに消滅時効期間（5年間、10年間）が経過してしまうということがあり得ます。

　そこで、改正民法600条1項（622条による準用）は現行法の条項を維持した上で、賃貸人の保護を図るために、同条2項において、賃貸人が返還を受けた時から1年間を経過するまでの間は、時効は完成しないこととしました（その意味で、改正民法166条1項等の特則という位置づけになると考えられます）（法制審議会民法〔債権関係〕部会　部会資料70A・66頁、【参考文献21】291頁）。

104

第2節　賃貸借に関する改正の実務対応

> ◆法制審議会民法（債権関係）部会　部会資料70A・66頁《http://www.moj.go.jp/content/000119451.pdf》
>
> 　今般の改正で消滅時効制度の見直しが予定されており、債権者が「権利を行使できることを知った時」という主観的な時効期間の起算点の導入が検討されている。しかし、貸主が借主の用法違反により損害賠償請求権を行使できることを知らなかったとしても、実際に用法違反による損害が生じて損害賠償請求権を行使できる時から10年間を経過すれば消滅時効が完成してしまうため（民法第167条第1項）、消滅時効制度の見直しによっては、上記不都合な事態を解消することができない。
>
> 　そこで、貸主が目的物の返還を受けてから一定期間は消滅時効の完成を猶予することが考えられる。民法第600条は、法律関係の早期安定を図るため、借主の用法違反による損害賠償請求権については、貸主が目的物の返還を受けてから1年間の除斥期間を定めており、消滅時効の完成を猶予する期間もこれと同じ期間とするのが合理的である。

(2) 改正を踏まえた実務対応

前記第1章第4節 **2.** で説明したとおりです。

その他の消滅時効の詳細については、前記第1章第4節 **1.** (2)以下をご参照ください。

8. 賃貸人の修繕義務、賃借人の修繕権に関する実務対応

今回の民法改正の大きな改正点の一つとして、賃借人に賃貸不動産の修繕権が認められたということが挙げられます。賃貸人として、実務的に対応が必要となる点も多いことから、改正の内容について十分に把握することが必要となります。

(1) 改正のポイント

ア．賃貸人の修繕義務の明文化

> ●改正民法606条（賃貸人による修繕等）
> 1. 賃貸人は、賃貸物の使用及び収益に必要な修繕をする義務を負う。ただし、賃借人の責めに帰すべき事由によってその修繕が必要となったときは、この限りでない。
> 2. 賃貸人が賃貸物の保存に必要な行為をしようとするときは、賃借人は、これを拒むことができない。

改正民法606条1項は、現行民法下でも規定されていた賃貸人の修繕義務の規定を維持するとともに、同条において但書の規定を追加し、「賃借人の責めに帰すべき事由」によって修繕が必要になったときは、賃貸人に修繕義務はな

105

第2章　不動産賃貸業（賃貸借）

いこととしました。

　この改正は、現行民法下の通説を明文化したものです。

イ．賃借人の修繕権の新設

> **●改正民法607条の2（賃借人による修繕）**
>
> 　賃借物の修繕が必要である場合において、次に掲げるときは、賃借人は、その修繕をすることができる。
> 　一　賃借人が賃貸人に修繕が必要である旨を通知し、又は賃貸人がその旨を知ったにもかかわらず、賃貸人が相当の期間内に必要な修繕をしないとき。
> 　二　急迫の事情があるとき。

改正民法607条の2は、

① 賃借人が賃貸人に対して賃貸不動産の修繕が必要であることを伝え、又は、賃貸人が修繕の必要性を知ったにもかかわらず、相当期間内に必要な修繕をしないとき

② 急迫の事情があるとき

には、賃借人は自ら当該不動産の修繕をすることができることとしました。

　賃借人に、修繕を要することについての通知義務がありますが、賃貸人が必要な修繕をしないことについても賃借人に立証責任があるとされています。

(2) 改正を踏まえた実務対応

ア．賃借人に一定の修繕義務を負わせることを検討する

　改正民法606条（賃貸人の修繕義務）の規定は任意規定であり、賃貸借契約の当事者間で本条と異なる特約をすることは可能です。例えば、一定の限度で修繕義務ないしその費用を賃借人に負担させる特約（賃借人修繕負担特約）も有効であると考えられます。

　ただし、特約の内容が公序良俗に反するような場合には特約が無効となることがあるため注意が必要です。例えば、賃貸人が意図的に賃借建物を破損したような場合も含めて賃貸人が一切修繕義務を負わないというような特約は無効になるとされています（第192回国会 法務委員会 第16号 平成28年12月13日 法務省民事局長小川秀樹氏発言、【参考文献27】321頁）。

第2節　賃貸借に関する改正の実務対応

◆第192回国会 法務委員会 第16号 平成28年12月13日《http://www.shugiin.go.jp/internet/itdb_kaigirok u.nsf/html/kaigiroku/000419220161213016.htm》

○畑野君枝委員
　この修繕義務についてですけれども、例えば、住宅の賃貸借契約において、特約を設けて賃借人の責任を重くしている例があるというふうに聞いております。
　そこで伺いたいんですが、そもそも、修繕義務について、民法上、特約を設けることはできるのですか。

○小川政府参考人（法務省民事局長小川秀樹）
　御指摘の第606条第1項は、一般に任意規定と言われるものでございまして、そのことを前提とした最高裁判所の判例もございます。
　したがいまして、この規定と異なる特約を締結することは可能であると解されるところでございます。

○畑野君枝委員
　そういう点では問題が残っておりまして、修繕義務について多くを賃借人負担としているという契約書も見られるわけです。
　それで、賃貸借契約で、法案606条1項ただし書きと異なる特約があった場合は、民法上、いかなる場合に無効になるんでしょうか。

○小川政府参考人（法務省民事局長小川秀樹）
　先ほども申し上げましたが、民法第606条第1項は任意規定であると解されておりますので、特約それ自体が、606条の1項の規定と異なるというそのことをもって無効となるということは基本的にはないものと考えられるところでございます。
　もっとも、例外的に、民法第90条によってその特約が無効となったり、あるいは権利濫用に当たるとして、その特約の効力を主張することが認められないこととなる余地はございます。例えば、賃借人が意図的に賃借建物を破損したような場合も含めて、全て賃借人は修繕義務を負わないというような特約、これはもちろん個別の事実関係にもよるとは思われますが、今申し上げましたような特約は無効となることがあり得るものと考えております。

　そのため、"どのような特約とすべきか"、"どのような特約であれば有効となるか"について十分に検討した上で規定することが必要となります。

　なお、特約で賃借人に修繕義務を負わせることができるのは、小規模な修繕の範囲のみで、大規模な修繕については特約でも賃借人に修繕義務を負わせることはできないとの指摘もなされています。

POINT 賃借人に一定の修繕義務を負わせること、及び、賃借人に修繕義務を負わせる範囲その他の特約の内容について検討

107

第2章　不動産賃貸業（賃貸借）

イ．修繕の必要が生じたことについて賃借人に帰責事由があること（ないこと）を証拠化する

　帰責事由が賃借人にある場合には賃貸人が修繕義務を負わないとされたことから、賃貸不動産が破損した際の修繕義務の発生をめぐり、賃借人の帰責事由の有無について争いになるものと思われます。

　賃貸人側としても、賃借人側としても、後の紛争をできる限り避けるために、賃貸借開始の時点における現況を十分に確認した上で記録化しておくことにより、修繕が生じた理由が賃借人に由来するものか否かの判断の材料とすることが考えられます。

> **POINT** 賃貸借開始の時点における現況を十分に確認した上で記録化しておくことにより、修繕が生じた理由が賃借人に由来するものか否かの判断の材料とすることを検討

ウ．賃借人の修繕権を一定の範囲に限定し、修繕権を行使する手続等を明確化する

　改正民法607条の2において賃借人の修繕権が認められたことで、賃貸人側からすれば、賃借人による恣意的な修繕権の行使（不必要な修繕、過剰な修繕など）がなされ、当該修繕について費用償還請求を受けるリスクを負うことになったともいえます。

　特に、修繕の要否、内容・方法、範囲の判断には高度な専門性が要求されるケースも多く、賃貸人・賃借人間で見解の相違が生じ、紛争となるおそれは高いといえます。修繕方法・範囲等について十分な事前調整がなされないままに賃借人が修繕を実施することにより、賃貸人側にとって過剰な修繕ないし資産価値を損なうような修繕がなされるリスクがあります。

　後の紛争を避けるためには、賃貸借契約等において、**賃借人の修繕権の行使条件・範囲、費用負担、手続**（賃貸人に対する通知、修繕箇所確認のための立会い、修繕工事の発注方法等）**等**を明確にしておくことが考えられます。なお、消費者契約法が適用される居住用建物の賃貸借については、あまりに賃借人に不利な特約は同法10条に基づいて無効となるおそれもあることに留意が必要です。

　また、賃借人が不必要な修繕、過剰な修繕を行ったような場合には、当該不必要な範囲・過大な範囲については必要費償還請求の対象とはならず、修繕に

より賃借不動産に損害を与えた場合には、損害賠償の対象となると考えられます。

POINT

◆**賃借人の修繕権の行使条件・範囲、費用負担、手続**（賃貸人に対する通知、修繕箇所確認のための立会い、修繕工事の発注方法等）**等を明確にしておくことを検討**

◆**あまりに賃借人に不利な特約は消費者契約法10条に基づいて無効となるおそれもあることに留意が必要**

契約条項例	第5節【書式例】9条3項参照

1. 乙（賃借人）は、甲（賃貸人）に対して、修繕箇所、修繕の必要性及び修繕見積金額を明示した書面の交付をもって事前に通知した上で、甲（賃貸人）から当該修繕について承諾を得たとき、又は、急迫の事情があるときに限り、本物件の修繕をすることができる。

   ただし、本条にいう「修繕」とは小規模修繕に限定されるものとし、耐震工事や建物の躯体等にかかる大規模修繕や増改築を含まないものとする。
2. 前項の規定にかかわらず、乙（賃借人）は、甲（賃貸人）の承諾を得ることなく、別表○に掲げる修繕を自らの負担において行うことができる。
   - 一　畳表の取替え、裏返し
   - 二　ヒューズの取替え
   - 三　障子紙の張替え
   - 四　ふすま紙の張替え
   - 五　電球・蛍光灯の取替え
   - 六　その他費用が軽微な修繕

この点の実務対応については、【参考文献5】101～102頁等をご参照ください。

第2章　不動産賃貸業（賃貸借）

エ．修繕義務と修繕権の各規定の適用関係の検討を整理して理解する

　前記(1)アで説明したとおり、「賃借人の責めに帰すべき事由」によって修繕が必要になった場合には賃貸人は修繕義務を負いませんが（改正民法606条1項但書）、その場合でも、改正民法607条の2によって賃借人に修繕権が認められることはあります。ただし、必要費返還請求権を行使することはできません（法務省民事局参事官室『民法〔債権関係〕の改正に関する中間試案の補足説明〔平成25年7月4日補訂〕』458頁）。この場合には、まずは賃貸人において対応を検討するのが適切であるとの指摘がなされています（【参考文献27】321頁）。

　また、賃借人に修繕権限が認められる場合であっても、必ずしもその修繕権限に基づく修繕が有益費償還請求（改正民法608条1項）の対象になるとは限りません。有益費償還請求の対象になるかどうかは、改正民法608条1項の要件を充たすかどうかで判断されることになります（法務省民事局参事官室『民法〔債権関係〕の改正に関する中間試案の補足説明〔平成25年7月4日補訂〕』458頁）。

◆法務省民事局参事官室『民法（債権関係）の改正に関する中間試案の補足説明（平成25年7月4日補訂）』458頁〈http://www.moj.go.jp/content/000109950.pdf〉

(概要)
　なお、賃借人が必要な修繕をしたことにより民法第608条第1項の必要費償還請求権が生ずるかどうかは、同項の要件を満たすかどうかによって決せられるため、当該修繕が本文(2)の修繕権限に基づくものかどうかという問題とは切り離して判断されることを前提としている。
筆者注：「本文(2)」＝「賃借物が修繕を要する場合において、賃借人がその旨を賃貸人に通知し、又は賃貸人がその旨を知ったにもかかわらず、賃貸人が相当の期間内に必要な修繕をしないときは、賃借人は、自ら賃借物の使用及び収益に必要な修繕をすることができるものとする。ただし、急迫の事情があるときは、賃借人は、直ちに賃借物の使用及び収益に必要な修繕をすることができるものとする」との改正案。

(補足説明)
　賃借人の帰責事由による要修繕状態又は損傷であるかどうかによって結論に差異を生ずる論点を横断的に整理すると、まず、①賃借人の帰責事由によらない場合には、ⅰ賃料は減額される、ⅱ賃貸人の修繕義務は発生する、ⅲ賃借人が修繕した場合の必要費償還請求権は発生する、ⅳ賃借人の原状回復義務は発生しない。他方、②賃借人の帰責事由による場合には、ⅰ賃料は減額されない、ⅱ賃貸人の修繕義務は発生しない（修繕権限はある）、ⅲ賃借人が修繕した場合の必要費償還請求権は発生しない、ⅳ賃借人の原状回復義務は発生する。以上のように整理することが考えられるが、特に②ⅱの修繕義務に関しては異論があるところである。

　なお、賃借人に帰責事由が"ある場合"と"ない場合"における、
① 　賃貸人の修繕義務
② 　目的物一部滅失の場合の賃料減額

第2節　賃貸借に関する改正の実務対応

③　賃借人が修繕した場合の必要費償還請求権
④　修繕が必要な損傷部分に係る賃借人の原状回復義務

については、下表のとおりです（法務省民事局参事官室『民法〔債権関係〕の改正に関する中間試案の補足説明〔平成25年7月4日補訂〕』458頁、【参考文献21】299頁）。

【表】賃借人の帰責事由の有無による取扱いの相違点

	①賃貸人の修繕義務（606条1項）	②一部滅失等による賃料の減額（611条）	③賃借人が修繕した場合の必要費償還請求権	④賃借人の原状回復義務（621条）
賃借人の帰責事由なし	あり	減額される	発生する	負わない
賃借人の帰責事由あり	なし	減額されない	発生しない	負う

9. 賃借不動産の一部滅失等による賃料減額に関する実務対応

　賃借不動産の一部滅失等による賃料の減額についても、今回の民法改正の大きな改正点の一つとして挙げられます。この点についても実務的に対応が必要となる点も多いことから、改正の内容について十分に把握しておくべきです。

(1) 改正のポイント

ア．賃借不動産の一部滅失等により賃料が当然に減額される

> ●改正民法611条（賃借物の一部滅失等による賃料の減額等）
> 1. 賃借物の一部が滅失その他の事由により使用及び収益をすることができなくなった場合において、それが賃借人の責めに帰することができない事由によるものであるときは、賃料は、その使用及び収益をすることができなくなった部分の割合に応じて、減額される。

　現行民法611条1項では、賃借不動産を一部使用収益することができなくなった場合に、その理由が賃借不動産の「滅失」によるときは、"賃借人の請求"によって賃料の減額を求めることができるとしています。
　これに対して、改正民法611条1項は、本条の適用対象を**「滅失」**による場合のほか**「その他の事由により使用及び収益をすることができなくなった場**

111

第2章　不動産賃貸業（賃貸借）

合」にまで拡張した上で、「それが賃借人の責めに帰することができない事由によるものであるとき」には、"賃借人による請求がなされなくても当然に"賃料が減額されることとしました。

その場合の賃料は、「その使用及び収益をすることができなくなった部分の割合に応じて、減額される」ものとされました。

イ．賃借人の帰責事由の有無にかかわらず、賃借不動産の一部滅失等による契約の解除が認められる

> ●**改正民法611条** （賃借物の一部滅失等による賃料の減額等）
> 2. 賃借物の一部が滅失その他の事由により使用及び収益をすることができなくなった場合において、残存する部分のみでは賃借人が賃借をした目的を達することができないときは、賃借人は、契約の解除をすることができる。

現行民法611条2項では、「賃借物の一部が賃借人の過失によらないで滅失した」場合に賃借人による解除を認める（滅失について賃借人に帰責事由がある場合には、賃借人は解除することができない）とされていました。

これに対し、改正民法611条2項では、同条1項と同様に、その適用対象を「滅失」以外に「その他の事由により使用及び収益をすることができなくなった場合」に拡張するとともに、「残存する部分のみでは賃借人が賃借をした目的を達することができないとき」には、賃借人に解除権を認めることとしました。この解除は、「それが賃借人の責めに帰することができない事由によるものであるとき」かどうかにかかわらず認められるという点で、同条1項とは異なります。

改正民法611条2項に基づく契約解除によって、賃貸人が損害を受ける場合もあると考えられますが、賃借人の帰責によって損害を被ったという場合には、賃貸人から賃借人に対する損害賠償請求によって対処することになるとされています（法制審議会民法〔債権関係〕部会　部会資料69A・57頁）。

> ◆**法制審議会民法** （債権関係）部会　部会資料69A・57頁《http://www.moj.go.jp/content/000119882.pdf》
> 　民法第611条第2項の規定を一部改め、一部滅失等により賃借物の一部の使用収益をすることができなくなった場合に、賃借人に帰責事由があるときであっても賃借人の解除権を認めるものである。賃借人が賃借の目的を達することができない以上、「賃借人の過失によらない」場合（同条第1項参照）かどうかを問わず、賃借人による解除を認めるのが相当であると考えられるからである。賃貸人としては、賃借人に対する損害賠償請求等によって対処することになる。

112

(2) 改正を踏まえた実務対応

ア．賃料が減額される具体的な適用場面（「滅失」以外の「その他の事由」とは何か）を明確にする

　改正民法611条1項に規定される「滅失」以外の「その他の事由」にどのような事由が含まれるかは、必ずしも明らかではありません。例えば、大震災等によって、賃貸不動産が一定の期間使用できなくなってしまった場合（電気・ガス・水道などのインフラが一時的に供給停止されることにより使用収益が大幅に制限されてしまった場合）、漏水によりテナントの重要な一部が使用できない場合等がこれにあたるのかといった問題があります。

　そのため、「その他の事由」にこれらの場合を広く含めるのか、物理的に使用収益が不能な場合に限るのかなどについてあらかじめ明確にしておくことも考えられます。もっとも、あらゆる事態をすべて事前に網羅して具体的に規定しておくことは必ずしも容易ではありません。

> **POINT** 「その他の事由」にどのような場合を含めるのか（物理的に使用収益が不能な場合に限るのかなど）についてあらかじめ明確にしておくことを検討

イ．賃借不動産等が使用不能となった場合の取扱い（減額算定の方法等）を規定する

　減額される具体的な賃料金額を決める際に基準となる"使用収益をすることができなくなった部分の割合"の判断は容易ではなく、判例等の蓄積による明確な基準もありません。

　単純に使用収益できなくなった面積に比例して減額すればよいというわけではなく、滅失部分の価値の判断には様々な要素を考慮しなければならない場合もあり得ます（例えば、漏水によりテナントの重要な一部が使用できないケース、電気・ガス・水道などのインフラが一時的に供給停止されたケースなど）。

　後の紛争を避けるためには、賃貸借契約書等において、賃借不動産及びその付属物が使用不能となった場合の取扱い（協議することを含む）を規定しておくことも考えられます。

賃借不動産及びその付属物が使用不能となった場合の取扱い（もしくは協議条項）を規定しておくことを検討

　もっとも、前記アと同様に、あらゆる事態をすべて事前に網羅して具体的に規定しておくことは必ずしも容易ではありません。

　賃借不動産の一部滅失があった場合に、**賃借人は賃貸人に通知した上で、適正な減額割合や減額期間、減額の方法**（賃料設定は変えずに一定の期間一部免除とするのか、賃料設定そのものの変更とするのか）**等を協議の上、決定**することが考えられます（国交省標準契約書・解説12条〔26頁〕）。

> ◆国土交通省「賃貸住宅標準契約書（平成30年3月版・連帯保証人型）」賃貸住宅標準契約書解説コメント26頁《http://www.mlit.go.jp/common/001227822.pdf》
>
> 12　一部滅失等による賃料の減額等（第12条）
> 【第1項】
> 　本物件の一部が滅失等により使用できなくなった場合に、それが借主の帰責事由によるものでないときは、使用不可の部分の割合に応じて賃料が減額されるものとし、その内容は貸主と借主の間で協議することとしている。平成29年民法改正で、賃借物の一部が賃貸人の帰責事由によらずに滅失等をした場合の賃料の減額について、従来は「請求することができる」とされていたところ、「（賃料は）減額される」と当然に減額するものとされた（民法第611条第1項）。
> 　ただし、一部滅失の程度や減額割合については、判例等の蓄積による明確な基準がないことから、紛争防止の観点からも、一部滅失があった場合は、借主が貸主に通知し、賃料について協議し、適正な減額割合や減額期間、減額の方法（賃料設定は変えずに一定の期間一部免除とするのか、賃料設定そのものの変更とするのか）等を合意の上、決定することが望ましいと考えられる。
>
> 【第2項】
> 　本物件の一部が滅失等により使用できなくなった場合に、残存する部分のみでは賃借の目的が達成できないときは、借主の解除権を認めるものである。借主に帰責事由がある場合でも解除は認められる（民法第611条第2項）。

　実務対応の詳細については、【参考文献5】102頁等をご参照ください。

ウ．修繕が必要となった場合の通知を賃料減額の要件とすることを検討する

　賃貸不動産が一部滅失した場合、改正民法611条1項により当然に賃料が減額されるため、賃貸人は、修繕が必要であることを認識しないままに相当な期間が経過し、その結果として大幅な賃料減額に応じなければならない可能性も生じ得ます（現行民法下においても、減額請求の時点ではなく、賃貸不動産が一部滅失し

た時点に遡って減額する場合も見られたことが指摘されています（【参考文献27】322頁））。ただし、改正民法615条においても、賃貸借不動産の修繕を要する場合には賃借人に通知義務が課されていることから、そのようなおそれは必ずしも高くないともいえますが、仮に賃借人が通知を怠ったような場合、賃料減額の要否を巡って紛争化する可能性も否定できません。

　賃貸人側としては、後の紛争を避けるために、賃貸借契約書において、（現行民法における請求減額の条項を踏まえて）賃貸借不動産が一部使用収益できなくなった場合に賃借人の通知を賃料減額の要件とする（通知するまではそれ以前の賃料減額を認めない）ことにより、上記事態を回避することも考えられます。

　また、賃貸借契約において、賃貸不動産の一部が滅失その他の事由により使用収益をすることができなくなった場合には、賃料について協議する旨をあらかじめ定めておくことが考えられます。

> **POINT**　（現行民法における請求減額の条項を踏まえて）**賃貸借不動産が一部使用収益できなくなった場合に賃借人に通知義務を課す（通知する以前の賃料減額を認めない）ことを検討**

契約条項例	第5節【書式例】12条参照

　民法611条1項にかかわらず、本物件の一部が乙（賃借人）の責めに帰することができない事由により滅失したときは、乙（賃借人）は、甲（賃貸人）に対して書面によりその旨をすみやかに通知した場合に限り、滅失部分の割合に応じて賃料の減額を請求することができる。

　この通知をしなかった場合には、通知以前の賃料減額を主張し得ないものとする。

第2章　不動産賃貸業（賃貸借）

10. 賃借人の減収による賃料減額請求権に関する実務対応

(1) 改正のポイント

●改正民法609条（減収による賃料の減額請求）
　耕作又は牧畜を目的とする土地の賃借人は、不可抗力によって賃料より少ない収益を得たときは、その収益の額に至るまで、賃料の減額を請求することができる。

　現行民法609条においては、「収益を目的とする土地」（借地）全般について、不可抗力による減収を理由とする賃料の減額請求権が認められています。

　これに対し、改正民法609条は、その適用対象を「収益を目的とする土地」から**「耕作又は牧畜を目的とする土地」**に限定した上で、現行民法609条、610条の規律を維持することとしました（法制審議会民法〔債権関係〕部会　部会資料84-3・16頁）。

◆法制審議会民法（債権関係）部会　部会資料84-3・16頁《http://www.moj.go.jp/content/001130017.pdf》
　要綱仮案第33の9では、民法第609条及び第610条を削除することとされていたが、関係省庁から、農地法第2条第1項に規定する農地及び採草放牧地の賃借人を保護する観点から、これらの土地については民法第609条等の規律は存置する必要があるとの指摘があったことを踏まえ、この規律の適用対象を必要な範囲に狭め、その限度で存続させることとしている。

(2) 改正を踏まえた実務対応

ア．収益連動型賃料等の検討

　もっとも、本条項は任意規定ですので、当事者間でこれとは異なる合意（例えば、収益連動型の賃料設定をするなど）を保証することは妨げられません。

　例えば、ショッピングセンター内テナントの賃貸借契約においては、"テナントの月間の売上高の数パーセント"というように、テナントの売上に連動する形で定められることも見受けられます（歩合賃料ないし変動賃料などと呼ばれます）。歩合賃料にも、①テナントの売上高に完全に比例して連動する「完全歩合賃料型」（テナントの売上高がゼロの場合、月額賃料もゼロになる）と、②毎月の最低保証賃料が定まっており（固定賃料）、歩合賃料がこれを上回った場合には売

116

上連動型の歩合賃料が適用されるという「併用型」（この場合、出店者の売上高が
ゼロであってもテナントは最低保証額を賃料として支払わなければならない）があります。

詳細については、【参考文献39】をご参照ください。

以上を踏まえて、賃貸借契約書において、収益連動型賃料を設定することも
考えられます。

POINT　収益連動型賃料を設定することを検討

11. 賃借不動産の全部滅失等に関する実務対応

(1) 改正のポイント

> **●改正民法616条の2（賃借物の全部滅失等による賃貸借の終了）**
> 賃借物の全部が滅失その他の事由により使用及び収益をすることができなくなった場合には、
> 賃貸借は、これによって終了する。

賃借不動産が全部滅失した場合など、賃借人が使用収益することができなく
なった場合の取扱いについては、現行民法では規定されていません。

これに対し、実務上見られる賃貸借契約においては、当事者の責めに帰すべ
き事由により賃借不動産が全部滅失した場合には賃貸借契約が当然に終了する
と規定する例が見受けられます。

判例（最判昭和32年12月3日・民集11巻13号2018頁、最判昭和42年6月22日・民集21巻
6号1468頁）においても、そのような場合には賃貸借契約は当然に終了するとし
ています。

改正民法616条の2は、このような判例も踏まえて、賃借不動産の全部滅失
その他の事由で使用収益できなくなった場合に、（当事者の帰責性の有無に関わり
なく）賃貸借契約が終了することとしました。

第2章　不動産賃貸業（賃貸借）

(2) 改正を踏まえた実務対応

ア．賃貸借契約が終了する具体的な適用場面（「滅失」以外の「その他の事由」）を明確にする

　改正民法616条の2に規定される「**賃借物の全部が滅失その他の事由により使用及び収益をすることができなくなった場合**」にどのような事由が含まれるかは、必ずしも明らかではありません。例えば、修繕は可能であるものの著しく過大な修繕費用を要するようなケースも「使用収益できなくなった場合」にあたるのかどうか、また、どの程度の損壊であれば「使用収益できなくなった場合」といえるのかという点については、今後の判例実務の動向を注視する必要があると思われます。

　そのため、後の紛争を避けるためには、賃貸借契約において、「賃借物の全部が滅失その他の事由により使用及び収益をすることができなくなった場合」にどのような場合が含まれるのかなどについてあらかじめ明確にしておくことも考えられるでしょう。もっとも、前記 **9.** (2)**ア**と同様に、あらゆる事態をすべて事前に網羅して具体的に規定しておくことは必ずしも容易ではありません。しかし、具体的な取引において特定の懸念事項が想定されるような場合、それを規定しておくことは検討すべきと考えられます。

> **POINT**　「賃借物の全部が滅失その他の事由により使用及び収益をすることができなくなった場合」にどのような場合を含めるのかをあらかじめ明確にしておくことを検討

12. 賃貸借終了後の原状回復義務・収去義務に関する実務対応

　今回の民法改正の大きな改正点の一つとして、賃貸借終了後の原状回復義務・収去義務等が明文で認められたということが挙げられます。この点についても、実務的に対応が必要となる点も多いことから、改正の内容について十分に把握することが必要不可欠となります。

（1）改正のポイント

ア．賃借人による原状回復義務の範囲が明確化された

> **●改正民法621条（賃借人の原状回復義務）**
>
> 　賃借人は、賃借物を受け取った後にこれに生じた損傷（通常の使用及び収益によって生じた賃借物の損耗並びに賃借物の経年変化を除く。以下この条において同じ。）がある場合において、賃貸借が終了したときは、その損傷を原状に復する義務を負う。ただし、その損傷が賃借人の責めに帰することができない事由によるものであるときは、この限りでない。

　現行民法には、賃借人の原状回復義務の具体的内容に関する規定はありません。

① 原状回復ガイドラインに記載される原状回復の考え方

　もっとも、国土交通省の「原状回復をめぐるトラブルとガイドライン」で

◆国土交通省『原状回復をめぐるトラブルとガイドライン 再改訂版』8頁「⑵本ガイドラインの考え方」《http://www.mlit.go.jp/jutakukentiku/house/torikumi/honbun2.pdf》

　本ガイドラインでは、建物の損耗等を建物価値の減少と位置づけ、負担割合等のあり方を検討するにあたり、理解しやすいように損耗等を次の3つに区分した。

・表1　建物価値の減少の考え方

①－A　建物・設備等の自然的な劣化・損耗等（経年変化）
①－B　賃借人の通常の使用により生ずる損耗等（通常損耗）
②　　賃借人の故意・過失、善管注意義務違反、その他通常の使用を超えるような使用による損耗等

このうち、本ガイドラインでは②を念頭に置いて、原状回復を次のように定義した。

・表2　原状回復の定義

原状回復とは、賃借人の居住、使用により発生した建物価値の減少のうち、賃借人の故意・過失、善管注意義務違反、その他通常の使用を超えるような使用による損耗・毀損を復旧すること

　したがって、損耗等を補修・修繕する場合の費用については、②の賃借人の故意・過失、善管注意義務違反、その他通常の使用を超えるような使用による損耗等について、賃借人が負担すべき費用と考え、他方、例えば次の入居者を確保する目的で行う設備の交換、化粧直しなどのリフォームについては、①－A、①－Bの経年変化及び通常使用による損耗等の修繕であり、賃貸人が負担すべきと考えた。

　このほかにも、震災等の不可抗力による損耗、上階の居住者など該当賃借人と無関係な第三者がもたらした損耗等が考えられるが、これらについては、賃借人が負担すべきものでないことは当然である。

119

は、以下のとおり、「原状回復」の内容を定義して、"経年変化（建物・設備等の自然的な劣化・損耗等）"や"通常損耗（賃借人の通常の使用により生ずる損耗等）"については、賃借人は原状回復義務を負わないとしています（国土交通省『原状回復をめぐるトラブルとガイドライン　再改訂版』8頁《http://www.mlit.go.jp/jutakukentiku/house/torikumi/honbun.pdf》）。

② 最高裁判例で判示される原状回復の考え方

　また、判例も、賃借人は"通常損耗（賃借建物の通常の使用に伴い生ずる損耗）"等の原状回復義務を負わないことが原則であるとした上で、賃借人が補修費用を負担する損耗の範囲を賃貸借契約書等で合意した場合には、当該範囲について賃借人に原状回復義務を負わせることができることとしています（最判平成17年12月16日・判タ1200号127頁）。

> ●最判平成17年12月16日（判タ1200号127頁）
>
> 　賃借人は、賃貸借契約が終了した場合には、賃借物件を原状に回復して賃貸人に返還する義務があるところ、賃貸借契約は、賃借人による賃借物件の使用とその対価としての賃料の支払を内容とするものであり、賃借物件の損耗の発生は、賃貸借という契約の本質上当然に予定されているものである。それゆえ、建物の賃貸借においては、賃借人が社会通念上通常の使用をした場合に生ずる賃借物件の劣化又は価値の減少を意味する通常損耗に係る投下資本の減価の回収は、通常、減価償却費や修繕費等の必要経費分を賃料の中に含ませてその支払を受けることにより行われている。
>
> 　そうすると、建物の賃貸人にその賃貸借において生ずる通常損耗についての原状回復義務を負わせるのは、賃借人に予期しない特別の負担を課すことになるから、賃借人に同義務が認められるためには、少なくとも、賃借人が補修費用を負担することになる通常損耗の範囲が賃貸借契約書の条項自体に具体的に明記されているか、仮に賃貸借契約書では明らかでない場合には、賃貸人が口頭により説明し、賃借人がその旨を明確に認識し、それを合意の内容としたものと認められるなど、その旨の特約（以下「通常損耗補修特約」という。）が明確に合意されていることが必要であると解するのが相当である。

③ 改正民法621条で賃借人が負担する原状回復義務の内容・範囲

　改正民法621条は、これらの理解を踏まえて、賃借人の原状回復義務の対象範囲に「通常の使用及び収益によって生じた賃借物の損耗」「賃借物の経年変化」が含まれないこととしました。

この改正の内容は、国土交通省『原状回復をめぐるトラブルとガイドライ
ン 再改訂版』と同一内容であることが説明されています（第192回国会 衆議院
法務委員会 第16号 平成28年12月13日 伊藤政府参考人発言）。

◆第192回国会 衆議院法務委員会 第16号 平成28年12月13日《http://www.shugiin.go.jp/internet/
itdb_kaigiroku.nsf/html/kaigiroku/0004192220161213016.htm》

○伊藤政府参考人（国土交通省大臣官房審議官伊藤明子）

　国土交通省においては、賃貸住宅の退去時におけるトラブルの未然防止を図るために、原状回
復の費用負担の考え方等の一般的な基準として、原状回復をめぐるトラブルとガイドラインを取
りまとめて公表しております。

　本ガイドラインにおいては、近時の判例や取引等の実務を考慮の上、借り主が義務を負う原状
回復について、借りたときの状態そのものに復旧することではなく、先ほどお読みいただいたと
おり、「賃借人の故意・過失、善管注意義務違反、その他通常の使用を超えるような使用による
損耗・毀損を復旧すること」と定義しております。

　この定義については、今般の民法改正案第621条において判例法理を明文化する賃借人の原状
回復義務と、基本的には同一の意味内容のものと理解しております。

イ．賃借人が附属物の収去義務・収去権を負う場合が整理された

●改正民法599条（借主による収去等）

1. 借主は、借用物を受け取った後にこれに附属させた物がある場合において、使用貸借が終了
したときは、その附属させた物を収去する義務を負う。ただし、借用物から分離することが
できない物又は分離するのに過分の費用を要する物については、この限りでない。
2. 借主は、借用物を受け取った後にこれに附属させた物を収去することができる。

●改正民法622条（使用貸借の規定の準用）

　第597条第1項、第599条第1項及び第2項並びに第600条の規定は、賃貸借について準用する。

---

① 現行民法598条で規定される収去義務・収去権

　現行民法616条（598条を準用）は、「借主は、借用物を原状に復して、これに
附属させた物を収去することができる」として、賃借人の収去権を規定してい
ます。他方で、収去義務は規定していません。

　もっとも、これまで一般に、①賃借人が賃借物を受け取った後にこれに附属
された物については、賃借人が収去義務を負い、②その場合でも、附属物を分
離することができない場合や、附属物の分離に過分の費用を要する場合につい
ては、賃借人は収去義務を負わないと考えられてきました。

② 改正民法599条で規定される収去義務・収去権

　改正民法622条（599条1項を準用）は、このような理解を踏まえて、賃借人が

121

附属した物については賃借人が収去義務を負うとした上で、賃貸不動産から分離できない物又は分離するのに過分の費用を要する場合には収去義務を負わないこととしました。

(2) 改正を踏まえた実務対応

ア．原状回復義務の内容・範囲を明確にする

通常、賃借人の負担にならないと考えられる原状回復工事の例については、国民生活センター『原状回復費用とガイドラインの考え方』(7頁)《http://www.kokusen.go.jp/wko/pdf/wko-201602_02.pdf》などに記載されています。

もっとも、「通常の使用及び収益によって生じた賃借物の損耗」「賃借物の経年劣化」の対象となるかどうかは、必ずしも明らかではありません。

後の紛争を避けるために、賃貸借契約書（別表等）に、賃借人が原状回復義務を負わない範囲（その他、原状回復工事を行う場合の施工単価〔もしくは算定基準・目安等〕などの条件）等を具体的に記載しておくことも考えられます。

【表】通常賃借人の負担にならないと考えられる例

次の賃借人を確保するためのグレードアップ	・フローリングのワックスがけ ・賃借人が通常の清掃をしている場合の全体のクリーニング ・空調・エアコンの内部洗浄 ・台所、トイレ等の消毒
自然損耗、通常損耗	・日照等によるクロス等の変色 ・家具の設置による凹み、設置跡 ・冷蔵庫等の設置による壁の電気ヤケ ・ポスター・カレンダー等の跡、画びょうの穴 ・エアコン設置によるビス穴、跡 ・自然災害によるガラス破損等の損傷 ・網入りガラスのひび割れなど
経年変化その他	・耐用年数経過による設備の故障 ・鍵の取り替え（破損、紛失がない場合）

※国民生活センター『原状回復費用とガイドラインの考え方』(7頁)を参考に作成

POINT　賃借人が原状回復義務を負わない範囲（通常損耗・経年劣化）、原状回復工事を行う場合の施工単価（もしくは算定基準・目安等）などの条件を具体的に記載しておくことを検討

イ．賃借人に通常損耗等の原状回復義務を負わせることを検討

　本条は任意規定であり、当事者間でこれと異なる特約を定めることを妨げるものではありません。実務上も、一定の範囲で通常損耗について賃借人に費用負担をさせる合意がなされる場合があります。

　もっとも、そのような特約の有効性について争いとなるケースは非常に多く、裁判例も蓄積されています。一般的に、オフィスビルテナントの賃貸借契約の場合は、賃借人が通常損耗の補修費用を負担する特約は有効であるとされています（東京高判平成12年12月27日・判タ1095号176頁、東京地判平成23年6月30日・判例秘書掲載 L06630330等）。これに対し、消費者契約法が適用される賃貸借（居住用建物の賃貸借等）においては、無効と判断される可能性があることに留意すべきです（消費者契約法10条）。

　そのため、どのような場合に特約が有効となり、どのような場合に無効と判断されているのか確認することが必要不可欠となります。裁判例においては、最判平成17年12月16日（判タ1200号127頁）を踏まえて、主に、①経年劣化・通常損耗の修補を賃貸人が負担することを前提として賃料が設定されていることが一般的であるため、通常損耗の修補費用を賃借人に負わせるのは二重の負担を課すものではないか、②原状回復の内容、費用算定方法等が不明確かどうか、といった観点から有効性の判断がなされています（特約の有効性が判断された裁判例については、【参考文献29】229頁以下も参照してください）。

> ●**最判平成17年12月16日**（判タ1200号127頁）
> 　賃借人が賃貸借契約終了により負担する賃借物件の原状回復義務には、特約のない限り、通常損耗に係るものは含まれず、その補修費用は、賃貸人が負担すべきであるが、これと異なる特約を設けることは、契約自由の原則から認められる。
> 　(略)
> 　建物の賃借人にその賃貸借において生ずる通常損耗についての原状回復義務を負わせるのは、賃借人に予期しない特別の負担を課すことになるから、賃借人に同義務が認められるためには、少なくとも、賃借人が補修費用を負担することになる通常損耗の範囲が賃貸借契約書の条項自体に具体的に明記されているか、仮に賃貸借契約書では明らかでない場合には、賃貸人が口頭により説明し、賃借人がその旨を明確に認識し、それを合意の内容としたものと認められるなど、その旨の特約（以下「通常損耗補修特約」という。）が明確に合意されていることが必要であると解するのが相当である。

第2章　不動産賃貸業（賃貸借）

　この判例が改正民法下でも判断基準となることは、立法過程においても説明されています（第193回国会　参議院法務委員会　第12号　平成29年5月16日　小川政府参考人発言）。

◆第193回国会　参議院法務委員会　第12号　平成29年5月16日《http://kokkai.ndl.go.jp/SENTAKU/sangiin/193/0003/main.html》
○政府参考人（法務省民事局長　小川秀樹）
　（略）改正法案はこのような判例の判断の前提となるルールを明文化するものでありまして、当然ながら、この判例自体も改正法案の下で維持されることを前提としております。

　また、国土交通省『原状回復をめぐるトラブルとガイドライン　再改訂版』（6頁「(2)特約について」）においても、賃借人に通常損耗等の原状回復義務を負わせる特約が有効であるといえるためには、
　①　**特約の必要性**があり、かつ、**暴利的でないなどの客観的、合理的理由が存在**すること
　②　**賃借人が特約によって通常の原状回復義務を超えた修繕等の義務を負うことについて認識**していること
　③　**賃借人が特約による義務負担の意思表示**をしていること
等の事情が必要であると説明されています。

◆国土交通省『原状回復をめぐるトラブルとガイドライン　再改訂版』6頁「(2)特約について」
《http://www.mlit.go.jp/jutakukentiku/house/torikumi/honbun2.pdf》
　賃貸借契約については、強行法規に反しないものであれば、特約を設けることは契約自由の原則から認められるものであり、一般的な原状回復義務を超えた一定の修繕等の義務を賃借人に負わせることも可能である。
　しかし、判例等においては、一定範囲の修繕（小修繕）を賃借人負担とする旨の特約は、単に賃貸人の修繕義務を免除する意味しか有しないとされており、経年変化や通常損耗に対する修繕業務等を賃借人に負担させる特約は、賃借人に法律上、社会通念上の義務とは別個の新たな義務を課すことになるため、次の要件を満たしていなければ効力を争われることに十分留意すべきである。
・賃借人に特別の負担を課す特約の要件
　①　特約の必要性があり、かつ、暴利的でないなどの客観的、合理的理由が存在すること
　②　賃借人が特約によって通常の原状回復義務を超えた修繕等の義務を負うことについて認識していること
　③　賃借人が特約による義務負担の意思表示をしていること
（中略）
　したがって、仮に原状回復についての特約を設ける場合は、その旨を明確に契約書面に定めた上で、賃借人の十分な認識と了解をもって契約することが必要である。また、客観性や必要性に

第2節　賃貸借に関する改正の実務対応

ついては、例えば家賃を周辺相場に比較して明らかに安価に設定する代わりに、こうした義務を賃借人に課すような場合等が考えられるが、限定的なものと解すべきである。

なお、金銭の支出を伴う義務負担の特約である以上、賃借人が義務負担の意思表示をしているとの事実を支えるものとして、特約事項となっていて、将来賃借人が負担することになるであろう原状回復等の費用がどの程度のものになるか、単価等を明示しておくことも、紛争防止の上で欠かせないものであると考えられる。

　後の紛争を避けるために、賃貸借契約書（別表等）に、賃借人が原状回復義務を負う範囲や項目、原状回復工事を行う場合の施工単価（もしくは算定基準・目安等）などの条件等を具体的に記載して賃借人が退去時の負担の範囲・金額を予測できるようにしておく必要があることが考えられます。また、前記で説明した原状回復ガイドラインの記載を踏まえて賃借人の負担の内容に客観的合理性を持たせることも重要になります。

　なお、実務では、通常損耗負担特約により賃借人に負担させるほか、定額補修分担金特約（補修分担金として賃借人が一定額の費用を負担する特約）や敷引特約（前記5.(2)ウ参照）を規定することで実質的に賃借人に負担させる例も見られます。

　これらの詳細は、【参考文献5】104頁をご参照ください。

> **POINT**
> ◆特約によって賃借人が通常損耗等の原状回復義務を負う範囲（畳表替え、クロス張替等の項目）、原状回復工事を行う場合の施工単価（もしくは算定基準・目安等）などの条件等を具体的に記載することが必要
> ◆定額補修分担金特約等で対応する例や敷引き特約を規定することを検討

契約条項例	第5節【書式例】14条参照

1. 乙（賃借人）は、通常の使用及び収益によって生じた本物件の損耗（通常損耗）並びに賃借物の経年変化（経年劣化）を除き、本物件を原状回復しなければならない。

　　ただし、その損傷が乙（賃借人）の責めに帰することができない事由によるものであるときは、この限りでない。

第2章　不動産賃貸業（賃貸借）

> 2. 甲（賃貸人）及び乙（賃借人）は、本物件の明渡し時において、契約時に特約を定めた場合は当該特約を含め、別表○の規定に基づき乙（賃借人）が行う原状回復の内容及び方法について協議するものとする。

　また、賃貸不動産の明渡し時において、原状回復の負担割合を明記した精算明細書を作成し合意することが望ましいとされています（国土交通省「賃貸住宅標準契約書〔平成30年3月版・連帯保証人型〕」《賃貸住宅標準契約書解説コメント》27頁）。

◆国土交通省「賃貸住宅標準契約書（平成30年3月版・連帯保証人型）」《賃貸住宅標準契約書解説コメント》27頁《http://www.mlit.go.jp/common/001227822.pdf》

15　明渡し時の原状回復（第15条）
【第2項】
（略）
　また、明渡し時においては改めて原状回復工事を実施する際の評価や経過年数を考慮し、負担割合を明記した精算明細書（「原状回復をめぐるトラブルとガイドライン（再改訂版）」（平成23年8月）別表4（28頁参照）を作成し、双方合意することが望ましい。
→《作成にあたっての注意点》条文関係【第15条（明渡し時の原状回復）関係】参照
→「原状回復をめぐるトラブルとガイドライン（再改訂版）」別表3「契約書に添付する原状回復の条件に関する様式」I-3「原状回復工事施工目安単価」参照

POINT　賃貸不動産の明渡し時において、原状回復の負担割合を明記した精算明細書を作成し合意することを検討

ウ．地中の土壌汚染・地中廃棄物についても原状回復義務を負うことがある

　原状回復義務は、対象地の地中にも及ぶ可能性があるという点に留意しておく必要があります。

　例えば、土地の賃借人が高層ビルを建築するにあたり地中に基礎杭等を埋設したときは、当該賃借人は、賃貸借契約の終了後にその杭等を撤去して土地を原状に復した上で返還しなければならない場合があります。裁判例でも、賃貸借契約終了後に対象地の地中から発見された土壌汚染や地中障害物・産業廃棄物が原状回復の対象となる（賃借人に対策義務が課される）と判断された例が散見されます

（最判平成17年3月10日・判時1895号60頁、東京地判平成19年10月25日・判タ1274号185頁）。

　もっとも、土壌汚染や地中障害物の原因者（汚染排出者、埋設物の設置者）が誰かを確定することは容易でなく、それが賃貸借契約の前に存在していたものか、その後に賃借人が汚染させたものかについてトラブルとなることは多いです。そのため、後の紛争を避けるために、賃貸借契約締結又は対象地の引渡し前に土壌汚染調査・デューデリジェンスを行い、土地の原状（土壌汚染・地中埋設物の有無・範囲・程度）を明確化しておくことが考えられます。また、賃貸借契約において、原状回復の内容（誰が実施し、誰の費用負担でどのような状態にするのか）について規定しておくことも考えられます。

　その詳細は、【参考文献20】137～138頁、【参考文献5】104頁もご参照ください。

POINT

◆**賃貸借契約締結又は対象地の引渡し前に土壌汚染調査・デューデリジェンスを行い、土地の原状（土壌汚染・地中埋設物の有無・範囲・程度）を明確化しておくことを検討**

◆**原状回復の内容（誰が実施し、誰の費用負担でどのような状態にするのか）について明確にしておくことを検討**

エ．賃借人の原状回復義務と収去義務の適用関係を明確にする

　前記(1)イのとおり、改正民法599条1項但書（622条準用）では、賃借人が賃貸不動産に設置した付属物について「分離することができない又は分離するのに過分の費用を要する」場合には、賃借人は収去義務を負わないこととされました。その結果、当該付属物について原状回復義務を負わないことになるのか、また、有益費償還請求権（民法608条2項）の対象とならないのかが問題となり得ます。

　後の紛争を避けるためには、賃貸借契約において、賃貸人による事前の承諾を得ない付属物の設置を禁止し（賃貸人の承諾を得て附属物を設置する場合は、承諾時に収去の際の取扱いを明らかにしておく）、承諾を得ずに設置した付属物に関する有益費償還請求権が生じないことなどを規定することも考えられます。もっとも、賃借人が一般の消費者である場合は、有益費償還請求権を排除する特約は消費者契約法10条違反となる可能性があるため留意が必要です。

127

> **POINT** 賃貸人による事前の承諾を得ない付属物の設置を禁止し（賃貸人の承諾を得て附属物を設置する場合は、承諾時に収去の際の取扱いを明らかにしておく）、承諾を得ずに設置した付属物に関する有益費償還請求権が生じないことなどをあらかじめ規定することを検討

13. 改正民法の適用時期（経過措置規定）に関する実務対応

　以上、賃貸借契約に関する民法改正の影響を説明してきましたが、現在使用している賃貸借契約や今後締結する予定の賃貸借契約について、現行民法が適用されるのか、改正民法が適用されるのかを確認することが必要となります。

　この点は、売買契約や、請負契約、委任契約においても同様ですが、賃貸借契約に関してはその取扱いについて他の契約と異なる点があることから、特に注意する必要があります。

(1) 改正のポイント

　契約に関する法の適用は、契約締結時点が基準となり、基本的には"改正民法が施行される前に締結された契約か"、"改正民法が施行された後に締結された契約か"によって決まります。

ア．原　則

　売買契約や、請負契約、委任契約と同様に、賃貸借契約に関しても、改正民法の施行日（2020年4月1日）以後に契約が締結された場合には改正民法を適用し、施行日より前に締結された場合には現行民法が適用されることとされました（改正民法附則34条1項）（法制審議会民法〔債権関係〕部会 部会資料85・4頁）。

　その理由については、以下のとおり説明されています。

◆法制審議会民法（債権関係）部会　部会資料85・4頁《http://www.moj.go.jp/content/000112247.pdf》
　契約の当事者は契約を締結した時点において通用している法令の規定が適用されると考えるのが通常であるため、施行日前に契約が締結された場合について改正後の民法の規定を適用すると、当事者の予測可能性を害する結果となること等によるものである。

イ. 例 外（賃貸借の更新）

　普通賃貸借の場合（定期期間の賃貸借ではない場合）、施行日以後に当該賃貸借契約が更新される場合には、更新後の賃貸借契約の賃貸期間については"賃貸借の期間を50年間まで"とする改正民法604条2項（前記**1**.(2)参照）の規定が適用されるとされています（改正民法附則34条2項）（法制審議会民法〔債権関係〕部会　部会資料85・4頁）。

　その理由については、以下のとおり説明されています。

> ◆法制審議会民法（債権関係）部会　部会資料85・4頁《http://www.moj.go.jp/content/000112247.pdf》
>
> 　賃貸借契約の更新は契約の当事者の合意により行われるものであるため、更新後の賃貸期間の上限を20年から50年に改める旨の改正後の民法の規定を施行日前に契約が締結された場合について適用しても、契約の当事者の予測可能性を害することにはならないこと等を根拠とする。ただし、施行日前に締結された契約につき、施行日前に更新の合意がされた場合についてまで改正後の民法の規定を適用する必要はない（施行日前に20年を超える賃貸期間の更新の合意がされた場合にその更新の合意のとおりの効力を認める必要はない）ことから、施行日以後に賃貸借契約の更新の合意がされる場合に限るのが合理的であると考えられること等によるものである。

　なお、賃貸借契約が改正民法の施行日以後に合意更新された場合、更新後の賃貸借契約も対象とすることを目的とした保証契約については現行民法が適用されますが、改正民法の施行日以後に保証契約が合意更新された場合には、改正民法の規定が適用されることになるとされています【参考文献27・383～384頁】。

ウ. 例 外（妨害排除請求権）

　また、前記**3**.(1)のとおり、改正民法では不動産が不法占有されているような場合に、賃借人に利用できる妨害排除請求権（明渡請求や返還請求等）が認められることが明記されました（改正民法605条の4）。この賃借人による妨害排除請求権（改正民法では「妨害の停止の請求等」と呼ばれます）は、改正民法の施行日前に賃貸借契約が締結された場合であっても、改正民法施行日後に当該不動産について第三者から妨害等がなされた場合は、改正民法に基づく権利行使ができることとされました（附則34条3項）（法制審議会民法〔債権関係〕部会　部会資料85・5頁）。

　その理由については、以下のとおり説明されています。

◆法制審議会民法（債権関係）部会 部会資料85・5頁《http://www.moj.go.jp/content/000112247.pdf》
　契約の当事者ではない第三者に対する妨害排除等請求権を認める旨の改正後の民法の規定を施行日前に契約が締結された場合について適用しても、契約の当事者の予測可能性を害することにはならないこと等によるものである。

(2) 改正を踏まえた実務対応

　以上の内容をまとめると、改正民法の適用は下表のとおりとなります（改正民法附則34条）。締結された契約について、現行民法が適用されるのか、改正民法が適用されるのかを確認・整理しておくことが必要となります。

【表】現行民法が適用される場合

原　則	改正民法施行日前に賃貸借契約が締結された場合 ⇒現行民法が適用される
例外1	改正民法施行日前に賃貸借契約が締結された場合で、改正民法施行日以後に当該賃貸借契約が更新された場合 ⇒賃貸期間について、改正民法（50年間）が適用される
例外2	改正民法施行日前に賃貸借契約が締結された場合で、改正民法施行日以後に第三者が妨害又は占有している場合 ⇒現行民法（妨害停止請求等）が適用される

POINT 締結した賃貸借契約について、現行民法が適用されるのか、改正民法が適用されるのかを確認・整理

第3節　賃貸保証に関する実務対応

第3節　賃貸保証に関する実務対応

不動産賃貸に際しては賃借人の債務について連帯保証がなされるのが通常ですが、実務上、賃貸保証に関してトラブルとなるケースも多く見られます。特に、個人保証については、未払い賃料債務が多額に上っている場合や、賃借人が賃貸建物を損傷したための修理費用、賃貸収入を得られなくなったことによる逸失利益等について、保証人が予期しない多額の請求を受ける場合があるなど、トラブルになった場合に受ける影響が小さくありません。

以下、不動産賃貸業における賃貸保証に関する改正民法のポイント及び実務対応について解説します。

1. 賃貸保証の範囲・対象の特定に関する実務対応

(1) 改正のポイント

●改正民法448条（保証人の負担と主たる債務の目的又は態様）
1. 保証人の負担が債務の目的又は態様において主たる債務より重いときは、これを主たる債務の限度に減縮する。
2. 主たる債務の目的又は態様が保証契約の締結後に加重されたときであっても、保証人の負担は加重されない。

改正民法448条は、保証債務が主債務者（賃借人）より重いときは主債務の限度に負担が減縮するという現行民法と同様の規定（同条1項）に加えて、保証契約締結後に主債務（賃借人の債務）の目的や態様が加重されても保証人の負担に変更がないこととしました（同条2項）。

賃貸借契約において主債務の「目的」が加重される場合としては、賃料の増額等が考えられます。また、主債務の「態様」が加重される場合としては、賃料の支払条件・方法、支払期限等に関する条件が加重される場合が考えられます。

131

第2章　不動産賃貸業（賃貸借）

(2) 改正を踏まえた実務対応

ア．賃貸保証の範囲・対象（増額賃料・契約更新後の賃料）を明確にする

　賃貸保証は、賃貸借契約に基づく賃借人の未払い賃料債務等を保証するものですが、保証人としては、①定期賃貸借契約が更新された場合に更新後の賃貸借契約に基づく債務まで保証しなければならないのか、②賃貸借契約期間中に賃料が増額された場合に増額分についてまで保証しなければならないのかということが問題となります。

　現行民法下の判例では、**①定期賃貸借契約の更新後の賃料、②賃料が増額された場合の増額分**についても、保証の対象となることを認めています（最判平成9年11月13日・判タ969号126頁）。

> ●**最判平成9年11月13日**（判タ969号126頁）
>
> 　期間の定めのある建物の賃貸借において、賃借人のために保証人が賃貸人との間で保証契約を締結した場合には、反対の趣旨をうかがわせるような特段の事情のない限り、保証人が更新後の賃貸借から生ずる賃借人の債務についても保証の責めを負う趣旨で合意がされたものと解するのが相当であり、保証人は、賃貸人において保証債務の履行を請求することが信義則に反すると認められる場合を除き、更新後の賃貸借から生ずる賃借人の債務についても保証の責めを免れないというべきである。

　また、民法改正に関する国会の議論においても、不動産賃貸実務においては、保証人の意思を特段確認することなく保証契約の更新が行われていると説明されています（第192回国会 衆議院法務委員会 第11号 平成28年11月25日 政府参考人発言）。

> ◆第192回国会 衆議院法務委員会 第11号 平成28年11月25日 《http://www.shugiin.go.jp/internet/itdb_kaigiroku.nsf/html/kaigiroku/000419220161125011.htm 》
> -
> ○**木下智彦委員**
> （略）
> 　それと同じように、賃貸借契約の中では、この保証人についても、保証人にその意思を確認することなく、そのまま保証が継続することになる。これは結構大変な話で、え、保証人の保護はされているのという話になります。ただ、そのかわり、業界団体もそうだし、借りる側もそうだと思うんですけれども、一々更新のときに保証人にもう一遍頼みに行くというのは、当事者、借りる側も嫌なんですよね。業界団体は当然、またその手続をしなきゃいけないので面倒くさい。

第3節　賃貸保証に関する実務対応

実態としてはそれが、これでいいだろうという形で、この議論がされなかったのかなというふうに私は思っているんです。

それがいいか悪いか、社会の今の状況の中でそういう判断がされたというんだったら、それはそれでいいと思うんですけれども、そこを明確にしたいと思うので、今の私の解釈、それでいいのかどうか、ちょっと教えていただけますか。

○小川政府参考人（法務省民事局長小川秀樹）

実態を必ずしも十分把握しているわけではございませんが、今お話ありましたように、保証契約についても更新ということが行われて継続していくという状況かと思います。

賃貸人としては、上記判例と同内容の合意をするために、賃貸借契約・保証契約等において、①更新後の賃料にも保証の効力が及ぶこと、②賃料増額があった場合の増額分にも保証の効力が及ぶことを規定することが考えられます。もっとも、際限なく保証の範囲を広げることはできないと考えられることから、どの程度までの増額であれば賃貸保証が有効となるかについては、留意が必要です。

いずれにしても、賃貸借契約の重要な内容に変更が生じた場合には、保証人にその旨を説明の上で同意を得ることが好ましいことはいうまでもありません（国土交通省「賃貸住宅標準契約書〔平成30年3月版・連帯保証人型〕」《賃貸住宅標準契約書解説コメント》30頁、【参考文献6】101頁）。

◆国土交通省「賃貸住宅標準契約書（平成30年3月版・連帯保証人型）」《賃貸住宅標準契約書解説コメント》30頁《http://www.mlit.go.jp/common/001227822.pdf 》

17　連帯保証人（第17条）

【第1項】

　賃貸借契約上の借主の債務を担保するため、人的保証として連帯保証人を立てることとしている。また、賃貸借契約更新があった場合にも特段の事情が無い限り連帯保証契約の効力が及ぶと解されている（最判平成9年11月13日集民第186号105頁）ため、保証契約の効果は更新後も及ぶこととしている。この点に関して、紛争防止の観点から、賃貸借契約が更新された場合には、貸主は連帯保証人への通知に努めることが望ましいと考えられる。

POINT
◆①更新後の賃料にも保証の効力が及ぶこと、②賃料増額があった場合の増額分にも保証の効力が及ぶことを規定することを検討
◆賃貸借契約の重要な内容に変更が生じた場合等には、保証人にその旨を説明の上で同意を得ることが好ましい

第2章　不動産賃貸業（賃貸借）

| 契約条項例 | 第5節【書式例】16条参照 |

　丙（連帯保証人）の保証債務は、乙（賃借人）が本契約に基づいて負担する以下の債務にも及ぶものとする。

①　本契約が更新された場合の更新後の賃料債務

②　本契約締結後に賃料増額があった場合の増額後の賃料債務

2. 保証人に対する請求等の効力と主債務への影響に関する実務対応

（1）改正のポイント

●改正民法430条（不可分債務）

　第四款（連帯債務）の規定（第440条の規定を除く。）は、債務の目的がその性質上不可分である場合において、数人の債務者があるときについて準用する。

●改正民法438条（連帯債務者の一人との間の更改）

　連帯債務者の一人と債権者との間に更改があったときは、債権は、全ての連帯債務者の利益のために消滅する。

●改正民法439条（連帯債務者の一人による相殺等）

1. 連帯債務者の一人が債権者に対して債権を有する場合において、その連帯債務者が相殺を援用したときは、債権は、全ての連帯債務者の利益のために消滅する。

2. 前項の債権を有する連帯債務者が相殺を援用しない間は、その連帯債務者の負担部分の限度において、他の連帯債務者は、債権者に対して債務の履行を拒むことができる。

●改正民法440条（連帯債務者の一人との間の混同）

　連帯債務者の一人と債権者との間に混同があったときは、その連帯債務者は、弁済をしたものとみなす。

●改正民法441条（相対的効力の原則）

　第438条、第439条第1項及び前条に規定する場合を除き、連帯債務者の一人について生じた事由は、他の連帯債務者に対してその効力を生じない。ただし、債権者及び他の連帯債務者の一人が別段の意思を表示したときは、当該他の連帯債務者に対する効力は、その意思に従う。

●改正民法458条（連帯保証人について生じた事由の効力）

　第438条、第439条第1項、第440条及び第441条の規定は、主たる債務者と連帯して債務を負担する保証人について生じた事由について準用する。

第3節　賃貸保証に関する実務対応

　改正民法では、連帯債務者に対する履行請求・債務免除・時効完成の効力が、絶対的効力から相対的効力に変更され、他の債務者にその効力が及ばないこととされました。

　連帯債務における絶対的効力・相対的効力の規定は保証債務の規定にも準用されることから、連帯保証人に対する履行請求・債務免除・時効完成の効力は、主債務者には及ばないこととなります（改正民法458条による準用）。

【表】連帯債務における相対効と絶対効

	連帯債務	
	現行民法	改正民法
弁　済	絶対効	絶対効
履行請求	絶対効（434条）	相対効（441条）
更　改	絶対効（435条）	絶対効（438条）
免　除	絶対効（437条）	相対効（441条）
相　殺	絶対効（436条1項）	絶対効（439条1項）
混　同	絶対効（438条）	絶対効（440条）
時効完成	絶対効（439条）	相対効（441条）
その他	相対効（440条）	相対効（441条） ※ただし別段合意による

(2) 改正を踏まえた実務対応

ア．保証人に対する請求等の効力を賃借人にも及ぼす

　賃貸保証ではケースは多くはありませんが、主債務者（賃借人）が所在不明となるなど、主債務者に対して賃料その他の履行請求を行うこと（これにより時効中断させること）が困難となるケースがあります。この場合には、保証人に対して賃料支払請求等をすることによって、主債務者に対する関係でも時効中断効を生じさせることを考えなければならない事態があり得ます。

　賃貸人側としては、賃貸借契約等において、連帯保証人に対する履行請求等の効果が賃借人にも及ぶ（絶対的効力）ことを規定することが考えられます（【参考文献6】102頁）。

POINT　連帯保証人に対する履行請求等の効果が賃借人にも及ぶ（絶対的効力）ことを規定することを検討

135

第2章　不動産賃貸業（賃貸借）

契約条項例	第5節【書式例】16条参照

　甲（賃貸人）の丙（連帯保証人）に対する履行請求は、民法458条及び同法441条の規定にかかわらず、乙（賃借人）に対しても効力を有するものとする。

3. 賃貸保証（個人根保証）の保証極度額設定に関する実務対応

(1) 改正のポイント

●改正民法465条の2（個人根保証契約の保証人の責任等）

1. 一定の範囲に属する不特定の債務を主たる債務とする保証契約（以下「根保証契約」という。）であって保証人が法人でないもの（以下「個人根保証契約」という。）の保証人は、主たる債務の元本、主たる債務に関する利息、違約金、損害賠償その他その債務に従たる全てのもの及びその保証債務について約定された違約金又は損害賠償の額について、その全部に係る極度額を限度として、その履行をする責任を負う。
2. 個人根保証契約は、前項に規定する極度額を定めなければ、その効力を生じない。
3. 第446条第2項及び第3項の規定は、個人根保証契約における第1項に規定する極度額の定めについて準用する。

　平成16年に創設された現行民法下の個人根保証規制（個人が将来にわたって行われる取引から生ずる不特定多数の債務を保証する場合に、極度額の上限を設定するなどして当該個人保証人を保護するための規制）は、主債務が"貸金等の債務"（(a) 主債務が「事業のために負担した貸金等債務」である保証契約か、(b) 主債務に「事業のために負担する貸金等債務」が含まれる根保証契約）であるものに限られていました。そのため、建物賃貸借の債務保証については対象とされておらず、極度額の上限設定等の義務はありませんでした。

　しかし、建物賃貸借の債務保証についても、未払い賃料債務が多額に上っている場合や、賃借人が賃貸建物を損傷したための修理費用、賃貸収入を得られなくなったことによる逸失利益等（原状回復義務に係る債務、自殺等による損害賠償への保証や、場合によっては、賃借人が死亡・行方不明になったときの残置物の引き取り等にも及び得ます）について、保証人が予期しない多額の請求を受ける場合があります。

第3節　賃貸保証に関する実務対応

　そのため、改正民法465条の2第1項は、極度額の上限設定義務等の適用対象を、賃貸保証を含む根保証一般に拡張することとしました（法制審議会民法〔債権関係〕部会　部会資料70A・2～3頁参照）。

> ◆法制審議会民法（債権関係）部会　部会資料70A・2～3頁《http://www.moj.go.jp/content/000119451.pdf》
>
> 　貸金等根保証契約以外の根保証においても、保証人が予想を超える多額の保証債務の履行を求められるという問題は生じている。例えば、建物賃貸借契約に基づく賃借人の債務について親族等が根保証をすることがあるが、賃借人が長期にわたって家賃債務を履行していなかったため、遅延損害金を含めて未履行の債務が多額に上っている場合や、賃借人が故意や過失によって賃貸建物を損傷したため、修理費用や賃貸収入を得られなくなったことによる逸失利益などを含む多額の損害賠償を請求される場合などである。このような問題が生じていることに鑑みると、保証人の予測可能性を確保し、根保証の要否及び必要とされる金額的な範囲について慎重な判断を求めるという民法第465条の2の趣旨は、貸金等根保証契約以外の根保証にも妥当すると考えられる。

　建物賃貸借契約の債務保証は、未払い賃料の額が特定されず、また、未払い賃料以外に原状回復費用等も保証対象に含まれるものであることから、根保証にあたります。

　極度額が設定されていない保証契約は無効となります（改正民法465条の2第2項）。

(2) 改正を踏まえた実務対応

ア．保証極度額を適切な金額に設定する

　特にオフィスビル等の賃貸借契約においては、未払賃料や原状回復費用等について保証の対象が広範になり高額となり得ることから、極度額をどの程度の水準に設定するのかが大きな問題となります。賃貸人側として、保証を確実にするために極度額を高く設定した場合、保証人のなり手が見つからないおそれがあるほか、高額な極度額を理由に保証契約等が公序良俗違反で無効とされてしまうおそれもあることに留意する必要があります（第193回国会　参議院法務委員会　第9号　平成29年4月25日　小川民事局長）。

> ◆第193回国会　参議院法務委員会　第9号　平成29年4月25日《http://kokkai.ndl.go.jp/SENTAKU/sangiin/193/0003/19304250003009a.html》
>
> ○山口和之委員
> 　（略）
> 　今回の改正で、個人根保証契約は、極度額を定めなければ一律に無効となるとの規定が置かれております。しかし、債権者が優位な立場を利用して極度額を不当に高額に定めれば、この規定による保証人保護は骨抜きとなる可能性があります。

137

第2章　不動産賃貸業（賃貸借）

> 極度額の定め方については制限はないのか、ないとすればなぜかということを伺いたいと思います。
>
> ○**小川政府参考人**（法務省民事局長小川秀樹）
>
> （略）
>
> 極度額としての具体的な額の定め方については、これは当事者の合意に委ねておりまして、その上限を設けること等はしておりません。これは、保証契約が付される取引にも様々なものがあり、また保証人の資力や保証人と主債務者との関係にも様々なものがあることから、法律で適切な上限額を設定することは困難である上、仮に一定の金額を上限額として法定する場合には円滑な金融を阻害するおそれもあることによるものでございます。もっとも、極度額を定めた法律の趣旨に照らしますと、主たる債務者の資金需要や保証人の資力などを勘案しないで著しく高額な極度額が定められたというケースについては、これは保証契約が無効とされる可能性もあるものと認識しております。

　具体的な金額については、賃貸借契約から生じた損害額に関する国土交通省の統計資料（国土交通省「極度額に関する参考資料」〔平成30年3月30日〕《http://www.mlit.go.jp/common/001227824.pdf》）等を参考に決めることも考えられます（家賃債務保証業者が賃借人に代わって賃貸人に支払った、家賃、共益費、管理費、駐車場料金、更新料、残置物撤去費、修繕費、違約金等の総額から、賃借人に求償して回収した金額を控除した残額を、賃貸人側が被った損害額としています）。

【表】賃貸借契約から生じた損害額に関する国土交通省の統計資料

賃　料	損害額		
	中央値	平均値	最高額
16〜20万円	64.8万円	97.3万円	478.5万円
20〜30万円	85.8万円	126.2万円	606.8万円
30〜40万円	104.5万円	156.8万円	887.4万円
40万円以上	270万円	437.3万円	2445.3万円

※国土交通省「極度額に関する参考資料」より作成

　また、国土交通省の資料によれば、判例検索システムを用いて平成9年11月〜平成28年10月の91件の裁判例を確認したところ、民間賃貸住宅における賃借人の未払い家賃等を連帯保証人の負担として確定した額は、平均で家賃の約13.2か月分（最小で2か月分、最大で33か月分）だったことが報告されています（国土交通省『極度額に関する参考資料』〔平成30年3月30日〕《http://www.mlit.go.jp/common/001227824.pdf》13頁）。

　なお、賃貸借契約、保証契約における極度額の記載方法については、**「契約**

時の月額賃料の〜か月分」という定め方もあり得ます。もっとも、この場合でも賃貸借契約締結時に確定的な金額が定まらなければならないことから、極度額の算定にあたっての賃料は契約締結時の額に固定され、賃料が増額された場合であっても極度額は増額しないことになります（国土交通省「賃貸住宅標準契約書〔平成30年3月版・連帯保証人型〕」《賃貸住宅標準契約書作成にあたっての注意点》「頭書関係」「(6) 関係」②〔14頁〕、【参考文献27】135頁）。

◆国土交通省「賃貸住宅標準契約書（平成30年3月版・連帯保証人型）」《賃貸住宅標準契約書作成にあたっての注意点》「頭書関係」「(6) 関係」②（14頁）《http://www.mlit.go.jp/common/001227822.pdf》
　極度額の記載方法については、「〜円（契約時の月額賃料の〜か月相当分）」、「契約時の月額賃料の〜か月分」、「〜円」等が考えられます。なお、極度額は賃料の増減があっても変わるものではなく、契約時の額が適用されます。

POINT
◆**国土交通省の統計資料等を踏まえて個人保証の限度額を適切に設定**
◆**高額な極度額を理由に公序良俗違反で無効とされてしまうおそれもあることに留意**

契約条項例	第5節【書式例】16条参照

　丙（連帯保証人）は、甲（賃貸人）に対し、乙（賃借人）が本契約上負担する一切の債務を極度額○○万円の範囲内で連帯して保証する。

イ．個人保証以外の対応方法について検討する

　実務的には、個人保証の極度額を上げることを検討するだけでなく、保証会社（機関保証）を利用（極度額の制限がありません）することや、敷金・保証金額を適切な水準に設定すること、賃借人負担による火災保険の利用等を併せて検討することが考えられます（【参考文献6】102頁）。

　なお、保証会社においては、例えば、保証の対象を賃料等に限定し、賃借人の故意・過失（あるいは責めに帰すべき事由）によって生じた損害賠償債務等を保証の対象外とする場合があるため、注意が必要です。

POINT 個人保証の限度額を上げることを検討するだけでなく、保証会社（機関保証）を利用することや、敷金・保証金額を適切な水準に設定すること、賃借人負担による火災保険を利用すること等を併せて検討

4. 賃貸保証における情報提供義務に関する実務対応

（1）改正のポイント

　改正民法においては、賃貸借契約に基づく債務その他の債務を保証するにあたって、一定の場合に保証人に対して情報の提供を行う義務が課されることとなりました。その概要は、下表のとおりです。

【表】保証における情報提供義務

	保証契約締結時の情報提供義務	履行状況の情報提供義務	期限の利益を喪失した場合の情報提供義務
改正民法	465条の10	458条の2	458条の3
義務主体	主債務者（賃借人）	債権者（賃貸人）	
時期	保証の委託をする時	保証人の請求時	期限の利益喪失を知ったときから2か月以内
保証人の要件	・個人のみ ・委託を受けた者のみ	・個人 or 法人 ・委託を受けた者のみ	・個人のみ ・委託の有無は不問
主債務の対象範囲	主債務は、貸金等債務に限らない		
	主債務は、事業のためのものに限る	主債務は事業のためのものに限らない	
提供すべき情報	・財務状況・収支の状況 ・主債務以外の債務 ・他の担保	主債務（元本、利息等）の不履行の有無と残額等	主債務者（賃借人）の期限の利益喪失
違反の効果	債権者（賃貸人）が状況提供義務の違反について悪意・有過失であれば、保証契約を取消可	規定なし もっとも、債務不履行に基づく損害賠償請求や保証契約の解除が可能と思われる	情報提供時までの遅延損害金の請求不可 期限の利益喪失を主張できなくなるわけではない

　以下、それぞれの場合における情報提供義務の内容について解説します。

ア．保証契約締結時の情報提供義務

●**改正民法465条の10**（契約締結時の情報の提供義務）

1. 主たる債務者は、事業のために負担する債務を主たる債務とする保証又は主たる債務の範囲に事業のために負担する債務が含まれる根保証の委託をするときは、委託を受ける者に対し、次に掲げる事項に関する情報を提供しなければならない。
   一　財産及び収支の状況
   二　主たる債務以外に負担している債務の有無並びにその額及び履行状況
   三　主たる債務の担保として他に提供し、又は提供しようとするものがあるときは、その旨及びその内容
2. 主たる債務者が前項各号に掲げる事項に関して情報を提供せず、又は事実と異なる情報を提供したために委託を受けた者がその事項について誤認をし、それによって保証契約の申込み又はその承諾の意思表示をした場合において、主たる債務者がその事項に関して情報を提供せず又は事実と異なる情報を提供したことを債権者が知り又は知ることができたときは、保証人は、保証契約を取り消すことができる。
3. 前二項の規定は、保証をする者が法人である場合には、適用しない。

　改正民法465条の10は、個人が**「事業のために負担する債務」**の保証（つまり、(a) 事業のために負担する債務を主債務とする保証、(b) 主債務の範囲に事業のために負担する債務が含まれる根保証）をするに際して、契約締結時における保証人への情報提供義務を主債務者（賃借人）に課すことを、新たに規定しました。

　主債務者（賃借人）は、①財産・収支の状況、②主債務（賃貸借契約上の債務）以外に負担している債務の有無・金額・履行状況、③主債務（賃貸借契約上の債務）の担保として他に提供するものがあればその内容、に関する情報を提供する必要があります（同条1項）。債権者（賃貸人）が情報提供義務の違反を知り又は知ることができたときは、保証人は保証契約を取り消すことができます（同条2項）。

イ．債務の履行状況に関する情報提供義務

●**改正民法458条の2**（主たる債務の履行状況に関する情報の提供義務）

　保証人が主たる債務者の委託を受けて保証をした場合において、保証人の請求があったときは、債権者は、保証人に対し、遅滞なく、主たる債務の元本及び主たる債務に関する利息、違約金、損害賠償その他その債務に従たる全てのものについての不履行の有無並びにこれらの残額及びそのうち弁済期が到来しているものの額に関する情報を提供しなければならない。

　改正民法458条の2は、個人保証・法人保証を問わず、債権者（賃貸人）は、委託を受けた保証人から請求があったときは、主債務の履行状況に関する所定の事項（賃料債務の元本、利息、違約金、損害賠償その他その債務に従たるすべてものに

第2章　不動産賃貸業（賃貸借）

ついての不履行の有無、残額、弁済期が到来している額に関する情報）について情報を提供しなければならないとしています。本条は、主債務が貸金等根保証、あるいは事業のために負担する債務の保証に限られません。

この場合の情報提供義務違反の効果は条文上明記されていませんが、債務不履行の一般法理に従った損害賠償請求、保証契約の解除が想定されているものと考えられます（【参考文献21】125頁）。

この規定が設けられたのは、主債務について債務不履行に陥ったものの、保証人が長期間にわたってそのことを知らないまま遅延損害金が積み重なって多額の履行を求められるという酷な結果が生じることを避けるために、保証人が自ら負う責任の内容を把握するために必要な情報を知る手段を設ける必要があるとの考慮によるものであるととされています（法制審議会民法〔債権関係〕部会部会資料76A・11頁）。

◆法制審議会民法（債権関係）部会　部会資料76A・11頁《http://www.moj.go.jp/content/000121590.pdf》

2　問題の所在

主債務者が主債務について債務不履行に陥ったが、保証人が長期間にわたってそのことを知らず、保証人が請求を受ける時点では遅延損害金が積み重なって多額の履行を求められるという酷な結果になる場合があることが指摘されている。そのため、主債務の履行状況について保証人が知る手段を設ける必要がある。

また、債権者の側からも、金融機関が守秘義務を負うことを考慮すると、保証人からの照会に対して回答することが許されるかどうか判断に迷う場合があるとの指摘があり、保証人から照会があった場合に債権者が採るべき行為に関する規律を設ける必要がある。

ウ．期限の利益を喪失した場合の情報提供義務

●**改正民法458条の3**（主たる債務者が期限の利益を喪失した場合における情報の提供義務）

1. 主たる債務者が期限の利益を有する場合において、その利益を喪失したときは、債権者は、保証人に対し、その利益の喪失を知った時から2箇月以内に、その旨を通知しなければならない。
2. 前項の期間内に同項の通知をしなかったときは、債権者は、保証人に対し、主たる債務者が期限の利益を喪失した時から同項の通知を現にするまでに生じた遅延損害金（期限の利益を喪失しなかったとしても生ずべきものを除く。）に係る保証債務の履行を請求することができない。
3. 前二項の規定は、保証人が法人である場合には、適用しない。

改正民法458条の3は、個人保証の場合に、主債務者（賃借人）が期限の利益を喪失した場合の債権者（賃貸人）の情報提供義務を定めるものです。本条は、主債務が貸金等根保証、あるいは事業のために負担する債務の保証に限られません。

具体的には、主債務者（賃借人）が期限の利益を喪失したときに、債権者（賃貸人）は、保証人に対して、主債務者（賃借人）が期限の利益を喪失した事実を自らが知った時から2か月以内に、その旨を通知する義務を負うこととされました（同条1項）。2か月以内に通知をしなかった場合には、債権者（賃貸人）は、保証人に対して、主債務者（賃借人）が期限の利益を喪失した時からその旨の通知をした時までに生じた遅延損害金に対応する部分について、保証債務の履行を請求することができない（通知をした時以後の遅延損害金についてのみ保証債務の履行を請求することができる）ことになります（同条2項）。なお、債権者（賃貸人）が通知をしなかった場合でも、債権者（賃貸人）が保証人に対して主たる債務についての期限の利益喪失の効果をまったく主張することができなくなるわけではありません。

また、主債務者（賃借人）が期限の利益を失えば、保証人も、期限の利益を主張することができなくなります（法制審議会民法〔債権関係〕部会 部会資料78A・25頁、【参考文献21】126頁）。

(2) 改正を踏まえた実務対応

ア．保証契約締結時の情報提供義務を負うかどうかを確認する

賃貸借契約の締結に際して、個人が保証人となる場合には、賃貸借契約が「事業のため」になされる限り、情報提供義務を負うことから「事業のため」になされる賃貸借契約であるかどうかについて確認することが必要となります。

事業用不動産の賃貸借については、「事業のため」に賃料等の債務を負担する場合にあたると考えられますが、居住用不動産の賃貸借においては、自宅兼事務所として使用する場合や、自宅でも事業の一部を行う個人事業主の場合等に、「事業のため」になされた賃貸借契約といえるかが問題となります。

POINT 賃貸借契約の締結に際して、個人が保証人となる場合には、「事業のため」になされる賃貸借契約であるかどうかについて確認

イ．保証契約締結時に情報提供義務が履行されているかどうかを確認する

前記(1)アで説明したとおり、債権者（賃貸人）が保証契約の締結時に情報提供義務の違反があったことを知り又は知ることができたときは、保証人により

第2章　不動産賃貸業（賃貸借）

　保証契約を取り消される可能性があります。

　そのため、賃貸人（債権者）としては、主債務者（賃借人）による情報提供義務違反を知ることができたこと（知らなかったことにつき過失があること）を理由に保証契約が取り消されないようにするために、情報提供義務が履行されているかどうかについて十分な確認を行うことが必要不可欠です。情報提供義務の履行について賃貸人が確認すべき事項及び確認を怠った場合の取扱いについては、基本的に下表のとおりに考えることができます（法制審議会民法〔債権関係〕部会　第86回会議議事録22〜23頁、【参考文献6】103頁等参照）。

【表】情報提供義務の履行について賃貸人が確認すべき事項

確認内容	確認すべきか否か
情報提供の有無	確認すべき
提供された情報の内容	基本的に確認することは求められない もっとも、実務上は確認すべきとの指摘もあり
提供された情報内容の正確性・真実性	確認する必要はない もっとも、明らかに虚偽だと分かるような情報を信じてもただちに無過失とはいえない

◆法制審議会民法（債権関係）部会第86回会議議事録法務省22頁〜23頁（抜粋）《http://www.moj.go.jp/content/000125619.pdf 》

■中原委員

　アの資産及び収入の状況という点ですけれども、債権者が債務者の資産及び収入の状況の全体像を把握するのは極めて難しいだろうと思います。銀行は与信先であれば決算書をもらいますけれども、決算書が資産収入を正確に反映しているといえるかは、大変難しいと思います。したがって、債務者が虚偽の説明をしたことを債権者が知り、又は知ることができたときは、それを取り消すことができるという形で法律ができれば、債権者として考えられる実務的な対応は、保証人から、資産及び収入の状況については債務者から正確に説明を受けましたという、表明保証のような内容の書面を提出していただくということになると思いますが、これでも過失があるという認定をされる可能性はあるのでしょうか。

■笹井関係官

　特に過失になりますと個別の事案ごとの判断にならざるを得ないと思いますけれども、ただ、前回も申し上げたとおり、債権者に厳格な調査義務を課して、どういう説明を受けたのか、資産とか収入の状況について客観的に何が正しいのかなどを調査して、突き合わせて検討しないといけないとか、そういうことを求めるものではありません。債権者が資産とか収入の状況を本当に正確なところまで知り得ないというのは、中原委員の御指摘のとおりだと思いますから、分かる範囲で過失がなかったと評価されれば、取消しにはならないのではないでしょうか。そういう意味で、こういう説明を受けたという紙をもらっておけば、それで十分だったということもあろうかと思います。ただ、ずっといろいろな取引があって、明らかに説明を受けた事項が虚偽であっ

144

第3節　賃貸保証に関する実務対応

たと普通であれば分かるような場面では、そういった紙があったからといって、直ちに無過失とは言えないということにはなると思います。

■中原委員

　債務者から説明を受けた内容を、債権者が保証人から聞く必要があるということでしょうか、それとも、そこまではする必要はないということでしょうか。

■笹井関係官

　この規定上は、その必要はないということです。

> **POINT** 賃貸人（債権者）としては、主債務者（賃借人）による情報提供義務違反を知ることができたこと（知らなかったことにつき過失があること）を理由に保証契約が取り消されないようにするために、十分な確認を行うことが必要

ウ．保証契約締結時の情報提供義務の履行について確認したことを証拠化する

　債権者（賃貸人）としては、主債務者（賃借人）が情報提供すべき内容を適切に説明しているかどうか確認した上で、調査義務を尽くしたことを証拠化しておくことが必要となります。

　例えば、主債務者（賃借人）から情報提供された各事項についての確認事項チェックシート等（下表参照）を作成し、保証人に、各項目のチェック、署名・押印をしてもらうこと等が考えられます。また、主債務者（賃借人）からも、情報提供を行った事項が正確であることの表明保証を記載した書面等の提出を受けることや、契約書別紙において表明保証をさせるということも考えられます。両書面の提出を求めること、また、両者を同一の書面とすることも考えられます（法制審議会民法〔債権関係〕部会　第86回会議議事録22～23頁　中原委員質問）。

【表】賃借人が情報提供する必要がある事項（確認事項チェックシート例）

1. 財産及び収支の状況
2. 賃貸借契約に基づく債務（主債務）以外に負担している債務の有無並びにその額及び履行状況 　(1) 賃貸借契約に基づく債務（主債務）以外に負担している債務の有無

第2章　不動産賃貸業（賃貸借）

(2) (1) がある場合、その金額（必要に応じて、資金使途、金利、履行条件等）

(3) (1) がある場合、履行状況（遅延の有無、遅延履歴、期限の利益喪失の有無）

3. 賃貸借契約に基づく債務（主債務）の担保として他に提供し、又は提供しようとするものがあるときは、その旨及びその内容

(1) 賃貸借契約に基づく債務（主債務）の担保として他に提供し、又は提供しようとするものの有無

(2) (1) がある場合、その内容

POINT 賃貸人（債権者）としては、保証人に、各項目のチェック及び署名・押印をしてもらうこと、また、主債務者（賃借人）に、情報提供を行った事項が正確であることの表明保証をしてもらうことを検討

契約条項例	第5節【書式例】16条参照

　　乙（賃借人）は、丙（保証人）に対して、本契約の締結に先立ち、民法465条の10第1項に基づき、別紙のとおり情報の提供を行い、丙（保証人）は当該情報の提供を受けたことを確認する。

　　乙（賃借人）は、甲（賃貸人）及び丙（保証人）に対し、同説明内容が真実であることを表明し、これを保証する。

エ. 情報提供義務を負わない場合であっても、保証人に情報提供を行うことが望ましい

　情報提供義務を負わない場合であっても、保証人の利益のために情報提供を行うことが望ましいことはいうまでもありません。保証契約等において、**「賃借人の賃料の滞納が○か月続いた場合には賃貸人は保証人に通知する」**といった特約を結ぶことも考えられます（国土交通省「賃貸住宅標準契約書〔平成30年3月版・連帯保証人型〕」《賃貸住宅標準契約書解説コメント》30頁）。

第3節　賃貸保証に関する実務対応

◆国土交通省「賃貸住宅標準契約書（平成30年3月版・連帯保証人型）」《賃貸住宅標準契約書解説コメント》30頁《http://www.mlit.go.jp/common/001227822.pdf 》

17　連帯保証人（第17条）

【第4項】

　借主が継続的に支払いを怠っているにもかかわらず、貸主が保証人に通知せず、いたずらに契約を更新させている場合には保証債務の履行請求が信義則に反し否定されることがあり得るため（前掲：最判平成9年11月13日集民第186号105頁）、保証人の請求がない場合でも、保証人へ積極的に情報提供することが望ましいと考えられる。この点に関連し、保証契約締結時に借主の滞納が○か月続いた場合には貸主は保証人に通知するといった特約を結ぶことも考えられる。

POINT 情報提供義務を負わない場合であっても、保証人の利益のために情報提供を行うことが望ましい

5. 不動産投資ローン保証に関する実務対応

（1）改正のポイント

ア．保証に際して公正証書の作成が必要となる場面とその手続

●改正民法465条の6（公正証書の作成と保証の効力）

1. 事業のために負担した貸金等債務を主たる債務とする保証契約又は主たる債務の範囲に事業のために負担する貸金等債務が含まれる根保証契約は、その契約の締結に先立ち、その締結の日前1箇月以内に作成された公正証書で保証人になろうとする者が保証債務を履行する意思を表示していなければ、その効力を生じない。
2. 前項の公正証書を作成するには、次に掲げる方式に従わなければならない。
   - 一　保証人になろうとする者が、次のイ又はロに掲げる契約の区分に応じ、それぞれ当該イ又はロに定める事項を公証人に口授すること。
     - イ　保証契約（ロに掲げるものを除く。）　主たる債務の債権者及び債務者、主たる債務の元本、主たる債務に関する利息、違約金、損害賠償その他その債務に従たる全てのものの定めの有無及びその内容並びに主たる債務者がその債務を履行しないときには、その債務の全額について履行する意思（保証人になろうとする者が主たる債務者と連帯して債務を負担しようとするものである場合には、債権者が主たる債務者に対して催告をしたかどうか、主たる債務者がその債務を履行することができるかどうか、又は他に保証人があるかどうかにかかわらず、その全額について履行する意思）を有していること。
     - ロ　根保証契約　主たる債務の債権者及び債務者、主たる債務の範囲、根保証契約における極度額、元本確定期日の定めの有無及びその内容並びに主たる債務者がその債務を

147

第2章　不動産賃貸業（賃貸借）

> 履行しないときには、極度額の限度において元本確定期日又は第465条の4第1項各号若しくは第2項各号に掲げる事由その他の元本を確定すべき事由が生ずる時までに生ずべき主たる債務の元本及び主たる債務に関する利息、違約金、損害賠償その他の債務に従たる全てのものの全額について履行する意思（保証人になろうとする者が主たる債務者と連帯して債務を負担しようとするものである場合には、債権者が主たる債務者に対して催告をしたかどうか、主たる債務者がその債務を履行することができるかどうか、又は他に保証人があるかどうかにかかわらず、その全額について履行する意思）を有していること。
> 二　公証人が、保証人になろうとする者の口述を筆記し、これを保証人になろうとする者に読み聞かせ、又は閲覧させること。
> 三　保証人になろうとする者が、筆記の正確なことを承認した後、署名し、印を押すこと。ただし、保証人になろうとする者が署名することができない場合は、公証人がその事由を付記して、署名に代えることができる。
> 四　公証人が、その証書は前三号に掲げる方式に従って作ったものである旨を付記して、これに署名し、印を押すこと。
> 3. 前二項の規定は、保証人になろうとする者が法人である場合には、適用しない。

　改正民法465条の6第1項は、「貸金等債務」が含まれる債務の個人保証については、保証人となる個人が、保証契約締結の1か月前までに公正証書で「保証債務を履行する意思」を表示しなければ、当該保証契約等は効力を生じないこととしました。

　その対象となる**「貸金等債務」**等とは、(a) 主債務が「事業のために負担した貸金等債務」である保証契約、又は、(b) 主債務に「事業のために負担する貸金等債務」が含まれる根保証契約のことをいいます。

イ．公正証書の作成を要しない個人保証（いわゆる経営者保証等）

> **●改正民法465条の9**（公正証書の作成と保証の効力に関する規定の適用除外）
> 前三条の規定は、保証人になろうとする者が次に掲げる者である保証契約については、適用しない。
> 一　主たる債務者が法人である場合のその理事、取締役、執行役又はこれらに準ずる者
> 二　主たる債務者が法人である場合の次に掲げる者
> 　イ　主たる債務者の総株主の議決権（株主総会において決議をすることができる事項の全部につき議決権を行使することができない株式についての議決権を除く。以下この号において同じ。）の過半数を有する者
> 　ロ　主たる債務者の総株主の議決権の過半数を他の株式会社が有する場合における当該他の株式会社の総株主の議決権の過半数を有する者
> 　ハ　主たる債務者の総株主の議決権の過半数を他の株式会社及び当該他の株式会社の総株主の議決権の過半数を有する者が有する場合における当該他の株式会社の総株主の議決権の過半数を有する者
> 二　株式会社以外の法人が主たる債務者である場合におけるイ、ロ又はハに掲げる者に準ずる者
> 三　主たる債務者（法人であるものを除く。以下この号において同じ。）と共同して事業を行う者又は主たる債務者が行う事業に現に従事している主たる債務者の配偶者

第3節　賃貸保証に関する実務対応

改正民法465条の9では、保証契約締結の1か月前までに公正証書で「保証債務を履行する意思」を表示することが必要となる個人保証でも、主債務者と一定の関係のある者が保証人となる場合には、改正民法465条の6の適用がない（保証債務を履行する意思を表示した公正証書の作成を要しない）こととされました。

具体的には、保証人となろうとする者が、

① 主債務者の理事、取締役、執行役又はこれに準ずる者

② 主債務者の総議決権の過半数を有する者等

③ 個人である主債務者との共同事業者又は主債務者が行う事業に現に従事している配偶者

の場合は、改正民法465条の6の適用がありません。

(2) 改正を踏まえた実務対応

ア．アパートローン（不動産投資ローン）についても公正証書の作成を要する

前記(1)アで説明したとおり、主債務が「事業のため」に負担したものであっても、「貸金等債務」に関するもの以外は改正民法465条の6の適用対象となっていないため、賃貸借契約に基づく賃料債務の保証には適用がありません。

これに対し、不動産投資用資金、事業としての賃貸用不動産の建築・購入資金の借入れを目的とするローン（いわゆるアパートローンを含む）については、「貸金等債務」として本条の適用がありえます。もっとも、その場合でも、主債務が「事業のため」の資金といえるかどうかは必ずしも明らかではなく議論のあるところですが、肯定的に考えられています（【参考文献27】147頁）。

その判断は、主債務者の行う不動産賃貸が反復継続的なものか単発的なものか等にもよりますが、実務的には、本条の適用があることを前提に公正証書を作成することになるのではないかと考えられます。

POINT　アパートローン（不動産投資ローン）については、公正証書を作成することを検討

なお、「事業のために」といえるかどうかの判断は、借主がその貸金等債務を負担した時点を基準時として、貸主と借主との間でその貸付等の基礎とされた事情に基づいて客観的に定まるとされています。そのため、借主が使途は事業資金であると説明して金銭の借入れを申し入れ、貸主もそのことを前提とし

て金銭を貸し付けた場合には、実際にその金銭が事業に用いられたかどうかにかかわらず、その債務は「事業のために」負担したものとされます。他方で、借主が実際には事業に用いることを意図していたとしても、事業以外の目的をその使途であると説明し、又はその使途を明らかにしないで金銭の借入れを申し入れ、貸主においても事業資金ではないとの認識で貸し付けた場合には、現にその金銭が事業に使われたとしても、借主がその債務を負担した時点においては、借主は「事業のために」その債務を負担したとはいえないものとされます（【参考文献27】147頁）。

イ．公正証書の作成を要しない個人保証（経営者保証）であるかどうかを確認する

改正民法465条の9に規定される経営者保証（保証債務を履行する意思を表示した公正証書の作成を要しない）にあたるかどうかは、個別具体的に実態を判断されます。

例えば、同条3号の挙げる**「主たる債務者と共同して事業を行う者」**といえるためには、**業務執行の権限や代表権限・監督権限等**を有するとともに、**その事業につき利害関係**を有することが必要であるとされています（法制審議会民法〔債権関係〕部会 部会資料78A・20頁）。

◆法制審議会民法（債権関係）部会 部会資料78A・20頁《http://www.moj.go.jp/content/000123524.pdf 》
「共同して事業を行う」という要件が認められるには、共同の事業（民法第667条）等と同様、いずれの当事者も、業務執行の権限や代表権限、業務執行に対する監督権限など、事業の遂行に関与する権利を有するとともに、その事業につき利害関係を有することが認められる必要があると解される。

不動産投資ローン（アパートローン等）においては、事業主（主債務者）の配偶者のほか、主債務者の子（事業承継予定者）などを保証人とすることもあります。当該事業承継予定者が「共同事業者」といえるためには、例えば、**賃貸借の審査に関与**していること、**アパート経営の利益の一部が帰属**することなどの一定の実態があることが必要となると考えられます（【参考文献6】103頁等）。

賃貸人として、公正証書作成の要否を判断するために、個別具体的な事案ごとに慎重に確認することが必要となります。

例えば、改正民法465条の9第3号の挙げる「主たる債務者と共同して事業を行う者」といえるかどうかを確認するために、保証人になろうとする者に対して、共同事業に関する規程や共同業者間の合意書面の提出を求めるほか、保証

人が作成した業務遂行権限についての表明保証求めること等の対応も考えられるということが指摘されています（【参考文献31】47頁）。

　改正民法456条の9各号で挙げられる経営者等に該当するか否かは制限的に捉える（同条項は限定列挙）ものと考えられており、実務的には、可能な限り公正証書作成の手続をとることが望ましいといえます。

【表】　個人保証に際して公正証書の作成が不要となる者

主債務者	改正民法456条の9	公正証書の作成が不要な場合	公正証書の作成が必要な場合
法人等	理事、取締役、執行役等（1号）	・業務執行権を有しない取締役（委員会設置会社における取締役等）	・先代の経営者であっても、業務執行の決定に関与する法的な地位にない者 ・親会社や関係会社の役員 ・監査役
法人等	議決権の過半数を有する者（支配株主等）（2号）	・別法人等を利用した一定の間接支配の場合	・議決権の過半数は有していない実質的オーナー ・親族等による議決権保有を通じて実質的な支配を及ぼしている場合
個人	共同事業者 主債務者の事業に従事する主債務者の配偶者（3号）	・事業遂行に関する権利を有する場合、事業につき利害関係を有する場合	・後継者（推定相続人、事業承継予定者）

POINT
◆公正証書作成の要否を判断するために、個別具体的な事案ごとに慎重に確認することが必要
◆もっとも、可能な限り公正証書作成の手続をとることが望ましい

第2章　不動産賃貸業（賃貸借）

第4節　賃貸借契約約款に関する実務対応

1. 改正のポイント

後記第3章第7節 **1.** で説明するとおりです。

2. 改正を踏まえた実務対応

賃貸借契約約款と定型約款該当性の検討

後記第3章第7節 **2.** (1)における理解を前提に、不動産賃貸借の標準契約書や契約約款について、各条項が定型約款にあたるかどうかの判断が必要になります。

賃貸借契約においては、対象となる賃貸不動産の間取りや面積に応じて賃料も異なります。そのため、賃料の変更等の中心的な条項の変更については、定型約款の変更ではなく、個別合意によって対応すべきとも考えられます。もっとも、大規模集合住宅（大規模団地等）においては、その他の契約条項、例えば、使用目的の制限、契約期間、賃料の支払期限、契約の解除事由、原状回復の内容等の一部を画一的に定めることが可能であり、画一的に定めることは賃貸人及び賃借人の両者にとって平等なサービスの提供がなされる点で合理的であると考えられます。法務局民事局長（小川政府参考人）の説明によれば、「複数の大規模な居住用建物を建設した大手の不動産会社が、同一の契約書のひな形を使って多数に上る各居室の賃貸借契約を締結しているといった事情がある場合には、契約内容を画一的なものとすることにより各種管理コストが低減し、入居者としても契約内容が画一であることから利益を享受することもあり得ます。そのような場合には、個別の事情により、例外的にひな形が定型約款に該当することがあり得ると考えられます。」とされています（第192回国会 衆

152

議院法務委員会 第16号〔平成28年12月13日〕)。

　他方で、建物の賃貸借契約は、個人が自己の所有する建物の一室を第三者に賃貸する場合や自己の所有する土地上に比較的小規模な賃貸用の建物を建設し、その居室ごとの賃貸借契約を同一の契約書に基づいて締結しようとする場合には、仮に市販のひな形などを参照して契約書を作成したとしても、それは事務の簡易化などを意図したにすぎず、取引内容が画一である必要性が存しないことから、定型約款には該当しないとされています（第192 回国会 衆議院法務委員会 第16号〔平成28年12月13日〕、【参考文献27】246頁、【参考文献40】59頁）。

◆第192 回国会衆議院法務委員会第16号（平成28年12月13日）《http://www.shugiin.go.jp/internet/itdb_kaigiroku.nsf/html/kaigiroku/000419220161213016.htm 》

○畑野委員

　最後に確認です。
　一般にですが、賃貸借の契約は定型約款に当たり得るのでしょうか。

○小川政府参考人

　一口に賃貸用建物の一室の賃貸借契約といいましても、さまざまな形態のものがございます。
　個人が自己の所有する建物の一室を第三者に賃貸するといった場合には、仮に市販のひな形などを参照して契約書を作成したとしても、それは事務の簡易化などを意図したにすぎず、取引内容が画一である必要性が存しません。このような事情は、自己の所有する土地上に比較的小規模な賃貸用の建物を建設し、その居室ごとの賃貸借契約を同一の契約書に基づいて締結しようとする場合でも基本的に同様でございまして、取引内容を画一にする必要性は高くございません。
　また、賃借人の側から見ても、契約内容が画一であることから利益を享受しているとは言えず、賃借人にとって、画一的であることに合理性があるとは言いがたいのが通常でございます。
　他方で、複数の大規模な居住用建物を建設した大手の不動産会社が、同一の契約書のひな形を使って多数に上る各居室の賃貸借契約を締結しているといった事情がある場合には、契約内容を画一的なものとすることにより各種管理コストが低減し、入居者としても契約内容が画一であることから利益を享受することもあり得ます。そのような場合には、個別の事情により、例外的にひな形が定型約款に該当することがあり得ると考えられます。
　したがいまして、賃貸借契約の契約条項のひな形は、同じ賃貸借契約といいましても、その取引実態は大きく異なるものであるため、定型約款に該当するか否かを一概に申し上げることはできませんが、今申し上げましたような例外的な事案におきましては該当する余地はあるものと考えております。

　そのため、実際に使用している不動産賃貸借の標準契約書や契約約款の内容を確認して、各条項が定型約款にあたるかどうかを、上記議論を踏まえて慎重に判断することが必要となります。

実際に使用している不動産賃貸借の標準契約書や契約約款の内容を確認して、各条項が定型約款にあたるかどうかを慎重に判断することが必要

第5節　［書式例］賃貸借契約書

　実務上は、公表されている標準契約や標準契約約款が利用されることも多いと思われますが、本節では、国土交通省の公表している賃貸借標準契約書をベースに、改正民法を踏まえた条項、及び、改正民法の内容を前提に修正の方向性・コンセプトを示すための修正条項案を書式例として示しています。実際の使用時には、事案ごとに契約の目的や個別具体的なその他の事情に応じて適当な内容を規定することが想定されます。

第1条（契約の締結）

　貸主（以下「甲」という。）及び借主（以下「乙」という。）は、頭書○○に記載する賃貸借の目的物（以下「本物件」という。）について、以下の条項により賃貸借契約（以下「本契約」という。）を締結した。

第2条（契約期間及び更新）

1. 契約期間は、頭書○○に記載するとおりとする。

2. 甲及び乙は、協議の上、本契約を更新することができる。

第3条（使用目的）

　乙は、居住のみを目的として本物件を使用しなければならない。

第4条（賃料）

1. 乙は、頭書○○の記載に従い、賃料を甲に支払わなければならない。

2. 1か月に満たない期間の賃料は、1か月を30日として日割計算した額とする。

3. 甲及び乙は、次の各号の一に該当する場合には、協議の上、賃料を改定することができる。

　　（1）土地又は建物に対する租税その他の負担の増減により賃料が不相当となった場合

　　（2）土地又は建物の価格の上昇又は低下その他の経済事情の変動により賃料が不相当となった場合

第2章　不動産賃貸業（賃貸借）

　　　(3) 近傍同種の建物の賃料に比較して賃料が不相当となった場合

第5条（共益費）（略）

第6条（敷金）

1. 乙は、本契約から生じる債務の担保として、頭書○○に記載する敷金を甲に預け入れるものとする。

2. 乙は、本物件を明け渡すまでの間、敷金をもって賃料、共益費その他の債務と相殺をすることができない。

3. 甲は、本物件の明渡しがあったときは、遅滞なく、敷金の全額を無利息で乙に返還しなければならない。ただし、甲は、本物件の明渡し時に、賃料の滞納、第14条に規定する原状回復に要する費用の未払いその他の本契約から生じる乙の債務の不履行が存在する場合には、当該債務の額を敷金から差し引くことができる。

4. 前項但書の場合には、甲は、敷金から差し引く債務の額の内訳を乙に明示しなければならない。

改定条項例	6条を改定

1. 乙は、本契約から生じる乙の賃料支払債務、損害賠償債務、未払更新料その他の債務の担保として、頭書○○に記載する敷金を甲に預け入れるものとする。

2. 乙は、本物件を明け渡すまでの間、敷金をもって賃料、共益費その他の債務の弁済に充てることを請求もしくは相殺を主張することができない。

3. 甲は、本物件の明渡しがあったときは、遅滞なく、敷金の全額を無利息で乙に返還しなければならない。ただし、甲は、本物件の明渡し時に、賃料の滞納、第14条に規定する原状回復に要する費用の未払い、損害賠償金等の支払債務その他の本契約から生じる乙の債務の不履行が存在する場合には、当該債務の額を敷金から差し引くことができる。

　　この場合、甲は、敷金から差し引く債務の額の内訳を乙に明示しなければならない。

第5節　[書式例]賃貸借契約書

第7条（反社会的勢力の排除）（略）

第8条（禁止又は制限される行為）

1. 乙は、甲の書面による承諾を得ることなく、本物件の全部又は一部につき、賃借権を譲渡し、又は転貸してはならない。

2. 乙は、甲の書面による承諾を得ることなく、本物件の増築、改築、移転、改造若しくは模様替又は本物件の敷地内における工作物の設置を行ってはならない。

3. 乙は、本物件の使用にあたり、別表○○に掲げる行為を行ってはならない。

4. 乙は、本物件の使用にあたり、甲の書面による承諾を得ることなく、別表○○に掲げる行為を行ってはならない。

5. 乙は、本物件の使用にあたり、別表○○に掲げる行為を行う場合には、甲に通知しなければならない。

第9条（契約期間中の修繕）

1. 甲は、乙が本物件を使用するために必要な修繕を行わなければならない。この場合において、乙の故意又は過失により必要となった修繕に要する費用は、乙が負担しなければならない。

2. 前項の規定に基づき甲が修繕を行う場合は、甲は、あらかじめ、その旨を乙に通知しなければならない。この場合において、乙は、正当な理由がある場合を除き、当該修繕の実施を拒否することができない。

3. 乙は、甲の承諾を得ることなく、別表○○に掲げる修繕を自らの負担において行うことができる。

改定条項例	9条3項を改定

1. 乙は、甲に対して、修繕箇所、修繕の必要性及び修繕見積金額を明示した書面の交付をもって事前に通知した上で、甲から当該修繕について承諾を得たとき、又は、急迫の事情があるときに限り、本物件の修繕をすることができる。

　ただし、本条にいう「修繕」とは小規模修繕に限定されるものとし、耐震工事や建物の躯体等にかかる大規模修繕や増改築を含まないものとする。

2. 前項の規定にかかわらず、乙は、甲の承諾を得ることなく、別表

○に掲げる修繕を自らの負担において行うことができる。

　　一　畳表の取替え、裏返し

　　二　ヒューズの取替え

　　三　障子紙の張替え

　　四　ふすま紙の張替え

　　五　電球・蛍光灯の取替え

　　六　その他費用が軽微な修繕

第10条（契約の解除）

1. 甲は、乙が次に掲げる義務に違反した場合において、甲が相当の期間を定めて当該義務の履行を催告したにもかかわらず、その期間内に当該義務が履行されないときは、本契約を解除することができる。

　　(1) 第4条第1項に規定する賃料支払義務

　　(2) 第5条第2項に規定する共益費支払義務

　　(3) 前条第1項後段に規定する費用負担義務

2. 甲は、乙が次に掲げる義務に違反した場合において、甲が相当の期間を定めて当該義務の履行を催告したにもかかわらず、その期間内に当該義務が履行されずに当該義務違反により本契約を継続することが困難であると認められるに至ったときは、本契約を解除することができる。

　　(1) 第3条に規定する本物件の使用目的遵守義務

　　(2) 第8条各項に規定する義務（同条第3項に規定する義務のうち、別表○○号に掲げる行為に係るものを除く。）

　　(3) その他本契約書に規定する乙の義務

3. 甲又は乙の一方について、次のいずれかに該当した場合には、その相手方は、何らの催告も要せずして、本契約を解除することができる。

　　(1) 第7条各号の確約に反する事実が判明した場合

　　(2) 本契約締結後に自ら又は役員が反社会的勢力に該当した場合

4. 甲は、乙が別表○○に掲げる行為を行った場合は、何らの催告も要せずして、本契約を解除することができる。

第11条（乙からの解約）

1. 乙は、甲に対して少なくとも30日前に解約の申入れを行うことにより、本契

第5節　[書式例] 賃貸借契約書

約を解約することができる。

2. 前項の規定にかかわらず、乙は、解約申入れの日から30日分の賃料（本契約の解約後の賃料相当額を含む。）を甲に支払うことにより、解約申入れの日から起算して30日を経過する日までの間、随時に本契約を解約することができる。

第12条（契約の消滅）

本契約は、天災、地変、火災その他甲乙双方の責めに帰さない事由により、本物件が滅失した場合、当然に消滅する。

改定条項例	12条2項を新設

1. （略）

2. 民法611条1項にかかわらず、本物件の一部が乙の責めに帰することができない事由により滅失したときは、乙は、甲に対して書面によりその旨をすみやかに通知した場合に限り、滅失部分の割合に応じて賃料の減額を請求することができる。

　この通知をしなかった場合には、通知以前の賃料減額を主張し得ないものとする。

第13条（明渡し）（略）

第14条（明渡し時の原状回復）

1. 乙は、通常の使用に伴い生じた本物件の損耗を除き、本物件を原状回復しなければならない。

2. 甲及び乙は、本物件の明渡し時において、契約時に特約を定めた場合は当該特約を含め、別表○○の規定に基づき乙が行う原状回復の内容及び方法について協議するものとする。

改定条項例	14条を改定

1. 乙は、通常の使用及び収益によって生じた本物件の損耗（通常損耗）並びに賃借物の経年変化（経年劣化）を除き、本物件を原状回復しなければならない。

　ただし、その損傷が乙の責めに帰することができない事由によ

159

第2章　不動産賃貸業（賃貸借）

るものであるときは、この限りでない。

2. 甲及び乙は、本物件の明渡し時において、契約時に特約を定めた場合は当該特約を含め、別表○の規定に基づき乙が行う原状回復の内容及び方法について協議するものとする。

第15条（立入り）（略）

第16条（連帯保証人）

　連帯保証人（以下「丙」という。）は、乙と連帯して、本契約から生じる乙の債務を負担するものとする。

改定条項例	16条を改定

1. 丙は、甲に対し、乙が本契約上負担する一切の債務を極度額○○万円の範囲内で連帯して保証する。

2. 丙の保証債務は、乙が本契約に基づいて負担する以下の債務にも及ぶものとする。

　①　本契約が更新された場合の更新後の賃料債務

　②　本契約締結後に賃料増額があった場合の増額後の賃料債務

3. 甲の丙に対する履行請求は、民法458条及び同法441条の規定にかかわらず、乙に対しても効力を有するものとする。

4. 乙は、丙に対して、本契約の締結に先立ち、民法465条の10第1項に基づき、別紙のとおり情報の提供を行い、丙は当該情報の提供を受けたことを確認する。

　　乙は、甲及び丙に対し、同説明内容が真実であることを表明し、これを保証する。

第17条（協議）（略）

第18条（特約条項）

　第17条までの規定以外に、本契約の特約については、下記のとおりとする。

第3章

建築請負業
（請負）

第1節 民法［債権法］改正と建築請負

　建物の建築は、建物の構造や非構造部分はもとより、地盤から設備機器に至るまで様々な点において不具合・欠陥（瑕疵）を巡ってトラブルとなることが多く、その解決のために建築や土木等の専門的知識が要求される分野です。また、建築工事では最初から詳細な仕様が確定している訳ではなく、工事完成に至る全過程で徐々に確定していくという特殊性があります。そのため、その過程で当事者間の意思の食い違いが発生しやすく、注文者が意図したものと完成した建物が違うとか、追加工事が必要となった場合の費用をどちらの当事者が負担するのかといった種類のトラブルが発生しやすいという問題があります。これらのトラブルには、多くの場合民法上の問題が関係してきますが、改正民法においては、建物建築請負に関しても、これまでの考え方が大きく変更される点が少なくありません。例えば、売買と同様、請負でも従来の瑕疵担保責任が廃止され、その代わりに契約不適合責任が創設されたことのほか、目的物が未完成の場合の報酬請求権が規定されるなど、現行民法からの大きな変化が見られます。ただし、請負の瑕疵担保責任は従来から債務不履行責任の特則と考えられていたため、売買のように法的性格が法定責任から債務不履行責任に変わるという事情はなく、また、内容的にも上述の請負の特殊性を踏まえて検討する必要があるため、注意が必要です。

　建築請負契約その他の不動産取引において用いられている契約書は、現行民法を前提に作成されていますが、改正民法には、現行民法とは大きく異なる規定が多数存在しています。そのため、今後は、現在使用している契約書の各条項について、改正民法でどのように変わるのかを確認した上で適切に見直すことが必要不可欠となります。

　以下、建物建築請負契約に関連する改正民法のポイントについて、その概要を説明した上で、改正民法を踏まえて建物建築請負契約の修正を検討すべき点を中心に説明します。

なお、本文中で示す契約条項例は、改正民法の内容を前提に修正の方向性・コンセプトを示すためのものですので、実際の使用時には、事案ごとに契約の目的や個別具体的なその他の事情に応じて適当な内容を規定することが想定されます。また、実務上は、公表されている標準契約や標準契約約款が利用されることも多いと思われます。

第3章　建築請負業（請負）

第2節 新設される契約不適合責任（請負）の実務対応

1. 改正のポイント

（1）改正民法では新たに契約不適合責任が創設される

　前記第1章第2節**1**(2)で説明したとおり、改正民法では、売買について、売主に対する現行民法の瑕疵担保責任は廃止され、引き渡した売買目的物が契約内容から乖離していることに対する責任（契約不適合責任）が新たに規定されました。

　改正民法では、請負についても売買と同様に、仕事の目的物に瑕疵があった場合の瑕疵担保責任の規定、具体的には注文者の修補請求権・損害賠償請求権（現行民法634条）、契約解除（現行民法635条）の規定が削除され、下記において説明するように新たに「種類又は品質に関して契約内容に適合」する仕事の目的物を引き渡す責任として、追完（修補）請求権、報酬減額請求権、損害賠償請求権、契約解除権が規定されることになりました。

（2）売買の規定（契約不適合責任）が請負にも適用される

ア．売買の規定は請負契約にも準用される

　現行民法においても同様ですが、民法の売買に関する規定は、当事者が互いに対価的意義を有する給付をする有償契約一般に適用されることから（改正民法559条）、売買の契約不適合責任の規定は請負にも準用されます。同様に、その他の有償契約（賃貸借等）にも準用されます。

> **●改正民法559条（有償契約への準用）**
> 　この節の規定は、売買以外の有償契約について準用する。ただし、その有償契約の性質がこれを許さないときは、この限りでない。

164

そのため、請負においても売買と同様に、改正民法における契約不適合責任は、債務不履行責任一般のルールに従うことになります。

　したがって、請負においても、仕事の目的物が「契約の内容に適合」するものであることが求められます。後記第3節で説明するとおり、「契約の内容に適合しない」仕事の目的物が注文者に引き渡されたときには、注文者は、損害賠償請求権の他、追完（修補）請求権、報酬減額請求権、契約解除権を有することになります。

　特に、損害賠償請求については、現行民法においては債務者の帰責事由が不要の無過失責任である（現行民法634条2項）のに対し、改正民法においては債務者の帰責事由がない場合には責任を負わないことになる（改正民法415条）点に注意が必要です。また、建築請負において契約解除が認められるための要件も大きく変わることになります。詳細については、後記第3節 **4**. **5**. で説明します。

イ．瑕疵担保責任と契約不適合責任の違い（請負）

　建築請負契約における現行民法の瑕疵担保責任と改正民法の契約不適合責任の相違のポイントは、概要以下のとおりです。

【表】建築請負における瑕疵担保責任と契約不適合責任の相違点

	現行民法		改正民法	
要　件	瑕　疵		契約不適合	
修補請求	可	ただし、瑕疵が重要でない and 過分の費用かかる場合は、不可	可	ただし、修補が不能な場合は、不可
損害賠償請求	可	・債務者の帰責事由は不要 ・履行利益	可	・債務者の帰責事由が必要 ・履行利益
報酬減額請求	－		可	
契約解除	可	ただし、契約目的を達成できる場合 or 建物等建築の場合は、不可	可	ただし、不適合が軽微な場合は、不可
権利行使期間	目的物の引渡し又は仕事終了時から1年内に請求が必要 もっとも、建築建物等は引渡し後5年間（コンクリ造等は10年間）		不適合を知った時から1年内に通知が必要（請負人が悪意・重過失の場合は除く） なお、主観的起算点から5年間、客観的起算点から10年間で時効消滅	
責任制限特約	有　効		有　効	

※【参考文献3】99頁参照

第3章　建築請負業（請負）

(3) 請負においても「契約の内容に適合」することが求められる

　前記第1章第2節 **1.** (2)のとおり、請負においても、売買同様に仕事の目的物が「契約の内容に適合」するものであることが求められます。

　この点に関し、改正民法制定の議論においては、「請負人は、性能、品質、規格等において契約の趣旨に適合した仕事を完成させる義務を負っている。（中略）ここでいう『契約の趣旨』は、契約で明示的に合意されていた内容だけでなく、その契約の性質、契約をした目的、契約締結に至る経緯その他の事情に基づいて定まる。仕事の目的物が性能、品質、規格等において契約の趣旨に適合しないものであるときは、これを修補して契約の趣旨に適合したものにする義務を負う」と説明されています（法務省民事局参事官室「民法〔債権関係〕の改正に関する中間試案の補足説明〔平成25年7月4日補訂〕」478頁参照）。

◆法務省民事局参事官室「民法（債権関係）の改正に関する中間試案の補足説明（平成25年7月4日補訂）」478頁《http://www.moj.go.jp/content/000112247.pdf 》
- -
　請負人は、性能、品質、規格等において契約の趣旨に適合した仕事を完成させる義務を負っている。請負人は、契約の趣旨に適合した仕事を完成する義務を負っている。ここでいう「契約の趣旨」は、契約で明示的に合意されていた内容だけでなく、その契約の性質、契約をした目的、契約締結に至る経緯その他の事情に基づいて定まる（略）。仕事の目的物が性能、品質、規格等において契約の趣旨に適合しないものであるときは、これを修補して契約の趣旨に適合したものにする義務を負う。民法第634条本文は、仕事の目的物がこのような意味で契約の趣旨に適合しないことを「仕事の目的物に瑕疵があるとき」と表現しているが、本文の「仕事の目的物が契約の趣旨に適合しない場合には、注文者は、請負人に対し、相当の期間を定めて、その修補の請求をすることができるものとする。」という部分は、（略）「瑕疵」という文言を用いずにこの実質を書き下したものであり、同条本文の実質を維持するものである。

(4) 「注文者の供した材料の性質又は注文者の与えた指図」による契約不適合は免責される

●改正民法636条（請負人の担保責任の制限）
　請負人が種類又は品質に関して契約の内容に適合しない仕事の目的物を注文者に引き渡したとき（その引渡しを要しない場合にあっては、仕事が終了した時に仕事の目的物が種類又は品質に関して契約の内容に適合しないとき）は、注文者は、注文者の供した材料の性質又は注文者の与えた指図によって生じた不適合を理由として、履行の追完の請求、報酬の減額の請求、損害賠償の請求及び契約の

166

解除をすることができない。ただし、請負人がその材料又は指図が不適当であることを知りながら告げなかったときは、この限りでない。

　後記第3節で説明するとおり、「契約の内容に適合しない」仕事の目的物が注文者に引き渡された場合、注文者には、損害賠償請求、追完（修補）請求、報酬減額請求、契約解除が認められますが、「注文者の供した材料の性質又は注文者の与えた指図によって生じた不適合」については、これらの請求が認められません（改正民法636条本文）。ただし、契約不適合があることについて、「請負人がその材料又は指図が不適当であることを知りながら告げなかったとき」は、上記の各権利行使を行うことができないこととされました（同条但書）。これらの内容は、現行民法と変わりありません。

2. 改正民法による実務対応

（1）建築請負契約を締結する動機・目的等を明らかにする

　前記第1章第2節 **2**. (1)で説明した売買と同様に、改正民法では、契約不適合責任における「契約の内容」とは何かが必ずしも明らかではないことから、その解釈を巡って争いになる事態が予想されます。

　また、改正民法の下では、裁判所が、「契約の内容に適合しない」かどうかの判断について、現行民法における「瑕疵」かどうかの判断とは異なる解釈を採る可能性も否定できません。

　後の紛争をできる限り予防し、不測の損害を被る事態を避けるためには、建築請負契約書等においても、契約をした動機・目的や契約締結に至る経緯等をできる限り明確にすることで、「契約の内容」とは何かを明らかとすることが重要です。

POINT　「契約の内容」を明らかにするために、契約をした動機・目的、契約締結に至る経緯をできる限り明確にすることを検討

第3章　建築請負業（請負）

(2) 請負契約の特殊性を踏まえて「契約の内容」（仕様や要求水準）を特定する

　建築請負契約においては、設計図、仕様書（特記仕様書、標準仕様書）（使用する部材やその種類、メーカー名や品番・数量、施工方法等を記載したもの）のほか、現場説明書や質問回答書（発注者が工事業者に対して契約条件や工事概要を説明するための書類及びこれに対する回答書）その他の関連資料等に具体的に契約の内容（目的物の仕様等）等が記載されるのが通常です（後述の民間工事請負契約約款第1条の2のc号参照）。

　もっとも、以下で説明するとおり、建築請負の特殊性を踏まえて「契約の内容」を判断する必要があることに留意すべきです。

ア．「契約の内容」（建物の仕様）の形成・変更プロセスを理解する

　建築請負の実務においては、契約内容（建築される建物の仕様）が契約締結時にすべて詳細に決まっているとは限りません。つまり、建物建築の注文者と請負人が建築建物の概要（細部を除く）に合意して請負契約を締結した後に、**その詳細（寸法・使用部材その他の仕様）は設計、施工を進めながら徐々に形成、変更を重ねて特定していく**ということがよく見られます。また、いったん建築内容（建物の仕様）を決めた後であっても、施工中に詳細設計を修正・変更するケースも多々存在します（【参考文献32】16、17頁、【参考文献20】345頁等）。

　仕様の詳細が徐々に確定していく過程では、当事者間の意思の食い違いが発生しやすく（発注者と請負人間の意思疎通がなされないままに工事が進められるケースも少なくありません）、注文者が意図したものと実際に完成した建物が違うとか、当初予定していなかった追加工事が必要となった場合の費用（又は設計変更が行われた場合の追加費用）について注文者と請負人のどちらの当事者が負担するのかなどについてトラブルが発生するケースも多く見られます（【参考文献35】212、344頁）。

　このように建物の仕様が設計・施工の各過程を経て決定するような場合には、契約内容に適合するかどうかをどのように判断すべきかを明確にすることが求められます。後の紛争をできる限り予防するためには、仕様の詳細が確定・修正された場合に、見積書の修正を行うことや注文者に承認を求めることにより、合意された契約内容の特定を行うことが重要となります（【参考文献3】99頁参照）。

168

> **POINT**
>
> ◆建築建物の仕様が設計・施工の各過程を経て決定するような場合には、仕様の詳細が確定・修正される都度、見積書の修正を行うことや注文者に承認を求めることで合意された契約内容の特定を行うことを検討
> ◆その他、仕様の確定プロセス（承認プロセス）を明確にすることを検討

　なお、国土交通省や各地方自治体から、建築請負工事における設計変更に関するガイドラインが公表されていますので（例えば、東京都の「工事請負契約設計変更ガイドライン〔建築工事編〕〔平成30年4月版〕）、これらを参照することが考えられます。

イ．"性能発注"における「契約の内容」の考え方を理解する

　「性能発注」とは、注文者が求める機能等を実現することを担保するために、性能要件や技術水準を提示して発注する方式です。よく行われている「仕様発注」のように建物建築に使用する具体的な部材、配置、施工方法等の仕様の詳細を決めるのではなく、建物や設備がどのような能力・機能を有するのかという「性能」から条件を設定することになります。例えば、生鮮魚市場の空調・衛生設備等について、専門業者に依頼して発注者が求める機能を確保したいといった場合に、性能発注の方法を選択することなどが考えられます。

【表】仕様発注と性能発注の相違点

仕様発注	性能発注
建築物の配置・構造・建築部材等に関わる詳細な要件等の仕様書を作成して発注	建築物の性能・機能要件や技術水準を提示して、詳細な施工手法や使用部材等は問わずに、裁量の下で要求水準を満たすよう発注
・「施工方式は○○に従う」 ・「部材・材料は○○を使用する」	・「○○の機能を達成する」

　性能発注の場合、「契約の内容」は、建築される建物が**「設計書や仕様書どおりに作られているか否か」**ではなく、**「性能基準を満たしているか否か」**という基準で判断することになるとも考えられるため、契約内容として性能発注であることや、求められる性能要件を明確にすることが必要です（【参考文献3】99頁参照）。

169

第3章　建築請負業（請負）

POINT
◆性能発注の場合には、「契約の内容」は、建築される
建物が「設計書や仕様書どおりに作られているか否
か」ではなく、「性能基準を満たしているか否か」と
いう基準で判断することになることを確認
◆契約内容として、性能発注であることや、求められる
性能要件を明確にすることが必要

契約条項例	第8節【書式例】1条参照

【仕様発注の場合】

　乙(請負人) は、［見積要領書（現場説明書及び質問回答書）、特記仕様
書、設計図書、標準仕様書］［本契約書に添付された○○］に表示さ
れた仕様の建物建設工事を行うことを甲（注文者）に対し約するものと
する。

【性能発注の場合】

　乙(請負人) は、本契約書に添付された［○○］に表示された性能を
満たす物件の建物建設工事を完了することを甲（注文者）に対し約する
ものとする。

(3) 「契約の内容」を特定するための資料の作成

ア.「契約の内容」を特定するために重視される資料を理解する

　前記(1)で説明したとおり、改正民法下において、契約不適合責任で問題と
なる「契約の内容」とは何かが必ずしも明らかではないため、その解釈を巡っ
て争いになる事態が予想されます。

　建築工事において合意された契約内容が問題となる場面としては、建築工事
の施工中に当初予定していたのと異なる工事が必要となったケースで、当該工
事が新たな追加・変更工事となるのか（追加の報酬を請負人に支払う必要があるの
か）、当初工事の範囲内となるのか（当初の報酬を支払えば足りるのか）に関して争
いとなる場合があります。

170

第2節　新設される契約不適合責任（請負）の実務対応

　この場合、当該建築請負契約に関する様々な事情を総合的に考慮して判断することになりますが、その際、裁判例においては以下の表のような資料を重視して判断を下しているように思われます（【参考文献20】372、376頁、【参考文献33】91頁、【参考文献3】100頁参照等）。

【表】「契約の内容」を特定するために重視される資料

```
①　契約書、契約図面等
②　打合せ記録、議事録
③　注文書、見積書、請求書
④　電子メール、メモ、図面の書き込み等
```

　具体的な案件において、仕様変更の際の手続が予め定められているような場合であっても、実務上は、建築施工現場で、口頭で合意することにより仕様の詳細が確定することや仕様変更がなされることもあり、その場合には議事録や打合せ記録等により、合意内容を把握することになります。その他、当事者間でやり取りされた電子メールのほか、メモや図面への書き込みなども合意内容を特定するための証拠となり得ます（【参考文献32】73頁、【参考文献20】372頁、【参考文献3】100頁参照等）。

POINT　合意内容を特定するための証拠となり得ることを意識して議事録や打合せ記録等を作成

イ．「契約の内容」を特定するために参考となる設計図書類を理解する

　契約内容の特定には特に設計図書類が重要ですが、上記のとおり、実施設計の終了後も仕様の詳細化や変更が行われるため、最終的にどの仕様で合意したのかを特定する必要があります。

　設計図書類には、設計図、仕様書（特記仕様書、標準仕様書）のほか、現場説明書や質問回答書等があります。設計図には、意匠図、設備図、構造図等があります。ここでいう意匠図（一般図）とは、建築の設計内容を全体的に示す図面ですが、そのなかには配置図、平面図、立面図、断面図、矩計図、詳細図、天井伏図、展開図、仕上げ表等があります（【参考文献20】376頁、【参考文献33】89頁、【参考文献3】100頁参照等）。

　契約内容に適合しているかどうかは、これらの設計図書類との不一致の内

171

容、程度、その他の事情によって判断されることになります。

　なお、工事請負契約約款等は定額請負を予定しており、請負契約の多くは定額の請負金額となります。定額請負の金額は、上記のような仕様書、内訳明細書、設計図書等で、材料費、労務費、その他の経費を数量及び単価により積算することにより算定されます。

(4)　「注文者の供した材料の性質又は注文者の与えた指図」といえるかどうかを判断する

　前記■(4)で説明したとおり、「契約の内容に適合しない」仕事の目的物が注文者に引き渡された場合であっても、**「注文者の供した材料の性質又は注文者の与えた指図によって生じた不適合」**については、請負人の担保責任は生じません（改正民法636条本文）。

　ここでいう「指図」には、注文者の単なる希望などはあてはまらず、請負人を拘束する性質のものに限るとして、免責される場合を厳格に解すべきであるとされています（東京地判平成3年6月14日・判時1413号78頁）。実際のところ、注文者の希望の表明にすぎないのか、請負人を拘束するほどの指示なのかの判断は微妙な問題であり、注文者の言動だけでなく、当該工事の内容、指示内容についての当事者の知識、両者の関係、注文者が指示をするに至る経過などを総合的に判断して、請負人を拘束するほどものであったかどうかを判断するほかないとされています（【参考文献20】381頁以下等参照）。

　この点について、民間（旧四会）連合協定・工事請負契約約款（2017年12月改正）（以下「民間工事請負契約約款」といいます）17条(5)項、27条(6)項を参考に、以下のような契約条項とすることも考えられます。なお、民間工事請負契約約款については、2019年9月頃に民法改正を踏まえて改定されることが公表されています。

契約条項例	第8節【書式例】6条6項参照

　前各項の規定にかかわらず、次の各号の一によって生じた工事用図書のとおりに実施されていないと認められる施工については、乙（請負人）は、責任を負わない。

　(1)　甲（注文者）又は監理者の指示によるとき。

（2）支給材料、貸与品、工事用図書に指定された工事材料もしくは建築設備の機器の性質又は工事用図書に指定された施工方法によるとき。

（3）その他、本件工事について甲（注文者）又は監理者の責めに帰すべき事由によるとき。

（4）本条の場合であっても、施工について乙（請負人）の故意もしくは重大な過失によるとき、又は乙（請負人）がその適当でないことを知りながらあらかじめ甲（注文者）もしくは監理者に通知しなかったときは、乙（請負人）は、その責任を免れない。ただし、乙（請負人）がその適当でないことを通知したにもかかわらず、甲（注文者）又は監理者が適切な指示をしなかったときはこの限りでない。

　なお、民間工事請負契約約款20条2項では、施工一般について生じた損害について、発注者が責任を負う場合が規定されています。

●民間工事請負契約約款20条（施工について生じた損害）
（1）この工事の完成引渡しまでに、この契約の目的物、工事材料、建築設備の機器、支給材料、貸与品、その他施工について生じた損害は、受注者の負担とし、工期は延長しない。
（2）本条(1)の損害のうち、次の各号の一の場合に生じたものは、発注者の負担とし、受注者は、発注者に対してその理由を明示して必要と認められる工期の延長を求めることができる。
　a. 発注者の都合によって、受注者が着手期日までにこの工事に着手できなかったとき、又は発注者がこの工事を繰延べもしくは中止したとき。
　b. 支給材料又は貸与品の受渡しが遅れたため、受注者がこの工事の手待又は中止をしたとき。
　c. 前払又は部分払が遅れたため、受注者がこの工事に着手せず又はこの工事を中止したとき。
　d. その他、発注者又は監理者の責めに帰すべき事由によるとき。

第3章　建築請負業（請負）

第**3**節 注文者の権利行使手段
に関する実務対応

1. 総　論

　前記第2節**1.**(4)で説明したとおり、改正民法では、契約不適合の状態に応じて、請負契約の注文者に、①追完（修補）請求（改正民法562条1項）、②代金減額請求（改正民法563条1項、2項）、③契約の解除（改正民法541条、542条）、④損害賠償請求（改正民法415条）が認められることになります。

　その内容は、前記第1章第3節で説明した内容と基本的に同様ですので、そちらもご参照ください。以下においては、売買と異なる点などを中心に説明します。

2. 追完請求権（修補請求等）

(1) 改正のポイント

ア．修補請求については売買の規定が準用される

●改正民法562条（買主の追完請求権）
1. 引き渡された目的物が種類、品質又は数量に関して契約の内容に適合しないものであるときは、買主は、売主に対し、目的物の修補、代替物の引渡し又は不足分の引渡しによる履行の追完を請求することができる。
　ただし、売主は、買主に不相当な負担を課するものでないときは、買主が請求した方法と異なる方法による履行の追完をすることができる。
2. 前項の不適合が買主の責めに帰すべき事由によるものであるときは、買主は、同項の規定による履行の追完の請求をすることができない。

●改正民法636条（請負人の担保責任の制限）
　請負人が種類又は品質に関して契約の内容に適合しない仕事の目的物を注文者に引き渡したとき（その引渡しを要しない場合にあっては、仕事が終了した時に仕事の目的物が種類又は品質に関して契約の内

> 容に適合しないとき）は、注文者は、注文者の供した材料の性質又は注文者の与えた指図によって生じた不適合を理由として、履行の追完の請求、報酬の減額の請求、損害賠償の請求及び契約の解除をすることができない。ただし、請負人がその材料又は指図が不適当であることを知りながら告げなかったときは、この限りでない。

　現行民法上、請負については、売買とは異なり、目的物に瑕疵があった場合の瑕疵担保責任として注文者の修補請求権（現行民法634条）が規定されています。これに対し、前記第2節**1.(1)**で説明したとおり、改正民法では、同規定は削除され、売買における契約不適合責任の規定が準用されることになりました。そのため、改正民法では、売買と同様に、請負人が契約の内容に適合しない目的物等を引き渡した場合には、履行が不能である場合等を除き、注文者には追完請求権が認められます（改正民法559条、562条1項）。追完請求の具体的内容について、売買においては、売買対象物に欠陥があった場合には欠陥のない代替物の引渡し又は欠陥箇所の修補を求めること、売買対象物の数量が不足する場合には不足分の引渡しを求めることが認められますが、請負の場合にも同様に欠陥箇所の修補を求めることが可能です。その意味では現行民法からの実質的な変更はないように見えますが、改正法では以下に述べるような違いがあるため注意が必要です。

　例えば、追完の方法が複数ある場合にどの方法を選ぶかについては注文者に選択権がありますが、注文者に「不相当な負担を課すものではないとき」は、請負人は注文者が選択したのとは異なる方法での履行の追完（修補）をすることが可能とされています。例えば、注文者が建築建物の施工をはじめからやり直すよう要求した場合であっても、請負人は、注文者に不相当な負担を課すことのない範囲で、施工された建築建物の修補工事により対応することも可能となります。

イ．修補請求ができない場合の要件が現行民法から変更される

　現行民法では、①請負契約の目的物の"瑕疵が重要でない"こと、②修補に"過分の費用を要する"ことという2つの要件が満たされるときは、注文者は請負人に瑕疵の修補を請求することができないとされています（現行民法634条1項但書）。

> **●現行民法634条（請負人の担保責任）**
> 1. 仕事の目的物に瑕疵があるときは、注文者は、請負人に対し、相当の期間を定めて、その瑕疵の修補を請求することができる。ただし、瑕疵が重要でない場合において、その修補に過

分の費用を要するときは、この限りでない。
2. 注文者は、瑕疵の修補に代えて、又はその修補とともに、損害賠償の請求をすることができる。この場合においては、第533条の規定を準用する。

　また、民間工事請負契約約款17条1項、27条1項においては、下記のとおり規定されています。

●民間工事請負契約約款17条（工事用図書のとおりに実施されていない施工）
(1) 施工について、工事用図書のとおりに実施されていない部分があると認められるときは、監理者の指示によって、受注者は、その費用を負担して速やかにこれを補修又は改造する。このために受注者は、工期の延長を求めることはできない。

●民間工事請負契約約款27条（瑕疵の担保）
(1) この契約の目的物に施工上の瑕疵があるときは、発注者は、受注者に対して、相当の期間を定めて、その瑕疵の修補を求め、又は修補に代えもしくは修補とともに損害の賠償を求めることができる。ただし、瑕疵が重要でなく、かつ、その修補に過分の費用を要するときは、発注者は、修補を求めることができない。

　しかし、改正民法では現行民法634条は削除され、注文者が修補請求をすることができるか否かは履行請求権の一般原則により処理されることになりました。そのため、履行不能の規定（改正民法412条の2）における「契約その他の債務の発生原因及び取引上の社会通念に照らして不能であるとき」にあたるか否かで判断されることになります（法務省民事局参事官室「民法〔債権関係〕の改正に関する中間試案の補足説明〔平成25年7月4日補訂〕」106頁参照）。

◆法務省民事局参事官室「民法（債権関係）の改正に関する中間試案の補足説明（平成25年7月4日補訂）」106頁《http://www.moj.go.jp/content/000112247.pdf》
- -
　（略）履行請求権の限界事由に該当するか否かの判断基準につき、伝統的な学説は「取引通念（社会通念）」によって判断するとしている一方、近時の学説は、契約の趣旨に照らして債務者に債務の履行を期待するのが相当か否かという観点から履行請求権の限界事由を判断しているとされる。もっとも、部会における議論を見ても、両者の考え方は、具体的な考慮要素等についてほとんど違いがないということができる。すなわち、履行請求権の限界事由を「契約の趣旨」によって判断する考え方は、明示の合意のみを考慮するという考え方ではなく、契約の性質、契約をした目的、契約締結に至る経緯等、当該契約をめぐるさまざまな事情に加え、その契約に関する取引通念をも考慮要素に含むものとし、そのような考慮要素に基づく判断を「契約の趣旨に照らして」と表現しようとする考え方である（略）。他方、「取引通念（社会通念）」を判断基準とすることを支持する考え方も、履行請求権の限界事由の有無を判断するにあたって当該契約をめぐる事情が中心的な判断基準となることは承認しており、明示の合意内容のみが過度に重視されることへの懸念から社会通念を補充的な考慮要素とすべきであるというのであって、契約をめぐる事情を一切捨象して不能か否かを評価判断すべきとする考え方は示されなかった。

第3節　注文者の権利行使手段に関する実務対応

　　以上を踏まえると、履行請求権の限界事由を明文化するに当たっては「契約の趣旨」を基本的な判断要素として条文上明記することが適切であると考えられる。

(2) 改正民法による実務対応

ア．追完方法の内容（建替え・補修）や追完方法の決定者をあらかじめ合意する

　実務上問題となるのは、追完方法・修補方法の内容について、注文者・請負人間で見解の対立が生じるようなケースです。

　追完請求（修補請求）を行う場面において、製品の売買契約では、かえって修理コストが高いという理由により新品（代替品）と交換することが選択される場合もありますが、建築工事の請負契約においては、建築工事のやり直しではなく修補によって対応するのが経済合理的であるケースが多いと思われます。例えば、注文者が建築建物の施工をはじめからやり直すこと（建替えその他の完全な追完）を要求する一方で、請負人は欠陥として認められる範囲の必要最小限の修補工事（相対的にコストの安価な必要最低限の対策）により対応することを主張し、争いとなることが想定されます。

　現行民法下においても、補修方法を巡って争いとなるケースは少なくありません。

　後の紛争をできる限り避けるためには、建築請負契約書において、追完（修補）方法をあらかじめ特定の方法に限定すること（例えば、建替えの方法を排除するなど）、もしくは、注文者（又は請負人）のみが追完方法を指定できること（又は一方当事者の選択権を排除すること）を規定しておくことなども考えられます。もっとも、契約において追完方法の一方的指定権を規定していても、選択された追完方法が不合理なものであるような場合には、効力が否定される可能性がありますので、合理的な内容の選択をすることになります。

POINT

◆追完（修補）方法をあらかじめ特定の方法に限定することを検討

◆注文者（又は請負人）のみが追完方法を指定できること（又は一方当事者の選択権を排除すること）を規定しておくことを検討

177

第3章　建築請負業（請負）

契約条項例	第8節【書式例】6条1項参照

1. 甲（注文者）に引き渡された本物件が種類、品質又は数量に関して契約の内容に適合しないものであるときは、甲（注文者）は、相当の期間を定めて、甲（注文者）の指定した合理的な方法により本物件の修補による履行の追完を請求することができる。
2. 民法562条1項但書は、本契約には適用しない。

イ．追完請求ができない場合（補修する必要がない場合）を明確にする

　前記(1)イで説明したとおり、改正民法では、修補請求をすることができるか否かは、履行不能の規定（改正民法412条の2）により「契約その他の債務の発生原因及び取引上の社会通念に照らして不能であるとき」にあたるか否かで判断されることになります。

　もっとも、現行民法で請負人の修補が免責される要件である①目的物の"瑕疵が重要でない"こと、②修補に"過分の費用を要する"ことという2つの要件は、改正民法下においても、「追完不能」の解釈にとって有意な準則として維持・統合されているとの指摘があります（【参考文献21】314頁、【参考文献23】443頁参照）。例えば、目的物の建替えや修補に過大の費用を要する場合には、履行の追完をすることが不能と判断され、報酬減額、契約解除、損害賠償などによって対応することを求められる場合があると考えられます。

　しかし、どのような場合であれば（どの程度の状況となれば）追完不能とされるのかは必ずしも明らかではありません。

　そこで、後の紛争をできる限り避けるためには、建築請負契約書において、追完・修補に一定額以上の費用を要する場合（例えば、「追完・修補に要する金額が○円を超える場合」、「追完・修補に要する金額が請負代金額の○割を超える場合」）には、請負人は修補する義務を免れ、他の権利行使手段で対応することができることを規定することなども考えられます（【参考文献1】99頁、【参考文献3】101頁参照）。

POINT
◆どのような場合に請負契約の追完（修補）が不能となるかを明確にすることを検討
◆追完・修補に過大の費用を要する場合には修補を行わ

第3節　注文者の権利行使手段に関する実務対応

ず、他の権利行使手段で対応することができることを規定することを検討

契約条項例	第8節【書式例】6条1項参照

　ただし、乙（請負人）は、本物件の修補が不可能（又は著しく困難）である場合、修補に過大の費用を要する場合（請負代金額の○割を超えた場合を含むがこれに限らない）、その他本契約の趣旨に照らして本物件の修補をすることが相当でないと認められる場合には、この限りではない。

ウ．建築建物の完了検査の手続を明確にする

　建物建築請負（成果完成型委任でも同様です）においては、建築請負契約等において、完了検査（検収）について規定されることも多いように思われます。

　例えば、民間工事請負契約約款23条においては、下記のとおり規定されています。

> **●民間工事請負契約約款23条（完成、検査）**
> (1) 受注者は、この工事を完了したときは、設計図書等のとおりに実施されていることを確認して、発注者に対し、監理者立会いのもとに行う検査を求める。
> (2) 本条 (1) の検査に合格しないときは、受注者は、工期内又は監理者の指定する期間内に修補又は改造して、発注者に対し、監理者立会いのもとに行う検査を求める。

　完了検査に合格するか否かは、前記第2節**1**(3)で説明した「契約の内容」に合致したものかどうかによって判断されます。具体的には、設計図、仕様書（特記仕様書、標準仕様書）、現場説明書や質問回答書等のほか、法令・指針その他の基準によって判断されることになります。

　実務上は、完了検査に合格しなかった場合には、請負人の負担により修補等を行うこと、完了検査に合格したことを報酬（請負代金）の支払条件とすることを規定する例も見られます。

　後の紛争を避けるためには、建築請負契約書等において、完了検査を行う際の判断基準、完了検査に合格しなかった場合の修補義務、報酬（請負代金）の支払い留保の可否等を明らかにしておくことが考えられます。

　なお、請負人から、完了検査に合格したことや完了検査不合格後に修補を実

179

施したことをもって、契約不適合責任その他の責任が免責されたとの主張がなされることもあり得ます。そのため、この点についての取扱い（「完了検査に合格したこと、又は完了検査不合格後に修補を実施したことをもって、契約不適合責任その他の責任が免責されることはない」など）も明確にしておくことが考えられます。

POINT

◆完了検査の判断基準、完了検査に合格しなかった場合の修補義務、報酬（請負代金）の支払い留保の可否等を明確にすることを検討

◆完了検査に合格したこと、又は完了検査不合格後に修補を実施したことをもって、契約不適合責任その他の責任が免責されるのか否かについて明確にすることを検討

3. 報酬（請負代金）減額請求権

(1) 改正のポイント

●改正民法563条 （買主の代金減額請求権）

1. 前条第1項本文に規定する場合において、買主が相当の期間を定めて履行の追完の催告をし、その期間内に履行の追完がないときは、買主は、その不適合の程度に応じて代金の減額を請求することができる。
2. 前項の規定にかかわらず、次に掲げる場合には、買主は、同項の催告をすることなく、直ちに代金の減額を請求することができる。
   一 履行の追完が不能であるとき。
   二 売主が履行の追完を拒絶する意思を明確に表示したとき。
   三 契約の性質又は当事者の意思表示により、特定の日時又は一定の期間内に履行をしなければ契約をした目的を達することができない場合において、売主が履行の追完をしないでその時期を経過したとき。
   四 前三号に掲げる場合のほか、買主が前項の催告をしても履行の追完を受ける見込みがないことが明らかであるとき。
3. 第1項の不適合が買主の責めに帰すべき事由によるものであるときは、買主は、前2項の規定による代金の減額の請求をすることができない。

改正民法では、売買の契約不適合責任の規定は請負にも準用されることから（改正民法559条）、請負人が契約の内容に適合しない目的物等を引き渡したとき

には、注文者の責めに帰すべき場合を除き、報酬（請負代金）減額請求権が認められます（改正民法559条、563条1項、2項）。

報酬減額請求（代金減額請求）について、その詳細は前記第1章第3節**3**.(1)で説明したとおりです。

(2) 改正民法による実務対応

ア．報酬減額請求の要件として相手方の帰責事由を求める

前記第1章第3節**3**.(2)アで説明したとおりです。

改正民法では、報酬減額請求は請負人の無過失責任であるため、請負人として、自分に落ち度がないときにまで責任を負いたくないという場合には、建築請負契約書において、報酬減額請求権の要件として損害賠償請求と同様に請負人の帰責事由を求めることを規定しておくことが考えられます。

> **POINT** 報酬減額請求権の要件として損害賠償請求と同様に請負人の帰責事由を求めることを検討

イ．報酬減額請求を行使するのに必要となる事前の催告を不要とする

前記第1章第3節**3**.(2)イで説明したとおりです。

改正民法では、報酬減額請求をするためには、先ず追完の催告をする必要があるため、注文者として、追完の催告を要せずにただちに報酬減額請求ができるようにしたいという場合には、建築請負契約書において、その旨を明記することが必要となります。

> **POINT** 追完の催告を要せずに報酬減額請求ができる条項とすることを検討

契約条項例	第8節【書式例】6条2項・3項参照

甲（注文者）に引き渡された本物件が種類、品質又は数量に関して契約の内容に適合しないものであるときは、催告を要することなく、甲（注文者）は、その不適合の程度に応じて請負代金の減額を請求するこ

とができる。

　ただし、その債務の不履行が契約その他の債務の発生原因及び取引上の社会通念に照らして乙（請負人）の責めに帰することができない事由によるものであるときは、この限りでない。

ウ．減額報酬の算定方法をあらかじめ決める

　前記第1章第3節 **3.** (2) **ウ**で説明したのと同様に、報酬減額の算定方法は実務上問題となる可能性があります。この点について、改正民法では「不適合の程度に応じて」報酬の減額を請求できると規定されているのみで、具体的な算定方法は明らかではありません（改正民法563条）。

　そのため、報酬減額の算定方法について後の紛争を避けるために、建築請負契約書において、報酬減額請求の算定方法や算定基準時等について定めておくことが考えられます。例えば、契約締結時又は引渡し時の"適合物であれば有する価値"と"実際に引き渡された不適合物の価値"の差額を減額することなどが考えられます。また、他の考え方として、契約不適合箇所の修補にかかった実費用（その他契約不適合を解消するのに要した費用）や、その見積額をもって報酬減額請求の金額とする等の方法を採ることも考えられます（【参考文献1】100頁参照）。

POINT
- ◆報酬減額請求の算定方法や算定基準時が明確にすることを検討
- ◆契約不適合箇所の修補にかかった実費用（その他契約不適合を解消するのに要した費用）等をもって報酬減額請求の金額とすることを検討

エ．報酬減額請求と他の救済手段の関係を整理する

　前記第1章第3節 **3.** (2) **ア**で説明したとおりです。

第3節　注文者の権利行使手段に関する実務対応

4. 損害賠償請求権

(1) 改正のポイント

●改正民法564条（買主の損害賠償請求及び解除権の行使）
　　前二条の規定は、第415条の規定による損害賠償の請求並びに第541条及び第542条の規定による解除権の行使を妨げない。

●改正民法415条（債務不履行による損害賠償）
1. 債務者がその債務の本旨に従った履行をしないとき又は債務の履行が不能であるときは、債権者は、これによって生じた損害の賠償を請求することができる。
　　ただし、その債務の不履行が契約その他の債務の発生原因及び取引上の社会通念に照らして債務者の責めに帰することができない事由によるものであるときは、この限りでない。
2. 前項の規定により損害賠償の請求をすることができる場合において、債権者は、次に掲げるときは、債務の履行に代わる損害賠償の請求をすることができる。
　　一　債務の履行が不能であるとき。
　　二　債務者がその債務の履行を拒絶する意思を明確に表示したとき。
　　三　債務が契約によって生じたものである場合において、その契約が解除され、又は債務の不履行による契約の解除権が発生したとき。

●改正民法416条（損害賠償の範囲）
1. 債務の不履行に対する損害賠償の請求は、これによって通常生ずべき損害の賠償をさせることをその目的とする。
2. 特別の事情によって生じた損害であっても、当事者がその事情を予見すべきであったときは、債権者は、その賠償を請求することができる。

ア．損害賠償請求をするには相手方の帰責事由が必要

　損害賠償請求についても、その詳細は前記第1章第3節**4.**(1)**ア**で説明したとおりです。

　改正民法においては、契約不適合があっても、「債務の不履行が契約その他の債務の発生原因及び取引上の社会通念に照らして債務者の責めに帰することができない事由によるものであるとき」は、損害賠償請求をすることはできません（改正民法415条1項但書）。

イ．損害賠償請求の範囲は履行利益に関する損害まで含む

　前記第1章第3節**4.**(1)**イ**で説明したとおりです。

第3章　建築請負業（請負）

ウ．債務の履行に代わる損害賠償（填補賠償）が認められる

なお、現行民法634条2項では、注文者は瑕疵の「修補に代えて」又は「修補とともに」損害賠償請求をすることができるとされていましたが、改正民法では同条項が削除されました。

●現行民法634条（請負人の担保責任）

1. 仕事の目的物に瑕疵があるときは、注文者は、請負人に対し、相当の期間を定めて、その瑕疵の修補を請求することができる。ただし、瑕疵が重要でない場合において、その修補に過分の費用を要するときは、この限りでない。
2. 注文者は、瑕疵の修補に代えて、又はその修補とともに、損害賠償の請求をすることができる。この場合においては、第533条の規定を準用する。

改正民法においては、前記第1章第3節 **4.** **(1) ウ**で説明したとおり、改正民法415条2項で、修補請求権に「代えて」損害賠償（填補賠償）請求権を行使できる場合を、①履行不能の場合、②相手方が明確に履行拒絶した場合、③契約の解除権が発生した場合として挙げています。

(2) 改正民法による実務対応

ア．損害賠償の要件として帰責事由を不要とする

前記**(1) ア**で説明したとおり、改正民法においては、請負の目的物に契約不適合があっても、**「債務の不履行が契約その他の債務の発生原因及び取引上の社会通念に照らして債務者の責めに帰することができない事由によるものであるとき」**は、損害賠償請求をすることはできません（改正民法415条1項但書）。

そのため、注文者（請負における完成物の引渡義務についていえば債権者）として、現行民法の瑕疵担保責任（現行民法570条）と同様に、請負人（債務者）に無過失責任を負わせたい（帰責事由がない場合でも責任を負わせたい）という場合には、建築請負契約書においてその旨を規定することが考えられます（【参考文献2】109頁参照）。

他方で、請負人としては、その責任範囲を限定するために故意又は重過失がある場合にのみ責任を負う旨を規定することも考えられます。

POINT ◆契約不適合責任に基づく損害賠償請求について、注文者としては、請負人に無過失責任を負わせることを検討

第3節　注文者の権利行使手段に関する実務対応

◆**請負人としては、故意又は重過失がある場合にのみ責任を負うとすることを検討**

イ．損害賠償の要件である帰責事由の有無について判断基準を明確にする

　前記第1章第3節**4**.(2)イで説明したとおりです。

　後の紛争をできる限り避けるためには、建築請負契約書において、帰責事由の有無について判断するための考慮要素・判断基準（例えば、どのような要素を考慮して帰責事由の有無を判断するのか、どの程度の事情があれば帰責事由があると認めるのかなど）を明確にしておくことが考えられます。

　また、請負人が売買契約上の義務の履行の一部又は全部を第三者に委託した場合において、注文者が、このようなときでも請負人に請負契約上の責任を負わせたいのであれば、その旨を建築請負契約書で明確にしておくことが考えられます。

POINT

◆**契約不適合責任に基づく損害賠償請求について、請負人の帰責事由の有無を判断するための考慮要素・判断基準を明確にしておくことを検討**
◆**請負人が請負契約上の義務を第三者に委託した場合に、委託した業者の過失についても請負人が責任を負うことを明確にすることを検討**

ウ．損害賠償の要件である帰責事由の立証責任を転換する

　前記第1章第3節**4**.(2)ウで説明したとおりです。

　請負人（債務者）として、帰責事由の立証責任を注文者（債権者）に負わせたい場合、すなわち改正民法415条で規定されている帰責事由の立証責任を転換したい場合には、建築請負契約書において、その旨を規定することが考えられます。

POINT

契約不適合責任に基づく損害賠償請求について、帰責事由がないことの立証責任を債権者（注文者）に転換することを検討

185

第3章　建築請負業（請負）

エ. 請負人が負担する損害賠償として認められる範囲を明確にする

前記第1章第3節 **4.**(2)エで説明したのと同様に、実際の紛争において認められる損害賠償の対象や範囲は必ずしも明確とはいえません。

そこで、後の紛争を避けるために、建築請負契約書においても、以下のように損害賠償の対象や範囲を明記しておくことが例として考えられます。この場合、注文者としては損害賠償の範囲をできる限り広くすることを希望し、他方で、請負人としては損害賠償の範囲をできる限り限定する（報酬額に比して過大な責任を負わないようにする）ことを希望するものと想定されます。

下表は、それぞれの立場から有利となる定め方の例です（【参考文献2】109頁参照）。

【表】請負契約書で規定することが考えられる損害賠償の対象・範囲

	立　場	損害賠償の対象や範囲
①	注文者に有利	被った一切の損害を賠償の対象とする
②	請負人に有利	被った損害のうち、賠償の対象を通常かつ直接の損害に限定する （間接損害や予見すべき特別事情による損害を排除する）
③	請負人に有利	被った損害のうち、一定の金額までを損害の対象とする （賠償額の上限を設定する）
④	（高額の場合） 注文者に有利 （低額の場合） 請負人に有利	被った損害にかかわらず、賠償額を固定額とする

上記表の③の場合には、請負人が受け取る報酬（請負代金）を上限として（又はその一部を上限として）責任を負うことを規定する例もみられます。

なお、当該特約条項が無効と判断されないように公序良俗や宅地建物取引業法、消費者契約法、その他の法令等に留意して適切な金額とすることを検討する必要があります。消費者契約法その他注意すべき関連法に関する実務対応については、前記第1章第5節において説明したとおりです。

POINT
◆損害賠償の範囲について明確にすることを検討
① 被った一切の損害を賠償範囲に含めたい場合
② 通常かつ直接の損害に限定したい場合（間接損害や予見すべき特別事情による損害を排除したい場合）

③ 損害賠償額の上限を設定したい場合
④ 損害賠償額を固定額としたい場合(損害賠償額の予定)
◆公序良俗や宅地建物取引業法、消費者契約法、その他の法令等に留意して適切な金額とすることに注意

オ．損害賠償の費用・損害項目を具体的に規定する

　また、前記エで説明したとおり、実際の紛争において認められる損害賠償の対象や範囲は必ずしも明確とはいえません。後の紛争をできる限り避けるためには、建築請負契約書において、これまでの裁判例において損害賠償の対象として認められるかどうかが争いとなったような費用項目、また具体的に懸念される費用項目については、注文者又は請負人が負担すべき損害項目として規定することも考えられます。

　建築紛争に関する裁判例において損害賠償の対象として争われた具体的な損害項目については、【参考文献20】398頁以下、【参考文献35】151頁以下等もご参照ください。

POINT 契約不適合責任に基づく損害賠償請求について、注文者又は請負人が負担すべき費用・損害項目を明確にすることを検討

契約条項例	第8節【書式例】9条参照

1. （略）
2. （略）
3. 第1項及び前項の規定により当事者が賠償すべき損害には、[　　　]を含む（がこれに限られない）ものとする。
4. 第1項の規定による乙（請負人）の賠償金額は、<u>請負代金額の2割を上限とする</u>。

　　ただし、乙（請負人）に故意・重過失がある場合、又は第○条に規定する [　　　] の義務に違反した場合にはこの限りでない。

第3章　建築請負業（請負）

【表】建築紛争の裁判例において損害賠償の対象として争われた費用項目例

① 建物の修補費用
② 建替え費用（居住利益等の損益相殺）
③ 調査費用
④ 建物価値の減損分（工事代金と建物時価との差額、交換価値減額分）
⑤ 逸失利益・営業損害
⑥ 拡大損害（雨漏りによる建具や家具の汚損等）
⑦ 代替建物・引越に関する費用
⑧ 登記費用・印紙代・固定資産税、住宅ローン手数料・金利負担分等
⑨ 弁護士費用
⑩ 慰謝料

カ．請負人が予見すべき特別の損害に関する対象を明確にする

前記第1章第3節**4**.**(2)カ**で説明したとおりです。

現行民法416条2項において、特別損害についての損害賠償請求が認められる要件として、「予見し、又は予見することができたとき」と規定されていましたが、改正民法416条2項ではこれが「予見すべきであったとき」と改められました。

請負人としては、前記第1章第3節**4**.**(2)カ**で説明したのと同様に、建築請負契約において、間接的に生じた損害や将来生じるであろう損害など「特別な事情によって生じた損害」については、責任を負わない旨を規定することが考えられます。

POINT 請負人としては、間接的に生じた損害や将来生じるであろう損害など「特別な事情によって生じた損害」については責任を負わない旨を規定することを検討

キ．填補賠償が認められる場合について確認する

前記第1章第3節**4**.**(1)ウ**で説明したとおり、填補賠償とは、債務不履行があった場合に、履行に代わり、仮に債務が履行されたならば債権者（請負における完成物の引渡義務についていえば注文者）が得たであろう利益の全部の賠償を行うことをいいます。填補賠償請求は、注文者が契約内容に不適合な箇所の修補工事を自ら行い（又は業者に外注し）、請負人に対してその費用の賠償請求をするようなケースでも問題となり得ます。

188

現行民法634条2項では、注文者は、瑕疵の"修補に代えて"、又は"修補とともに"損害賠償請求（填補賠償の請求）をすることができるとされていましたが、改正民法では同条項は削除されました。改正民法においては、改正民法415条2項で、修補請求権に「代えて」損害賠償請求権（填補賠償請求権）を行使できる場合として、以下のとおり限定的に列挙しています。

① 履行不能の場合

② 相手方が明確に履行拒絶した場合

③ 契約の解除権が発生した場合

そのため、改正民法下では、法文上、現行民法と比較して填補賠償請求権を行使できる場合が少なくなるように思われます。

ク．第三者に対する損害賠償責任について明確にする

上記のような建築請負当事者に損害が生じる場合のほか、建築工事の施工の際に、騒音、振動、粉塵、地盤沈下、水質汚濁、倒壊事故、落下物による事故等によって第三者に損害が生じる場合も少なくありません。

民間工事請負契約約款では、このような第三者損害が生じた場合の責任分担や対応について規定しています（民間工事請負契約約款19条）。

●民間工事請負契約約款19条（第三者損害）

(1) 施工のため第三者に損害を及ぼしたときは、受注者がその損害を賠償する。ただし、その損害のうち発注者の責めに帰すべき事由により生じたものについては、発注者の負担とする。

(2) 本条(1)の規定にかかわらず、施工について受注者が善良な管理者としての注意を払っても避けることができない騒音、振動、地盤沈下、地下水の断絶などの事由により第三者に与えた損害を補償するときは、発注者がこれを負担する。

(3) 本条(1)又は(2)の場合、その他施工について第三者との間に紛争が生じたときは、受注者がその処理解決にあたる。ただし、受注者だけで解決し難いときは、発注者は、受注者に協力する。

(4) この契約の目的物に基づく日照阻害、風害、電波障害その他発注者の責めに帰すべき事由により、第三者との間に紛争が生じたとき、又は損害を第三者に与えたときは、発注者がその処理解決にあたり、必要あるときは、受注者は、発注者に協力する。この場合、第三者に与えた損害を補償するときは、発注者がこれを負担する。

(5) 本条(1)ただし書、(2)、(3)又は(4)の場合、受注者は、発注者に対してその理由を明示して必要と認められる工期の延長を請求することができる。

もっとも、このような規定を設けた場合であっても、あくまで発注者と受注者の間の責任関係を合意したものにすぎず、損害を被った第三者は、この規定の内容に縛られることなく、損害賠償請求を行うことができます。

注文者が契約内容に不適合な箇所の修補工事を外注し、当該費用の賠償を請負人に請求するケースなどで、どのような場合に填補賠償が認められるのかを確認

5. 請負契約の解除

(1) 改正のポイント

●改正民法541条（催告による解除）
　当事者の一方がその債務を履行しない場合において、相手方が相当の期間を定めてその履行の催告をし、その期間内に履行がないときは、相手方は、契約の解除をすることができる。
　ただし、その期間を経過した時における債務の不履行がその契約及び取引上の社会通念に照らして軽微であるときは、この限りでない。

●改正民法542条（催告によらない解除）
1. 次に掲げる場合には、債権者は、前条の催告をすることなく、直ちに契約の解除をすることができる。
　一　債務の全部の履行が不能であるとき。
　二　債務者がその債務の全部の履行を拒絶する意思を明確に表示したとき。
　三　債務の一部の履行が不能である場合又は債務者がその債務の一部の履行を拒絶する意思を明確に表示した場合において、残存する部分のみでは契約をした目的を達することができないとき。
　四　契約の性質又は当事者の意思表示により、特定の日時又は一定の期間内に履行をしなければ契約をした目的を達することができない場合において、債務者が履行をしないでその時期を経過したとき。
　五　前各号に掲げる場合のほか、債務者がその債務の履行をせず、債権者が前条の催告をしても契約をした目的を達するのに足りる履行がされる見込みがないことが明らかであるとき。
2. 次に掲げる場合には、債権者は、前条の催告をすることなく、直ちに契約の一部の解除をすることができる。
　一　債務の一部の履行が不能であるとき。
　二　債務者がその債務の一部の履行を拒絶する意思を明確に表示したとき。

●改正民法543条（債権者の責めに帰すべき事由による場合）
　債務の不履行が債権者の責めに帰すべき事由によるものであるときは、債権者は、前二条の規定による契約の解除をすることができない。

ア．解除するのに相手方の帰責性は不要

前記第1章第3節 **5** **(1)** アで説明したとおりです。

イ．債務不履行が「軽微」な場合には契約解除ができない

現行民法においては、瑕疵担保責任に基づき請負契約を解除するには、「目的物に瑕疵があり、そのために契約をした目的を達することができない」（現行民法635条本文）という要件が求められています。

●現行民法635条（請負人の担保責任）

仕事の目的物に瑕疵があり、そのために契約をした目的を達することができないときは、注文者は、契約の解除をすることができる。ただし、建物その他の土地の工作物については、この限りでない。

これに対し、改正民法においては、同条項は削除され、売買の規定と同様に（前記第1章第3節 **5** **(1)** イ参照）、債務不履行責任の一般原則に従い、追完の催告期間経過後に債務の不履行が「契約及び取引上の社会通念に照らして軽微である場合」には契約解除ができないこととされました（改正民法541条但書）。債務不履行が軽微でない限り、催告により解除できることになるため、現行民法下よりも解除が容易になる可能性もあります。

ウ．建物建築請負であっても解除が認められる

現行民法635条但書は、請負の目的物が「建物その他の土地の工作物」である場合には、注文者の契約解除を認めていません。

これに対し、改正民法では、同条項が削除されたことにより、請負契約の目的物が **「建物その他の土地の工作物」** であっても契約解除が認められることになりました。

なお、現行民法下でも、建築請負の目的物に重大な瑕疵があるために建て替えざるを得ない場合には建替費用相当額の損害賠償を認めるなど、瑕疵の程度によっては契約解除を認めたのと同様の負担を請負人に負わせるべき場合があることを前提した裁判例があることが指摘されています（最判平成14年9月24日・判時1801号77頁）。とはいえ、建築請負においても解除が正面から認められるようになることは、大きな変更と考えられます。

契約解除に関するその他の詳細は、前記第1章第3節 **5** **(1)** で説明したとおりです。

エ．一定の場合には無催告解除も認められる

前記第1章第3節 **5.(1)ウ**で説明したとおりです。

オ．注文者には（債務不履行を伴わない）任意解除権も認められる

上記の債務不履行解除のほか、注文者の都合で契約を任意に解除したいという場合には、請負人に損害を賠償することにより契約を解除することができることとされています（改正民法641条〔改正なし〕）。

> **●改正民法641条（注文者による契約の解除）**
> 請負人が仕事を完成しない間は、注文者は、いつでも損害を賠償して契約の解除をすることができる。

この場合に請負人に賠償すべき金額については、支出した費用のみならず、請負人が得られたであろう履行利益についての損害、拡大損害までとされる場合があることが指摘されています。損害の例としては、例えば、「仕事を続けることにより獲得することができたであろう技術・経験を活用して、請負人が将来得ることができた営業利益の損失」の賠償を含むと説明されています（【参考文献22】246頁）。

民間工事請負契約約款31条1項でも、同様の規定がなされています。

> **●民間工事請負契約約款31条（発注者の中止権、解除権）**
> (1) 発注者は、必要によって、書面をもって受注者に通知してこの工事を中止し又はこの契約を解除することができる。この場合、発注者は、これによって生じる受注者の損害を賠償する。

(2) 改正民法による実務対応

請負の解除に関する改正民法による実務対応も、基本的には売買に関する実務対応と同様です。

ア．解除要件として相手方の帰責事由を求める

前記第1章第3節 **5.(2)ア**で説明したとおりです。

請負人として、契約が解除される場面を限定したいという場合には、建築請負契約書において、契約不適合を理由とする契約解除の要件として請負人の帰責事由を要件とする旨を規定することが考えられます。

第3節　注文者の権利行使手段に関する実務対応

> **POINT**　相手方に帰責事由がある場合にのみ契約解除ができる契約条項とすることを検討

イ．解除の要件（債務不履行が軽微であり解除が認められない要件）を明確にする

前記第1章第3節**5**.(2)イで説明したとおりです。

請負人として契約解除される場面を限定したいということであれば、建築請負契約書において、「契約をした目的を達成することができない場合」に限り契約解除を認めることを規定するか、その他、契約解除することができる場合を明確にしておくことなどが考えられます。

他方で、注文者として契約解除する場面を限定したくないということであれば、建築請負契約書において、「契約をした目的を達成することができないかどうか」、「債務不履行が軽微であるかどうか」にかかわらず（つまりこれらの要件が満たされなかったとしても）、契約解除できることを規定することなどが考えられます。

> **POINT**　◆契約解除が認められない場合（債務不履行が「軽微である」場合）がどのような場合かを明確にすることを検討
> ◆請負人として、現行民法の規定に合わせて「契約をした目的を達成することができない」場合に契約解除ができることを規定することを検討
> ◆他方で、注文者として、「契約をした目的を達成することができないかどうか」、「債務不履行が軽微であるかどうか」にかかわらず、契約解除できることを規定することを検討

契約条項例	第8節【書式例】7条・8条参照

　甲（注文者）又は乙（請負人）が、本契約の債務を履行しない場合において、相手方が相当の期間を定めてその履行の催告をし、その期間内に履行がないときは、相手方は、本契約の目的を達成できない場合

193

第3章　建築請負業（請負）

に限り、契約の解除をすることができる。

ウ．解除の要件（債務不履行が軽微であり解除が認められない要件）について立証責任を転換する

前記第1章第3節 **5**.(2)ウで説明したとおりです。

請負人として、立証責任を注文者に負わせたい場合（立証責任を転換したい場合）には、建築請負契約書において、その旨を明記することが考えられます。

> **POINT** 契約解除する場合について、債務の不履行が「軽微である」ことの立証責任が債権者（注文者）に転換することを検討

エ．解除の要件（債務不履行が軽微であり解除が認められない要件）についての判断権者を明確にする

前記第1章第3節 **5**.(2)エで説明したとおりです。

注文者としては、建築請負契約書において、注文者が「軽微である」とはいえないと合理的に判断した場合には契約を解除することができる（要件の判断権者を注文者とする）ことを規定しておくということが考えられます（【参考文献20】78頁等参照）。

また、前記第1章第3節 **5**.(2)エで説明したのと同様に、注文者が、「契約目的を達成することができない」と合理的に判断した場合には契約を解除できることを規定することも考えられます。

> **POINT** 契約解除する場合について、債務の不履行が「軽微である」「契約目的を達成することができない」ことの判断権者を明確にすることを検討

契約条項例	第8節【書式例】7条・8条参照

　甲（注文者）は、乙（請負人）に次の事由のいずれか一つでも生じたときは、催告を要せず直ちに本契約を解除することができるものとする。

194

> （1）乙（請負人）から引き渡された本物件を甲（注文者）の事業の用に
>   供することが困難であると甲（注文者）が合理的に判断した場合
> （2）（略）

オ．契約の解除事由を具体的に列挙する

　実務上は、民間工事請負契約約款31条のように、解除の要件及び手続を具
体的に列挙する例も見られます。

> **●民間工事請負契約約款31条（発注者の中止権、解除権）**
> （1）発注者は、必要によって、書面をもって受注者に通知してこの工事を中止し又はこの契約を
>   解除することができる。この場合、発注者は、これによって生じる受注者の損害を賠償する。
> （2）次の各号の一にあたるときは、発注者は、書面をもって受注者に通知してこの工事を中止
>   し又はこの契約を解除することができる。この場合（略）、発注者は、受注者に損害の賠償
>   を請求することができる。
>   a. 受注者が正当な理由なく、着手期日を過ぎてもこの工事に着手しないとき。
>   b. この工事が正当な理由なく工程表より著しく遅れ、工期内又は期限後相当期間内に、受注
>   者がこの工事を完成する見込がないと認められるとき。
>   c. 受注者が第5条又は第17条（1）の規定に違反したとき。
>   d. 本項a、b又はcのほか、受注者がこの契約に述反し、その違反によってこの契約の目的を
>   達することができないと認められるとき。
>   （略）

　そのほか、無催告解除することができる事由として、建築請負の債務とは直
接関係ない解除事由を含めて具体的に列挙する例も多く見られます。その内容
としては、営業許可の取消し、営業停止等の処分、支払停止、資産の差押え、
倒産手続の開始申立て等のほか、解散、会社分割、合併等の組織再編及びこれ
らに準じる事情等を具体的に列挙するものです。

カ．危険の移転時期と契約解除の関係を整理する

　前記第1章第3節 **5**（2）オと同様に、請負契約が成立した後に、請負人の責め
に帰することができない事由で目的物が減失・毀損等してしまったことにより
履行不能（後発的履行不能）となった場合において、そのリスクを当事者のいず
れが負担するか、つまり、もう一方の反対債務（売買代金債務）も消滅するか、
反対債務が消滅することなく存続するかということが問題となります（危険負
担の問題）。

　改正民法においては、現行民法下の不動産売買実務における運用と同様に、

第3章　建築請負業（請負）

目的物の引渡しによってリスクの負担が請負人から注文者に移ることとされ、目的物の引渡し後に（当事者の帰責なく）滅失した場合には、注文者は責任追及や契約解除もできず、その一方で、請負代金を支払う義務を負うことになります（改正民法567条1項）。

実務上は、目的物の所有権の移転時期について、引渡し時、検査完了時、代金支払時などと規定することも多く、所有権の移転時期は危険の移転時期と同じタイミングとされることも多いように思われます。後の紛争を避けるためには、建築請負契約において、所有権及び危険の移転時期を明確にしておくこととともに、目的物の引渡し後に（当事者の帰責なく）滅失した場合の効果について規定することが考えられます。

POINT　所有権及び危険の移転時期を明確にしておくとともに、目的物の引渡し後に（当事者の帰責なく）滅失した場合の効果について規定することを検討

なお、民法改正に伴って変更された危険負担（現行民法534条〜536条等、改正民法536条等）の制度との関係で、請負契約上どのような場合に契約を解除することができるのかを検討する必要があります。

第4節　注文者の権利行使期間に関する実務対応

第4節　注文者の権利行使期間に関する実務対応

1. 改正のポイント

(1) 1年間の通知期間制限

ア．契約不適合を認識してから1年以内の通知が必要となる

　現行民法では、請負人が目的物の引渡し後5年間（非堅固建物）又は10年間（堅固建物）の瑕疵担保責任を負うと定められています（現行民法638条）。

●現行民法637条（請負人の担保責任の存続期間）

1. 前三条の規定による瑕疵の修補又は損害賠償の請求及び契約の解除は、仕事の目的物を引き渡した時から1年以内にしなければならない。
2. 仕事の目的物の引渡しを要しない場合には、前項の期間は、仕事が終了した時から起算する。

●現行民法638条（請負人の担保責任の存続期間）

1. 建物その他の土地の工作物の請負人は、その工作物又は地盤の瑕疵について、引渡しの後5年間その担保の責任を負う。ただし、この期間は、石造、土造、れんが造、コンクリート造、金属造その他これらに類する構造の工作物については、10年とする。
2. 工作物が前項の瑕疵によって滅失し、又は損傷したときは、注文者は、その滅失又は損傷の時から1年以内に、第634条の規定による権利を行使しなければならない。

　これに対し、改正民法では同条項は削除され、前記第1章第4節 **1.**(2)で説明した改正民法166条の消滅時効の規定（主観的起算点から5年間、客観的起算点から10年間）、及び改正民法637条の権利保存行為の規定（不適合を知ったときから1年以内に通知）が適用されることとなりました。

　もっとも、仕事の目的物が契約不適合であることを請負人が知り、又は重過失で知らなかったときは、注文者の権利行使には1年間の通知期間制限が適用されないことになります（改正民法637条2項）。

197

第3章　建築請負業（請負）

●**改正民法637条**（目的物の種類又は品質に関する担保責任の期間の制限）

1. 前条本文に規定する場合において、注文者がその不適合を知った時から1年以内にその旨を請負人に通知しないときは、注文者は、その不適合を理由として、履行の追完の請求、報酬の減額の請求、損害賠償の請求及び契約の解除をすることができない。
2. 前項の規定は、仕事の目的物を注文者に引き渡した時（その引渡しを要しない場合にあっては、仕事が終了した時）において、請負人が同項の不適合を知り、又は重大な過失によって知らなかったときは、適用しない。

イ．権利保存のために必要な「通知」

　権利保存のために必要な「通知」の内容については、前記第1章第4節 **1.** (1) アで説明したのと同様です。

　現行民法下では、権利行使にあたって、瑕疵（契約不適合）と損害賠償額等の根拠を示す必要があると考えられていたのと比較して、注文者の負担は少なくなったのではないかと考えられます。

(2) 5年間又は10年間の消滅時効

　前記第1章第4節 **1.** (2)で説明したとおりです。

(3) 人の生命・身体の侵害による損害賠償請求権の消滅時効

　前記第1章第4節 **1.** (3)で説明したとおりです。

(4) 消滅時効の障害事由（時効の更新と完成猶予）

　前記第1章第4節 **1.** (4)で説明したとおりです。

2. 改正民法による実務対応

(1) 契約不適合の状態及び認識した日時を証拠化する

　前記第1章第4節 **2.** (1)で説明したとおりです。

　建物に何らかの不具合（現象）を発見した場合には、不具合の状態を証拠化するとともに、権利行使期間の起算点を明確にするために、不具合の内容、日時等を証拠化しておくことが重要と考えられます。

第4節　注文者の権利行使期間に関する実務対応

 建物に何らかの不具合（現象）を発見した場合には、不具合の状態を証拠化するとともに、権利行使期間の起算点を明確にするために、不具合の内容、日時等を証拠化しておくことを検討

(2) 権利行使期間の起算点を客観的な時点とする

　現行民法下の実務においては、建築工事請負契約における瑕疵担保責任の権利行使期間について、目的物の引渡し時から2年間を原則とし、住宅を新築する建設工事の請負契約に関しては、住宅の品質確保の促進等に関する法律（品確法）に基づき建物の構造耐力上主要な部分に関わる瑕疵及び雨水の浸入を防止する部分の瑕疵について10年間とする例が見られます。

　また、民間工事請負契約約款に基づいて請負契約を締結した場合には、瑕疵担保期間は、コンクリート造等の堅固な建物は引渡し時から2年間とする例も見られます（民間工事請負契約約款27条2〜5項）。

　なお、ここでは、契約目的物の引渡し時に瑕疵があることを知ったときは、遅滞なく書面をもってその旨を受注者に通知しなければ、当該瑕疵の修補又は損害の賠償を求めることができないこと、また、瑕疵による契約目的物の滅失又は損傷については、上記期間内でありかつ滅失又は損傷の日から6か月以内でなければ当該瑕疵の修補又は損害の賠償を求めることができないことが規定されています。

●民間工事請負契約約款27条（瑕疵の担保）
(2) 本条 (1) による瑕疵担保責任期間は、第25条又は第26条の引渡しの日から、木造の建物については1年間、石造、金属造、コンクリート造及びこれらに類する建物、その他土地の工作物もしくは地盤については2年間とする。ただし、その瑕疵が受注者の故意又は重大な過失によって生じたものであるときは1年を5年とし、2年を10年とする。
(4) 発注者は、この契約の目的物の引渡しの時に、本条 (1) の瑕疵があることを知ったときは、遅滞なく書面をもってその旨を受注者に通知しなければ、本条 (1) の規定にかかわらず当該瑕疵の修補又は損害の賠償を求めることができない。ただし、受注者がその瑕疵があることを知っていたときはこの限りでない。
(5) 本条 (1) の瑕疵によるこの契約の目的物の滅失又は損傷については、発注者は、本条 (2) に定める期間内で、かつ、その滅失又は損傷の日から6ヶ月以内でなければ、本条 (1) の権利を行使することができない。

第3章　建築請負業（請負）

●民間工事請負契約約款27条の2（新築住宅の瑕疵の担保）

(1) この契約が住宅の品質確保の促進等に関する法律第94条第1項に定める住宅を新築する建設工事の請負契約に該当する場合、第27条の規定に代えて、本条（2）以下の規定を適用する。

(2) 住宅のうち構造耐力上主要な部分又は雨水の浸入を防止する部分として同法施行令第5条第1項及び第2項に定めるものの瑕疵（構造耐力又は雨水の浸入に影響のないものを除く。）があるときは、発注者は、受注者に対して、相当の期間を定めて、その瑕疵の修補を求め、又は修補に代えもしくは修補とともに損害の賠償を求めることができる。ただし、瑕疵が重要でなく、かつ、その修補に過分の費用を要するときは、発注者は、修補を求めることができない。

(3) 本条（2）による瑕疵担保期間は、第25条又は第26条の引渡しの日から10年間とする。

(4) 本条（2）の瑕疵によるこの契約の目的物の滅失又は損傷については、発注者は、本条（3）に定める期間内で、かつ、その滅失又は損傷の日から6ヶ月以内でなければ、本条（2）の権利を行使することができない。

前記第1章第4節 **2.** (2)で説明したとおり、改正民法においては責任追及期間の定めが現行民法の内容と大きく変わるものの、現行民法下で多く見られるような権利行使期間の起算点を引渡し時から一定期間内とする特約（目的物の引渡しから2年間に限定する特約等）は可能ですので、改正民法下でも同様に利用されるものと考えられます。

POINT 権利行使期間の起算点を客観的な時点（目的物の引渡し時等）とすることを検討

契約条項例	第8節【書式例】10条参照

　甲（注文者）は、乙（請負人）に対し、下記の期間に限り、第○条（契約不適合責任）に基づく追完請求、代金減額請求、解除又は損害賠償請求をすることができる。

(1) 住宅の品質確保の促進等に関する法律で定める住宅の構造耐力上主要な部分等については、本物件の引渡しの日から10年間

(2) 前号以外の部分については、本物件の引渡しの日から2年間

(3)「協議による時効の完成猶予」は容易ではない

前記第1章第4節 **2.** (3)で説明したとおりです。

第5節　請負人の報酬請求権に関する実務対応

第5節 請負人の報酬請求権に関する実務対応

1. 仕事未完成の場合の報酬請求権

(1) 改正のポイント

> **●改正民法634条（注文者が受ける利益の割合に応じた報酬）**
> 　次に掲げる場合において、請負人が既にした仕事の結果のうち可分な部分の給付によって注文者が利益を受けるときは、その部分を仕事の完成とみなす。この場合において、請負人は、注文者が受ける利益の割合に応じて報酬を請求することができる。
> 　一　注文者の責めに帰することができない事由によって仕事を完成することができなくなったとき。
> 　二　請負が仕事の完成前に解除されたとき。

　改正民法においては、建築請負契約の対象となる目的物の全体が完成していない場合であっても、
　①　(a)注文者の責めに帰することのできない事由で仕事を完成できない場合、又は、(b)請負契約が仕事の完成前に解除された場合で、
　②　仕事の結果（成果物等）が可分（既履行部分と未履行部分とに分けられること）であり、
　③　当該成果物（既履行部分）を引き渡すことで注文者が利益を受けるときは、注文者が受ける利益の割合に応じて報酬を請求できることとされました（改正民法634条）。
　これは、現行民法下の判例（最判昭和56年2月17日・判時996号61頁）を踏まえて改正されたものであると評価されています。この点が法文上認められるようになることは、大きな変更であると思われます。

201

第3章　建築請負業（請負）

> **●最判昭和56年2月17日**（判時996号61頁）
> 　建物その他土地の工作物の工事請負契約につき、工事全体が未完成の間に注文者が請負人の債務不履行を理由に右契約を解除する場合において、工事内容が可分であり、しかも当事者が既施工部分の給付に関し利益を有するときは、特段の事情のない限り、既施工部分については契約を解除することができず、ただ未施工部分について契約の一部解除をすることができるにすぎないものと解するのが相当である。

(2) 改正民法による実務対応

ア．仕事未完成の場合の報酬請求権を制限する

　前記(1)のとおり、改正民法においては、仕事未完成の場合の報酬請求権が明文で認められたことから、かかる請求権を制限するためには、建築請負契約書等において、その旨を規定することが必要となります。また、仕事未完成の責任が請負人にある場合には報酬請求ができない旨を規定することも考えられます。

　もっとも、目的物の大部分が完成していたような場合についてまで一切の報酬請求を否定することは公序良俗に反し無効であると判断される可能性があるため、注意が必要です。

> **POINT** 仕事未完成の場合の報酬請求権が制限されること、仕事未完成の責任が請負人にある場合には報酬請求ができないことを規定することを検討

イ．請負人が支出した費用の取扱いを明確にする

　本条項の対象は「報酬」の請求権であり、仕事の過程で請負人が支出した費用の償還請求権については直接規定されていません。

　もっとも、この点については、「請負人は、報酬に含まれていない費用も請求することができる。費用が報酬に含まれていない場合としては、例えば、**報酬額と実費とを別に計算して請求することが約定されていた場合**が考えられる」と説明されています（法務省民事局参事官室「民法〔債権関係〕の改正に関する中間試案の補足説明〔平成25年7月4日補訂〕」474頁参照）。

第5節　請負人の報酬請求権に関する実務対応

◆法務省民事局参事官室「民法（債権関係）の改正に関する中間試案の補足説明（平成25年7月4日補訂）」474頁《http://www.moj.go.jp/content/000112247.pdf》

　　請負人は、報酬に含まれていない費用も請求することができる。費用が報酬に含まれていない場合としては、例えば、報酬額と実費とを別に計算して請求することが約定されていた場合が考えられる。請求できる費用の範囲は、既にした仕事に対応する部分である。注文者は既履行部分の給付を受ける限りで利益を得ており、その費用も、既履行部分に対応する限りで注文者に支払わせるのが妥当であると考えられるからである。したがって、請負人が未履行部分の仕事をするためにあらかじめ費用を支出していたとしても、その支払を請求することはできない。

　また、請負人が支出した費用については、改正民法641条（請負人が仕事を完成しない間は、注文者はいつでも損害を賠償して契約の解除をすることができる）、改正民法415条（損害賠償請求）などの規定により**損害賠償として請求することができる場合**もあると説明されています（法制審議会民法〔債権関係〕部会　部会資料81-3・17頁、【参考文献21】313頁参照）。

◆法制審議会民法（債権関係）部会　部会資料81-3・17頁《http://www.moj.go.jp/content/000125163.pdf》

　　部会資料72Aでは、民法第642条第1項と同様に、請負人が「既にした仕事の報酬及びその中に含まれていない費用」を請求することができることとしていた。もっとも、同項は、現行法が制定された当時、破産手続開始による解除の場合の損害賠償請求が認められていなかったため、請負人を保護する観点から、性質上は損害となるべきもののうち既に支出した費用の償還請求を認めたものであると考えられる。そうすると、費用は他の規定（同法第641条、第415条など）により損害賠償として請求することができ、素案の規律においては報酬の請求のみを認めれば足りると考えられる。

　建築工事の過程で支出した「費用」の扱いについては、改正民法において必ずしも明確でないといえることから、後の紛争を避けるためには、建築工事請負契約等において、請負人が支出した費用の取扱い（注文者に対する請求の可否、支払手続等）を明確にしておくことが考えられます。この点は、【参考文献4】115頁もご参照ください。

POINT　**請負人が請負業務の過程で支出した費用の負担・取扱いを明確にすることを検討**

203

第3章　建築請負業（請負）

契約条項例	第8節【書式例】3条参照

【注文者が実費を請負人負担としたい場合】
　第○項において乙（請負人）が請求することができる請負代金には、工事の過程で乙（請負人）が支出した費用も含むものとする。

ウ．注文者の帰責により完成していない場合に報酬請求できるかを確認する

　建築請負契約の対象となる目的物の全体が完成していない場合の報酬請求について、それが注文者の責めに帰すべき事由によって仕事を完成することができなくなったとき（例えば、注文者が提供した材料に欠陥があった場合、必要な行為〔材料の提供、目的物の適切な保管〕を行わなかった場合等）は、改正民法536条2項（条文は下記のとおり）の法意により請負人の報酬全額の請求が認められる（ただし、自己の債務を免れたことによる利益は控除する）と考えられています（法制審議会民法〔債権関係〕部会　部会資料72A・2頁、81-3・18頁、法務省民事局参事官室「民法〔債権関係〕の改正に関する中間試案の補足説明〔平成25年7月4日補訂〕」473頁、【参考文献21】313頁、【参考文献23】441頁、【参考文献27】338頁）。現行民法下の判例も、注文者の責めに帰すべき事由によって仕事の完成ができなくなった場合には、請負人は自己の仕事完成義務を免れるが、民法536条2項によって報酬を請求することができ、この場合に請求することができる報酬は約定の請負代金全額であるとしています（最判昭和52年2月22日・民集31巻1号79頁）。

●改正民法536条（債務者の危険負担等）
1. 当事者双方の責めに帰することができない事由によって債務を履行することができなくなったときは、債権者は、反対給付の履行を拒むことができる。
2. 債権者の責めに帰すべき事由によって債務を履行することができなくなったときは、債権者は、反対給付の履行を拒むことができない。この場合において、債務者は、自己の債務を免れたことによって利益を得たときは、これを債権者に償還しなければならない。

◆法制審議会民法（債権関係）部会　部会資料72A・2頁《http://www.moj.go.jp/content/000117238.pdf》
　契約の趣旨に照らして注文者の責めに帰すべき事由によって仕事を完成することができなくなった場合については、伝統的な考え方によれば、危険負担に関する民法第536条第2項が適用され、請負人は報酬を請求することができると理解されている。判例も、注文者の責めに帰すべ

き事由によって仕事の完成ができなくなった場合には、請負人は、自己の仕事完成義務を免れるが、同項によって報酬を請求することができ、この場合に請求することができる報酬は約定の請負代金全額であるとしている（最判昭和52年2月22日民集31巻1号79頁）。判例の結論は妥当なものとして一般的に支持されているものの、民法が第534条以下で規定する危険負担は双務的な関係に立つ債権のうちの一方を履行することができなくなった場合に他方が消滅するかどうかという問題を扱うものと解されており、請負契約においては仕事が完成しない限り請負人の報酬請求権は発生していないと解すべきであるから、仕事を完成することができなくなった場合の報酬請求権の可否について危険負担に関する規律である同項を適用するのは適当ではないと考えられる。同項の「反対給付を失わない」という文言からも、既に発生した反対給付請求権の帰趨について規定していると解され、発生していない報酬請求権を発生させる根拠になり得るかについては疑問があるとの指摘もある。そこで、注文者の帰責事由により仕事を完成することができなくなった場合については、民法第536条第2項の実質を維持しつつ、同項とは別に、報酬及び費用の請求権の発生根拠となる規定を新たに設ける必要があると考えられる。

※法制審議会民法（債権関係）部会部会資料81-3・18頁《http://www.moj.go.jp/content/000125163.pdf》も同旨

◆法務省民事局参事官室「民法（債権関係）の改正に関する中間試案の補足説明（平成25年7月4日補訂）」473頁《http://www.moj.go.jp/content/000112247.pdf》
　　請負に関して民法第536条第2項を維持するものである。従来から、注文者の帰責事由により請負人が仕事を完成することができなくなった場合には、請負人は、民法第536条第2項に基づいて、報酬を請求することができるとされてきた。

　なお、請負人が割合的な報酬を請求する場合には、注文者に帰責事由がないことについてまで主張立証をする必要はなく、他方で、報酬全額を請求しようとする場合には、注文者に帰責事由があることについて主張立証をする必要があるとされています（【参考文献27】339頁）。

エ．報酬算定の基礎となる出来高の算定方法を明確にする

　仕事が未完成の場合の報酬請求が認められる場合には、その金額は「注文者が受ける利益の割合に応じて」算定することとされました（改正民法634条）。

　もっとも、実際にどのように当該利益割合を算定するのかについては、条文上明らかではなく疑義が生じる可能性があります。特に、業務の具体的な内容・業務量等は具体的な状況によって様々である上、建築請負契約において報酬は総額として定められるのが一般的ですので、契約に含まれる個々の具体的な業務と報酬額との関係が必ずしも明確ではありません。そのため、出来高報酬額を巡って紛争が生じることがあります。

　出来高の算定方法には、大別して、業務に実際に要した経費を積み上げた金

第3章　建築請負業（請負）

額をもって出来高と評価する方式（**積算方式**）と、契約上の業務全体のうち完成部分の業務の占める割合を算出し、業務報酬総額のうちその割合に応じた金額をもって出来高と評価する方式（**割合方式**）があります（【参考文献35】108頁、【参考文献4】114頁）。

【表】出来高報酬の算定方式

積算方式	割合方式
業務に実際に要した経費を積み上げた金額をもって出来高と評価する方式	契約上の業務全体のうち完成部分の業務の占める割合を算出し、業務報酬総額のうちその割合に応じた金額をもって出来高と評価する方式

　現行民法下における実務でも、建築工事請負契約において、出来高に応じた報酬支払条項が規定されています。

　利益割合の算定については、「これまでの判例法理と同様に算出されることになる。例えば、上記最判昭和56年2月17日は、当初予定された仕事全体のうちのどれだけの割合が既に履行されているかを認定し、その割合を約定報酬額に乗じて報酬額を算出しており、実務的には、このような方法が参考になる」との考え方が示されています（法制審議会民法〔債権関係〕部会　部会資料72A・2頁、法務省民事局参事官室「民法〔債権関係〕の改正に関する中間試案の補足説明〔平成25年7月4日補訂〕」474頁参照）。

◆法務省民事局参事官室「民法（債権関係）の改正に関する中間試案の補足説明（平成25年7月4日補訂）」474頁《http://www.moj.go.jp/content/000112247.pdf》

　請負人が請求することができるのは、独立して注文者に利益となる既履行部分に相当する報酬であり、この額は、これまでの判例法理と同様に算出されることになる。例えば、上記最判昭和56年2月17日は、当初予定された仕事全体のうちのどれだけの割合が既に履行されているかを認定し、その割合を約定報酬額に乗じて報酬額を算出しており、実務的には、このような方法が参考になる。

◆法制審議会民法（債権関係）部会　部会資料72A・2頁《http://www.moj.go.jp/content/000117238.pdf》

　請負人が請求することのできる報酬の具体的な金額については、これまでの判例における計算方法が参考になると考えられる。例えば、前記昭和56年最判や、東京高判昭和46年2月25日判時624号42頁では、予定された仕事全体に占める既履行部分の割合を認定し、その割合を約定の報酬額に乗じて報酬額を算出している。

　後の紛争を避けるためには、建築請負契約書等において、どのような工事をどのような工程で行うのか明示した上で、工事や作業の進捗度合いに応じて報

酬額（又はその算定基準）と支払時期を設定するなどして、出来高部分の報酬額を明確にすることが考えられます。

　例えば、民間工事請負契約約款などのように、建築請負契約書において、①契約締結時（前払い）、②部分払い（支払期日を決めた支払い）、③完成引渡し時など、各段階において支払うことを定めること等が考えられます。②の部分払いについては、単に確定した支払期日を定める方法や、上棟時、鉄骨組み立て完了時などといった工事の進捗度合いに応じて支払期日を定める方法があります（【参考文献37】28頁、131頁参照）。

　また、「請負代金内訳書」（民間工事請負契約約款4条参照）によって、すでに終了した工事の金額を積算することで工事の進捗状況を金額的に判断することも考えられます。

POINT どのような工事をどのような工程で行うのか明示した上で、工事や作業の進捗度合いに応じて報酬額（又はその算定基準）と支払時期を設定するなどして、出来高部分の報酬額を明確にすることを検討

契約条項例	第8節【書式例】3条参照

1. 次の各号の場合において、乙（請負人）により既に施工がなされた部分の給付によって甲（注文者）が利益を受けたときは、乙（請負人）は、別紙○に従い、請負代金を請求することができる。
   (1) 甲（注文者）の責めに帰することができない事由によって本物件を完成することができなくなったとき
   (2) 本物件の完成前に本契約が解除されたとき
2. 前項に関し、既に施工がなされた部分については、甲（注文者）が利益を受けたものとみなす。

第3章　建築請負業（請負）

2. 請負における報酬請求権の消滅時効

(1) 改正のポイント

　改正民法においては、「工事の設計、施工又は監理を業とする者の工事に関する債権」（現行民法170条2号）についての3年の短期消滅時効期間が廃止されます。

　改正民法下の報酬請求権については、前記第1章第4節**1.**(2)で説明した改正民法166条の消滅時効の規定（主観的起算点から5年間、客観的起算点から10年間）が適用されることになります。

(2) 改正民法による実務対応

ア．報酬請求権の消滅時効の期間を短縮する

　改正民法の規律と異なる消滅時効期間を設定する場合（現行法と同様の規定とする場合も含みます）には、請負契約書等において、その旨の規定を設けることが必要となります。

　この場合、時効期間を延長する特約が無効であると考えられているのに対して（民法146条）、時効期間を短縮する合意は一般に有効であると解されています（【参考文献38】287頁）。もっとも、当事者間の優劣関係を利用して時効期間を短縮する合意がなされた場合等には公序良俗に反して無効（民法90条）であると判断される可能性もあり、留意が必要です。

> **POINT**
> ◆改正民法の規律と異なる消滅時効期間を設定する場合には、請負契約書にその旨を規定することを検討
> ◆特約が公序良俗等に反して無効な特約とならないように注意

208

第6節　関連法の改正に関する実務対応

第6節　関連法の改正に関する実務対応

1. 関連法の改正

　具体的な取引においては、当該条項が無効と判断されないように、公序良俗や、住宅の品質確保の促進等に関する法律（品確法）（新築住宅の請負のケースなど）、消費者契約法（注文者が個人のケースなど）、その他の法令等の適用がないか、同法令等に違反するおそれがないかどうかも確認の上で、適切な契約条項とする必要があります。

　そのため、関連法の改正について規定している「民法の一部を改正する法律の施行に伴う関係法律の整備等に関する法律」についても、注意が必要です。

　その他の詳細は、前記第1章第5節で説明したとおりです。

2. 建設業法

(1) 契約書面等の交付義務

　建築請負は、「委託その他いかなる名義をもってするかを問わず、報酬を得て建設工事の完成を目的として締結する契約は、建設工事の請負契約とみなして」、建設業法が適用されるものとされています（建設業法24条）。

　建設業法においては、注文者及び請負人が、以下の事項を書面に記載し、署名又は記名押印をして相互に交付しなければならないものとされています（建設業法19条）。

> ●改正建設業法19条（建設工事の請負契約の内容）
> 1.当事者双方の責めに帰することができない事由によって債務を履行することができなくなったときは、債権者は、反対給付の履行を拒むことができる。建設工事の請負契約の当事者は、前条の趣旨に従って、契約の締結に際して次に掲げる事項を書面に記載し、署名又は記名押

209

印をして相互に交付しなければならない。

一　工事内容

二　請負代金の額

三　工事着手の時期及び工事完成の時期

四　請負代金の全部又は一部の前金払又は出来形部分に対する支払の定めをするときは、その支払の時期及び方法

五　当事者の一方から設計変更又は工事着手の延期若しくは工事の全部若しくは一部の中止の申出があつた場合における工期の変更、請負代金の額の変更又は損害の負担及びそれらの額の算定方法に関する定め

六　天災その他不可抗力による工期の変更又は損害の負担及びその額の算定方法に関する定め

七　価格等（略）の変動若しくは変更に基づく請負代金の額又は工事内容の変更

八　工事の施工により第三者が損害を受けた場合における賠償金の負担に関する定め

九　注文者が工事に使用する資材を提供し、又は建設機械その他の機械を貸与するときは、その内容及び方法に関する定め

十　注文者が工事の全部又は一部の完成を確認するための検査の時期及び方法並びに引渡しの時期

十一　工事完成後における請負代金の支払の時期及び方法

十二　工事の目的物が種類又は品質に関して契約の内容に適合しない場合におけるその不適合を担保すべき責任又は当該責任の履行に関して講ずべき保証保険契約の締結その他の措置に関する定めをするときは、その内容

十三　各当事者の履行の遅滞その他債務の不履行の場合における遅延利息、違約金その他の損害金

十四　契約に関する紛争の解決方法

そのため、民法との関係では、報酬の支払時期（改正民法633条〔改正なし〕）は建設業法19条1項11号、債務不履行に基づく損害賠償責任（改正民法415条）は同13号、契約不適合責任に基づく責任（改正民法559条、562条、563条等）は同12号の規定により、当事者の合意によって交付書面に記載される必要があることになります。

なお、前記第1章第5節のとおり、改正民法においては、瑕疵担保責任が廃止され、契約不適合責任が創設されたことから、建設業法19条における「工事の目的物の瑕疵を担保すべき責任」という文言が、民法改正に伴い「工事の目的物が種類又は品質に関して契約の内容に適合しない場合におけるその不適合を担保すべき責任」という文言に改正されました。

(2) 一括請負の禁止

また、建設業法は、建設業者が請け負った工事を一括して他人に請け負わせることを原則として禁止しています（建設業法22条1項、2項）。これに対し、あ

第6節　関連法の改正に関する実務対応

らかじめ発注者の書面による承諾がある場合には、一括下請負が認められます。もっとも、多数の者が利用する施設又は工作物（共同住宅）に関する建設工事については、一括下請負は全面的に禁止となります（建設業法22条3項）。

●改正建設業法22条（一括下請負の禁止）
1. 建設業者は、その請け負った建設工事を、いかなる方法をもつてするかを問わず、一括して他人に請け負わせてはならない。
2. 建設業を営む者は、建設業者から当該建設業者の請け負った建設工事を一括して請け負つてはならない。
3. 前二項の建設工事が多数の者が利用する施設又は工作物に関する重要な建設工事で政令で定めるもの以外の建設工事である場合において、当該建設工事の元請負人があらかじめ発注者の書面による承諾を得たときは、これらの規定は、適用しない。
4. 発注者は、前項の規定による書面による承諾に代えて、政令で定めるところにより、同項の元請負人の承諾を得て、電子情報処理組織を使用する方法その他の情報通信の技術を利用する方法であって国土交通省令で定めるものにより、同項の承諾をする旨の通知をすることができる。この場合において、当該発注者は、当該書面による承諾をしたものとみなす。

民間工事請負契約約款5条にも同様の規定があります。

この点については、改正はありません。

211

第3章　建築請負業（請負）

第7節 建築請負契約約款に関する実務対応

　改正民法では、定型約款に関する条項が新設されました（改正民法548条の2～548条の4）。

　建築請負契約その他の不動産取引においては、契約当事者が交渉の上で契約条項を作成して合意に至るというのが通常ですが、その際、あらかじめ用意された契約約款を用いることがあります。例えば、建築設計・工事請負の契約書式として、『四会連合協定建築設計・監理等業務委託契約書類』、『民間（旧四会）連合協定工事請負契約約款・契約書類』（民間工事請負契約約款）が広く使われており、同約款が契約書に添付・引用されることもあります（【参考文献20】346頁等）。

　事業者間で締結される建築請負契約においては、約款を使用する場合であっても、仕様や契約条件などが個別の交渉に委ねられ、契約ごとに異なる場合がほとんどではないかと考えられますが、個人を相手とする契約（建売住宅、集合住宅の建築請負契約等）においてはかなりの部分が共通であることが通例です。契約内容の一部が画一的であることを前提とすれば、建設工事標準請負約款等における各条項については定型約款の適用がある可能性もあります（【参考文献4】116頁）。

　以下では定型約款に関する改正について説明します。

第7節　建築請負契約約款に関する実務対応

1. 改正のポイント

（1）定型約款の規定が新設された

> ●改正民法548条の2（定型約款の合意）
> 1. 定型取引（ある特定の者が不特定多数の者を相手方として行う取引であって、その内容の全部又は一部が画
> 　一的であることがその双方にとって合理的なものをいう。以下同じ。）を行うことの合意（次条において
> 　「定型取引合意」という。）をした者は、次に掲げる場合には、定型約款（定型取引において、契約の
> 　内容とすることを目的としてその特定の者により準備された条項の総体をいう。以下同じ。）の個別の条項
> 　についても合意をしたものとみなす。
> 　一　定型約款を契約の内容とする旨の合意をしたとき。
> 　二　定型約款を準備した者（以下「定型約款準備者」という。）があらかじめその定型約款を契約
> 　　　の内容とする旨を相手方に表示していたとき。
> 2. 前項の規定にかかわらず、同項の条項のうち、相手方の権利を制限し、又は相手方の義務を
> 　加重する条項であって、その定型取引の態様及びその実情並びに取引上の社会通念に照らし
> 　て第1条第2項に規定する基本原則に反して相手方の利益を一方的に害すると認められるもの
> 　については、合意をしなかったものとみなす。

　「定型約款」とは、約款のうち、**「定型取引」**（ある特定の者が不特定多数の者を
相手方として行う取引であって、その内容の全部又は一部が画一的であることがその双方に
とって合理的なもの）について、契約の内容とすることを目的としてあらかじめ
準備された条項（の総体）と定義されています（改正民法548条の2第1項）。

　使用する約款が改正民法における「定型約款」にあたる場合には、約款の個
別の条項について利用者による合意がない場合でも、契約の内容となる（合意
したとみなされる）ことがあります。

（2）定型約款の条項に合意したとみなされる

ア．定型約款に合意したとみなされるための要件

　改正民法548条の2第1項は、定型約款の「個別の条項についても合意」した
とみなされるための要件を、次のように定めています。

　① 「定型約款を契約の内容とする旨の合意」をしたこと（1号）。

　② 定型約款を準備した者（定型約款準備者）が「あらかじめその定型約款を
　　契約の内容とする旨を相手方に表示」していたこと（2号）。

213

第3章　建築請負業（請負）

イ．定型約款として合意しなかったものとみなされる場合

　改正民法548条の2第2項は、定型約款に合意した場合であっても、その内容が、①相手方の権利を制限し、又は相手方の義務を加重する条項であって、②当該定型取引の態様及びその実情ならびに取引上の社会通念に照らして民法1条2項（権利の行使及び義務の履行は、信義に従い誠実に行わなければならない）に規定する基本原則に反して相手方の利益を一方的に害すると認められるものについては、合意しなかったものとみなすとしています。

(3) 定型約款の内容の表示義務

●改正民法548条の3（定型約款の内容の表示）

1. 定型取引を行い、又は行おうとする定型約款準備者は、定型取引合意の前又は定型取引合意の後相当の期間内に相手方から請求があった場合には、遅滞なく、相当な方法でその定型約款の内容を示さなければならない。ただし、定型約款準備者が既に相手方に対して定型約款を記載した書面を交付し、又はこれを記録した電磁的記録を提供していたときは、この限りでない。
2. 定型約款準備者が定型取引合意の前において前項の請求を拒んだときは、前条の規定は、適用しない。ただし、一時的な通信障害が発生した場合その他正当な事由がある場合は、この限りでない。

ア．定型約款の表示義務を負う場合

　548条の3第1項は、定型約款について、定型取引に合意する前又は合意した後相当の期間内に、相手方から請求があった場合に、約款内容を開示（定型約款の書面を開示、又は掲載されているウェブページの案内）しなければならないこととしました。

イ．定型約款の表示義務を免れる場合

　もっとも、548条の3第1項但書では、定型約款準備者が、定型取引に合意する前に、相手方に対して定型約款を記載した書面を交付し、又はこれを記録した電磁的記録を提供していた場合（CD-Rの交付や電子メールでPDFファイルの送信など）には、定型約款の開示義務を免れることとしました。

ウ．定型約款の表示義務に違反した場合

　また、548条の3第2項は、定型約款準備者が、定型取引の合意をする前になされた相手方からの開示請求を拒んだときは、一時的な通信障害が発生した場合その他正当な事由がある場合を除き、定型約款の個別条項についての合意は擬制されず（改正民法548条の2第1項は適用されない）、その結果、当該約款は契約

内容にならないこととされました（【参考文献21】231頁）。

(4) 変更した定型約款に合意したとみなされる

●改正民法548条の4（定型約款の変更）
1. 定型約款準備者は、次に掲げる場合には、定型約款の変更をすることにより、変更後の定型約款の条項について合意があったものとみなし、個別に相手方と合意をすることなく契約の内容を変更することができる。
　一　定型約款の変更が、相手方の一般の利益に適合するとき。
　二　定型約款の変更が、契約をした目的に反せず、かつ、変更の必要性、変更後の内容の相当性、この条の規定により定型約款の変更をすることがある旨の定めの有無及びその内容その他の変更に係る事情に照らして合理的なものであるとき。
2. 定型約款準備者は、前項の規定による定型約款の変更をするときは、その効力発生時期を定め、かつ、定型約款を変更する旨及び変更後の定型約款の内容並びにその効力発生時期をインターネットの利用その他の適切な方法により周知しなければならない。
3. 第1項第2号の規定による定型約款の変更は、前項の効力発生時期が到来するまでに同項の規定による周知をしなければ、その効力を生じない。
4. 第548条の2第2項の規定は、第一項の規定による定型約款の変更については、適用しない。

ア．変更約款に合意したとみなされる場合

　改正民法548条の4は、定型約款の変更をした場合に、所定の要件を満たす限り、個別に相手方と合意をすることなく、変更後の定型約款の条項について合意をしたものとみなし、契約の内容を変更することができることとしました。

　これは、定型約款の条項を変更する必要が生じた場合に、定型約款準備者が多数の相手方との間で個別に約款条項の変更について合意をすることは現実的でない一方で、定型約款準備者が一方的に約款条項の内容を自由に変更できるとすることは適切ではないという配慮によります。

　定型約款の変更に合意したとみなすための要件として、(a)定型約款の変更が「相手方の一般の利益に適合」すること（1項1号）、又は、(b)定型約款の変更が、「契約をした目的に反せず、かつ、変更の必要性、変更後の内容の相当性、この条の規定により定型約款の変更をすることがある旨の定めの有無及びその内容その他の変更に係る事情に照らして合理的なものである」こと（1項2号）が求められます。詳細については、後述します。

イ．変更約款に合意したとみなされない場合

　548条の4第2項は、定型約款の変更をする場合に、定型約款準備者が、「イ

第3章　建築請負業（請負）

ンターネットその等の適切な方法により定型約款を変更する旨」「変更後の定型約款の内容」「その効力発生時期」を周知させる義務を負うこととされました（【参考文献21】233頁）。

548条の4第3項では、同条1項2号（定型約款の変更が、契約をした目的に反せず、かつ、変更の必要性、変更後の内容の相当性、この条の規定により定型約款の変更をすることがある旨の定めの有無及びその内容その他の変更に係る事情に照らして合理的なものであるとき）による定型約款の変更は、変更後の定型約款の効力発生時期が到来するまでに周知をしなければ、その効力を生じないこととされました。

これに対して、同条1項1号（定型約款の変更が、相手方の一般の利益に適合するとき）による定型約款の変更には、そのような周知をすることは求められていません。これは、「相手方の一般の利益に適合する」変更であることが要件とされていることから、周知義務を課して相手方の利益を保護する（定型約款の変更を制約する）必要がないためです（【参考文献21】233頁）。

2. 改正を踏まえた実務対応

(1)「定型約款」に該当するか否かを検討する

何が「定型取引」「定型約款」に該当するかは必ずしも明らかではないことから、その内容を十分に理解することが必要です。

以下では、その判断ポイントを個別に説明します。

> **POINT**　「定型取引」（不特定多数の者を相手方として行う取引であって、その内容が画一的であることが双方にとって合理的なもの）、「定型約款」（定型取引において、契約の内容とすることを目的としてその特定の者により準備された条項の総体）に該当するか否かを検討

第7節　建築請負契約約款に関する実務対応

【表】定型約款に該当するか否かの判断のポイント

Ⅰ．**定型取引**（不特定多数の者を相手方として行う取引であって、その内容が画一的であることが双方にとって合理的なもの）
　（ⅰ）　相手方の個性に着目した取引
　　　　⇒「不特定多数の者を相手」としていない
　（ⅱ）　主要な条項を協議で決めることを予定した取引
　　　　⇒「内容が画一的」でない
　（ⅲ）　交渉力の格差により画一的内容となった取引
　　　　⇒「双方にとって合理的」でない（一方にのみ合理的）
Ⅱ．**定型約款**（定型取引において、契約の内容とすることを目的としてその特定の者により準備された条項の総体）
　（ⅳ）　契約内容を協議で決めることを予定した条項
　　　　⇒「契約の内容とすることを目的」とした条項でない

※【参考文献4】116頁参照

ア．「定型取引」にあたるかどうかが問題となる取引

　「定型取引」とは、不特定多数の者を相手方として行う取引であって、その内容が画一的であることが双方にとって合理的なものをいいます。

　その例としては、鉄道・バス・航空機等の旅客運送取引、電気・ガス・水道の供給取引、保険取引、預金取引等が挙げられています。

①　相手方の個性に着目した取引

　「定型取引」の内容として、**「不特定多数の者を相手方として行う取引」**であることが求められています。

　事業者間の取引で利用される契約書のひな形や標準契約書の条項について、相手方の個性に応じて使い分ける場合は、「不特定多数の者を相手方として行う取引」ではないことになり、「定型取引」から除外されます。他方で、「一定の集団に属する者」との間で行われる取引であっても、それが相手方の個性に着目せずに行われるものであれば、不特定多数の者を相手方として行う「定型取引」となり得ます（法制審議会民法〔債権関係〕部会　部会資料86-2・1頁、第192回国会　衆議院法務委員会　第15号〔平成28年12月9日〕政府参考人発言、【参考文献21】225頁）。

◆法制審議会民法（債権関係）部会　部会資料86-2・1～2頁《http://www.moj.go.jp/content/000125163.pdf》
- -
　定型約款の定義については、事業者間の取引において利用される約款や契約書のひな型が基本的には含まれないようにすべきであるとの意見があるので、この点について検討する。今回の案によれば、定型約款の定義の該当性については、①ある特定の者が不特定多数の者を相手方として行う取引であるか否か、②取引の内容の全部又は一部が画一的であることがその双方にとって

217

合理的なものか否か、③定型取引において、契約の内容を補充することを目的としてその特定の者により準備された条項の総体であるか否かという3点を判断することになる。事業者間で行われる取引は、相手方の個性に着目したものも少なくなく（①）、また、その契約内容が画一的である理由が単なる交渉力の格差によるものであるときには、契約内容が画一的であることは相手方にとっては合理的とはいえないものと考えられる（②）。このほか、契約内容を十分に吟味するのが通常であるといえる場合には、「契約の内容を補充する」目的があるとはいえない（③）こともあるものと考えられる。以上から、事業者間のみで行われる取引において利用される約款や契約書のひな型は、基本的に、定型約款の定義には該当しないとの結論が導かれると考えられる。

　これに対し、事業者同士の取引については、形式的な基準によって定型約款から除外するべきであるとの意見もある。しかし、例えば、預金規定やコンピュータのソフトウェアの利用規約のようなものについては、相手方が法人であることのみを理由として適用除外をする理由に乏しく、更に定義を狭めることについては反対する旨の意見も強いことから、採用することとしていない。

◆第192回国会　衆議院法務委員会　第15号（平成28年12月9日）《http://www.shugiin.go.jp/internet/itdb_kaigiroku.nsf/html/kaigiroku/000419220161209015.htm》

- -

○枝野幸男委員

　次に、定型約款。まず、確認したいと思いますが、民法の定型約款、改正法の548条以下ですか、この規定は、事業者間の取引やあるいは労働契約などには適用がないというか、定型約款には該当しないという理解でよろしいですね。

　なおかつ、なぜそういうふうに読めるんでしょうか。説明してください。

○小川政府参考人（法務省民事局長小川秀樹）

（略）

　事業者間の取引では、通常、ひな形どおりの内容で契約をするかどうかは当事者間の交渉で決まることが予定されておりまして、画一的な契約内容とすることが相手方にとっても合理的であるとは言いがたいと考えられます。

　したがいまして、先ほど申し上げました要件との関係でいいますと、事業者間の取引において用いられる当事者の一方が準備した契約書のひな形は、一般的には定型約款の定義には該当しないと考えられます。

　これに対し、立法担当者の解説によれば、「取引の相手方が法人であるか個人であるかを問わずに利用され、同一の内容の契約条項によって契約が締結されるものについては、事業者を相手方とする取引を含めて、画一的であることが双方にとって合理的な取引（定型取引）であるといえることが多いと考えられます」と説明されています（【参考文献40】49頁）。

② 　主要な条項を協議で決めることを予定した取引

　定型取引の内容として、当該取引の「内容の全部又は一部が画一的であること」が求められています。

　これは、(a)多数の相手方に対して同一の内容で契約を締結することが通常

であり、かつ、(b)相手方が交渉を行わず、一方当事者が準備した契約条項の総体をそのまま受け入れて契約の締結に至ることが取引通念に照らして合理的である取引（交渉による修正や変更の余地のないもの）を意味するとされています（【参考文献21】225頁）。

この考え方によれば、契約書のひな形やたたき台のように、顧客の要望に応じて主要な条項を修正することがある場合（その可能性がある場合）には、「内容の全部又は一部が画一的」に該当するとはいえないと考えられます（法制審議会民法〔債権関係〕部会 部会資料56・23頁）。

◆法制審議会民法（債権関係）部会 部会資料56・23頁《http://www.moj.go.jp/content/000106429.pdf》

ここでは、契約内容を画一的に定める目的の有無に着目した定義をすることにより、契約書ひな形のように、相手方との交渉が予定されているものは基本的に約款には含まれないこととしている。

これに対し、立法担当者の解説においては、「約款等の中の契約条項の一部について異なる合意がされたとしても、当該取引の重要な部分が「画一的であることが合理的なもの」といえるかどうか、当該取引が「不特定多数の者を相手方として行う取引」であるかどうかを検討し、その取引が定型取引に該当するかどうかが判断されます」と説明されています（【参考文献40】26頁）。

定款の全部が画一的な場合のみならず「一部が画一的」な場合も含むこととしたのは、定型約款の一部について別段の合意が成立することがあり得る場合に、当該一部についてのみ「画一的」な内容とはなっていないことを理由に定型約款として扱わない（当該一部のみが定型約款から除外される）こととする必要があるためとされています（法制審議会民法〔債権関係〕部会 部会資料81B・16頁、【参考文献21】225頁）。

◆法制審議会民法（債権関係）部会 部会資料81B・16頁《http://www.moj.go.jp/content/000125160.pdf》

定型条項の定義に当てはまる場合であっても、例外的に、定型条項の一部について別段の合意が成立することがあり得る。このような場合には、当該一部については、結果的に画一的な内容とはなっていないため、定型条項として扱われないこととする必要がある。

もっとも、「その取引の「一部が画一的であることがその双方にとって合理的なもの」として定型取引に該当するとされるものは、飽くまでも、当該取引の重要部分のほとんどについて強い内容画一化の要請が存在する場合に限られ

第3章　建築請負業（請負）

る」とされています（【参考文献40】33頁）。

　この点について、立法担当者の解説では、「契約書中に金額や期間などについて空欄の部分があり、当事者ごとに個別に数値を入れることが想定される場合」について、「記載が補充された条項以外の条項については、同一の契約書中に記載が個別に補充された条項が存在するものの、なおその取引の重要な部分が『画一的であることが合理的なもの』といえるかどうか、『不特定多数の者を相手方とする』ものであるかどうかを判断することになります。記載を補充することが予定された部分が料金などの対価に関する部分であることや、契約期間であることに着目すれば、その取引が定型取引に該当すると判断することには一定のハードルがありますが、他方で、料金の設定や契約期間の判断が実際上定型化されているという実情があれば、空欄部分の補充が必要であったとしても、そのことが定型取引該当性の判断において消極的に考慮されることはないと考えられます」と説明されています（【参考文献40】26頁）。

③　交渉力の格差により画一的内容となっている取引

　定型取引の内容としては、当該取引の「内容の全部又は一部が画一的であること」のみならず、そのことが契約当事者**「双方にとって合理的」**であることが必要です。

　当事者の一方における主観的な利便性が認められることや、取引内容を画一的に定めることが当事者の一方にとってのみ合理的であるという場合は、「双方にとって合理的」とはいえません。画一的取引が約款準備者の相手方（約款受領者）にとっても合理的といえるためには、画一的な取扱いをされることによって、例えば、取引コストや交渉時間が低減すること、また平等的取扱いが担保されていること等により、約款準備者の相手方側にとっても利益を享受できることなどが必要であるとされています。（法制審議会民法〔債権関係〕部会　部会資料78B・15頁、83-2・38頁、【参考文献21】225頁）。

◆法制審議会民法（債権関係）部会　部会資料78B・15～16頁《http://www.moj.go.jp/content/000123525.pdf》

　定型条項が用いられる取引の典型例として想定しているのは、多数の人々にとって生活上有用性のある財やサービスが平等な基準で提供される取引や、提供される財やサービスの性質や取引態様から、多数の相手方に対して同一の内容で契約を締結することがビジネスモデルとして要請される取引などである。そのような取引においては、契約内容が画一的に定められることが通常であることに加え、その契約締結過程では、相手方が定型条項の変更を求めずに契約を締結する（契約交渉が行われない）ことが取引通念に照らして合理的であるという特徴がある。

第7節　建築請負契約約款に関する実務対応

　そこで、本文では、上記の要素を定義に盛り込むことを提案している。「相手方がその変更を求めずに契約を締結することが取引通念に照らして合理的」ということの意味は、当事者の一方における主観的な利便性などだけではなく、その取引の客観的態様（多数の顧客が存在するか、契約の締結は契約条件の交渉権限を与えられていない代理店等を通じて行われるか、契約締結に当たってどの程度の時間をかけることが想定されるかなど）を踏まえつつ、その取引が一般的にどのようなものと捉えられているかといった一般的な認識を考慮して、相手方が交渉を行わず一方当事者が準備した契約条項の総体をそのまま受け入れて契約の締結に至ることが合理的といえる場合を指す。例えば、事業者間の契約であっても、ある企業が一般に普及しているワープロ用のソフトウェアを購入する場合には、契約の内容が画一的であることが通常であり、かつ、相手方がそこで準備された契約条項についてその変更を求めるなどの交渉を行わないで契約を締結することが取引通念に照らして合理的であるといえるので、ソフトウェア会社が準備した契約条項の総体は本文にいう定型条項に当たる。他方、例えばある企業が製品の原料取引契約を多数の取引先企業との間で締結する場合には、画一的であることが通常とまではいえない場合も多いと考えられるし、仮に当該企業が準備した基本取引約款に基づいて同じ内容の契約が多数の相手方との間で締結されることがほとんどである場合であっても、契約内容に関して交渉が行われることが想定されるものである限り、相手方がその変更を求めずに契約を締結することが取引通念に照らして合理的とはいい難い。そうすると、そのような事例では、一方当事者が準備した契約条項の総体は定型条項には当たらないことになる。

◆法制審議会民法（債権関係）部会　部会資料83-2・38頁《http://www.moj.go.jp/content/000126620.pdf》
　製品の原材料の供給契約等のような事業者間取引に用いられる契約書が定型約款に含まない点については同様である。すなわち、この種の取引は画一的であることが両当事者にとって合理的とまではいえないからである（なお、例えば、ある企業が一般に普及しているワープロ用のソフトウェアを購入する場合などは、事業者間の取引ではあるが、上記の要件を満たすので、その場合には、定型約款に当たる。）。

イ．「定型約款」にあたるかどうかが問題となる約款

　「定型約款」とは、以上で説明してきた「定型取引」において、契約の内容とすることを目的としてその特定の者により準備された条項の総体をいいます。

　「定型約款」の要件として、「契約の内容とすることを目的として…準備された条項」であることが求められています。これは、画一的に定型約款の条項をそのまま契約内容に組み入れることを目的とする必要があるという意味です（法務省民事局参事官室『民法〔債権関係〕の改正に関する中間試案の補足説明〔平成25年7月4日補訂〕』368頁、【参考文献21】225頁）。

　これに対し、交渉に際して、契約書のひな形等がたたき台として用いられる場合は、その後に契約内容を十分に吟味するのが通常であり、また契約内容を

221

第3章　建築請負業（請負）

定める交渉が行われる余地があるため、「契約の内容とすることを目的として」準備されたものとはいえず定型約款にはあたらないと考えられます。これは、結果として、最終的に合意された内容がたたき台の内容から修正されない結果となる場合でも、同様です（法制審議会民法〔債権関係〕部会　部会資料83-2・38頁）。

◆法制審議会民法（債権関係）部会　部会資料83-2・38頁《http://www.moj.go.jp/content/000126620.pdf》
　　当該取引においては、通常の契約内容を十分に吟味し、交渉するのが通常であるといえる場合には、仮に当事者の一方によってあらかじめ契約書案が用意されていたとしても、それはいわゆるたたき台にすぎないが、このような場合には契約の内容はお互いに十分に認識することが前提であり、「契約の内容を補充する」目的があるとはいえない。

ウ．建築請負契約約款と定型約款該当性の検討

　工事請負契約約款等の不動産取引に関する約款についても、上記を踏まえて個別具体的に判断することが必要となります。

　この点の詳細は、【参考文献4】116頁等もご参照ください。

　民間工事請負契約約款は、工事請負契約書に約款及び設計図書等を添付することによって、それらに記載されている事項を合意内容とする一体の契約が完成し、また、同約款は一般条項を規定するもので、加筆訂正することなく使用することを目的としているものの当事者の合意により必要に応じて加筆訂正することを妨げない、と説明されています（【参考文献37】17頁参照）。また、同約款には「契約書に別段の定めのある場合を除き」「契約書に別段の定めがない限り」との規定が数多く見られます（26条1項・2項〔請求、支払、引渡し〕、30条1項〔履行遅滞、違約金〕等）。

　さらに、一般的に工事請負契約約款の条項内容が画一的である理由は、もっぱら交渉力の格差によるものであることが多く、約款を準備した相手方（主には請負人側）にとって内容が合理的とはいえない場合が多いように思われます。

　こういった点を重視すれば、民間工事請負契約約款は「定型約款」にあたらないと考えられます。

222

第7節　建築請負契約約款に関する実務対応

POINT　「定型約款」に該当するか否かの判断のポイントを踏まえて、建築請負契約約款が定型約款にあたるかどうかを慎重に検討することが必要

(2) 定型約款の内容を合理性があるものとする

　前記 **1.** (2)イで説明したとおり、改正民法548条の2第2項は、定型約款に合意した場合であっても、その内容が①相手方の権利を制限し、又は相手方の義務を加重する条項であって、②当該定型取引の態様及びその実情ならびに取引上の社会通念に照らして民法1条2項（権利の行使及び義務の履行は、信義に従い誠実に行わなければならない）に規定する基本原則に反して相手方の利益を一方的に害すると認められるものについては、合意しなかったものとみなすとしています。

　上記②の信義則違反の存否は、約款条項の文言や規定の趣旨のみならず、同一契約におけるそれ以外の契約条項の規定内容や契約全体によって相手方が受ける不利益の存否・内容・程度、当該契約ないし定型取引の態様・性質・実情、取引上の社会通念など、すべての事情を総合的に考慮して判断することが求められます。また、相手方にとって予測し難い特殊な条項（又は不意打ち的な条項）が置かれている場合には、その内容を容易に知り得る措置を講じなければ、信義則に反する蓋然性が高いとされています（法制審議会民法（債権関係）部会　部会資料83-2・40頁、【参考文献40】93～96頁）。

◆法制審議会民法（債権関係）部会　部会資料83-2・40頁《http://www.moj.go.jp/content/000126620.pdf》
　定型約款については、その特有の考慮事情として、「定型取引の態様」が挙げられている。これは、契約の内容を具体的に認識しなくとも定型約款の個別の条項について合意をしたものとみなされるという定型約款の特殊性を考慮することとするものである。
　この特殊性に鑑みれば、相手方にとって予測し難い条項が置かれている場合には、その内容を容易に知り得る措置を講じなければ、信義則に反することとなる蓋然性が高いことが導かれる（この限度で不意打ち条項に果たさせようとしていた機能はなお維持される。）。もっとも、これはその条項自体の当・不当の問題と総合考慮すべき事象であることから、このような観点は一考慮要素として位置づけることとした。

　そのため、定型約款の内容について、相手方の利益を一方的に害するような条項がないか検討することが必要となります。

第3章　建築請負業（請負）

> **POINT**　「定型約款」の内容について、相手方の利益を一方的に害するような条項がないか、その内容が合理的かどうかを検討

(3) 変更する定型約款の内容を合理性があるものとする

　前記**1**.(4)で説明したとおり、定型約款の変更をするための要件として、(a)定型約款の変更が「相手方の一般の利益に適合」すること（改正民法548条の4第1項1号）、又は、(b)定型約款の変更が、「契約をした目的に反せず、かつ、変更の必要性、変更後の内容の相当性、この条の規定により定型約款の変更をすることがある旨の定めの有無及びその内容その他の変更に係る事情に照らして合理的なものである」こと（同項2号）が求められます。

　「合理的な」変更か否かは一義的ではないことから、変更した定型約款への合意を争われ、紛争となる可能性もあるように思われます。

　(a)契約をした目的に反していないか（提供するサービスの中核に変更がない等）、(b)変更の必要性があるか（消費税増税への対応等）、変更後の内容が相当であるか（定款変更の機会に提供するサービスの質や量が減らされない等）のほか、(c)定型約款に約款変更に関する条項があるか、ある場合にはその内容を満たしているかなど、変更に係る事情に照らして「合理的」なものであるといえるかどうかを判断することが必要であると考えられます。その際、(d)変更後の約款の内容を望まない相手方に解除権が付与される、変更の効力が発生するまでの猶予期間が設けられているなど、相手方が被る不利益を回避・補てん・軽減する措置が講じられているか否か、(e)個別の同意を得ようとすることにどの程度の困難を伴うか（約款変更という手段による必要性）といった事情も総合的に考慮されると考えられます（【参考文献27】260～261頁）。

> **POINT**　変更した「定型約款」の内容について、相手方の利益を一方的に害するような条項がないか、その内容が合理的かどうかを検討

(4) 定型約款についての経過規定

> ●改正民法附則33条（定型約款に関する経過措置）
> 1. 新法第548条の2から第548条の4までの規定は、施行日前に締結された定型取引（新法第548条の2第1項に規定する定型取引をいう。）に係る契約についても、適用する。ただし、旧法の規定によって生じた効力を妨げない。
> 2. 前項の規定は、同項に規定する契約の当事者の一方（契約又は法律の規定により解除権を現に行使することができる者を除く。）により反対の意思の表示が書面でされた場合（その内容を記録した電磁的記録によってされた場合を含む。）には、適用しない。
> 3. 前項に規定する反対の意思の表示は、施行日前にしなければならない。

　改正民法施行日前に行われた定型取引に関する契約（例えば、賃貸借契約、建築設計、工事請負契約等）についても、原則として改正民法の定型約款の規定が適用されることになります（改正民法附則33条1項）。

　もっとも、例外として、改正民法施行日前までに、契約の一方当事者により反対の意思表示が書面又は電磁的記録でされた場合には、改正民法の適用はありません（同条2項、3項）。この反対の意思表示は、2020年4月1日（改正民法施行日）の前までにしなければならないことになります（同条3項、1条2号）。

　なお、契約又は法律の規定により解除権を現に行使することができる者については、当該解除権を行使すればよいため、定型約款適用反対の意思表示をすることができないとされています（改正民法附則33条1項括弧書、【参考文献40】49頁）。

【表】定型約款についての経過規定

- 改正民法施行日前に行われた定型取引も、改正民法（新法）の適用あり
- 適用反対の意思表示をすれば、改正民法（新法）の適用なし
  ※2020年4月1日の前までに書面等による適用反対の意思表示が必要

POINT 2020年4月1日の前までに定型約款について書面等による適用反対の意思表示がなされているかどうかを確認

第3章 建築請負業（請負）

［書式例］建築請負契約書

第8節

　実務上は、公表されている標準契約や標準契約約款が利用されることも多いと思われますが、本節では、民法改正との関係で重要だと思われる条項を便宜上一覧的に並べた上で、改正民法を踏まえた条項、及び、改正民法の内容を前提に修正の方向性・コンセプトを示すための修正条項案を書式例として示しています。実際の使用時には、事案ごとに契約の目的や個別具体的なその他の事情に応じて適当な内容を規定することが想定されます。

第1条（本件工事の特定）
　注文者（以下「甲」という。）は請負人（以下「乙」という。）に対し、次の建物建築工事（以下「本件工事」という。）を注文し、乙はこれを代金〇〇円で請け負った。
（1）工事名称　　〇〇
（2）工事場所　　〇〇
（3）建物構造　　〇〇
（4）工事期間　　〇〇

改定条項例	1条を改定

【仕様発注の場合】
　乙は、［見積要領書（現場説明書及び質問回答書）、特記仕様書、設計図書、標準仕様書］［本契約書に添付された〇〇］に表示された仕様の建物建設工事を行うことを甲に対し約するものとする。
【性能発注の場合】
　乙は、本契約書に添付された［〇〇］に表示された性能を満たす物件の建物建設工事を完了することを甲に対し約するものとする。

第2条（請負代金の支払い）

甲は乙に対し、前条の請負代金を次のとおり支払う。

 (1) 本契約締結時　　　　○○円

 (2) 上棟時　　　　　　　○○円

 (3) 完成引渡し時　　　　○○円

第3条（工事が途中で終了した場合の請負代金等の支払い）

 次に掲げる場合において、乙が既にした仕事の結果のうち可分な部分の給付によって甲が利益を受けたときは、乙は、甲が受けた利益の割合に応じて報酬を請求することができる。ただし、乙の責めに帰すべき事由によって次に掲げる事由が生じ、これによって甲に損害が生じた場合は、甲は乙に対して損害賠償の請求をすることができる。

 (1) 甲の責めに帰することができない事由によって本物件を完成することができなくなったとき

 (2) 本契約が本物件の完成前に解除されたとき

改定条項例	3条を改定

1. 次の各号の場合において、乙により既に施工がなされた部分の給付によって甲が利益を受けたときは、乙は、別紙○に従い、請負代金を請求することができる。

 (1) 甲の責めに帰することができない事由によって本物件を完成することができなくなったとき

 (2) 本物件の完成前に本契約が解除されたとき

2. 前項に関し、既に施工がなされた部分については、甲が利益を受けたものとみなす。

3. 第1項において乙が請求することができる請負代金には、工事の過程で乙が支出した費用も含むものとする。

第4条（本物件の検査、完成引渡し）

※第1章　第6節『[書式例] 売買契約書』第3条、第6条参照

第5条（本物件の滅失、毀損）

※第1章　第6節『[書式例] 売買契約書』第4条参照

第3章　建築請負業（請負）

第6条（契約不適合責任）

1. 甲に引き渡された本物件が契約の内容に適合しないものであるとき（以下「契約不適合」という。）は、甲は、乙に対し、本物件の修補その他の履行の追完を請求することができる。ただし、乙は、甲に不相当な負担を課するものでないときは、甲が請求した方法と異なる方法による履行の追完をすることができる。

改定条項例	6条1項を改定

1. 甲に引き渡された本物件が種類、品質又は数量に関して契約の内容に適合しないものであるときは、甲は、相当の期間を定めて、甲の指定した合理的な方法により本物件の修補による履行の追完を請求することができる。

　ただし、乙は、本物件の修補が不可能（又は著しく困難）である場合、修補に過大の費用を要する場合（請負代金額の○割を超えた場合を含むがこれに限らない）、その他本契約の趣旨に照らして本物件の修補をすることが相当でないと認められる場合には、この限りではない。

2. 民法562条1項但書は、本契約には適用しない。

2. 前項本文に規定する場合には、甲が相当の期間を定めて履行の追完の催告をし、その期間内に履行の追完がないときは、甲は、その不適合の程度に応じて請負代金の減額を請求することができる。

3. 前項の規定にかかわらず、次に掲げる場合には、甲は、同項の催告をすることなく、直ちに代金の減額を請求することができる。

　(1) 履行の追完が不能であるとき。

　(2) 乙が履行の追完を拒絶する意思を明確に表示したとき。

　(3) 契約の性質又は当事者の意思表示により、特定の日時又は一定の期間内に履行をしなければ契約をした目的を達することができない場合において、乙が履行の追完をしないでその時期を経過したとき。

　(4) 前3号に掲げる場合のほか、甲が前項の催告をしても履行の追完を受ける見込みがないことが明らかであるとき。

改定条項例	6条2項・3項を改定

　甲に引き渡された本物件が種類、品質又は数量に関して契約の内容に適合しないものであるときは、催告を要することなく、甲は、その不適合の程度に応じて請負代金の減額を請求することができる。

　ただし、その債務の不履行が契約その他の債務の発生原因及び取引上の社会通念に照らして乙の責めに帰することができない事由によるものであるときは、この限りでない。

4. 第1項の不適合が甲の責めに帰すべき事由によるものであるときは、甲は、第1項の規定による履行の追完の請求、第2項及び第3項の規定による請負代金の減額の請求をすることができない。

5. 第1項ないし前項の規定は、第9条の規定による損害賠償の請求並びに第7条の規定による解除権の行使を妨げない。

6. 前各項の規定にかかわらず、甲は、乙の供した材料の性質又は注文者の与えた指図によって生じた不適合を理由として、履行の追完の請求、請負代金の減額の請求、損害賠償の請求及び契約の解除をすることができない。ただし、乙がその材料又は指図が不適当であることを知りながら告げなかったときは、この限りでない。

改定条項例	6条6項を改定

　前各項の規定にかかわらず、次の各号の一によって生じた工事用図書のとおりに実施されていないと認められる施工については、乙は、責任を負わない。

　(1) 甲又は監理者の指示によるとき。

　(2) 支給材料、貸与品、工事用図書に指定された工事材料もしくは建築設備の機器の性質又は工事用図書に指定された施工方法によるとき。

　(3) その他、本件工事について甲又は監理者の責めに帰すべき

第3章　建築請負業（請負）

事由によるとき。

(4) 本条の場合であっても、施工について乙の故意もしくは重大な過失によるとき、又は乙がその適当でないことを知りながらあらかじめ甲もしくは監理者に通知しなかったときは、乙は、その責任を免れない。ただし、乙がその適当でないことを通知したにもかかわらず、甲又は監理者が適切な指示をしなかったときはこの限りでない。

第7条（甲の解除権）

1. 甲は、乙が本物件を完成するまでは、書面にて通知することにより、本件契約の解除をすることができる。この場合、甲は乙に生じた損害を賠償しなければならない。

2. 次の事由の1つにあたる場合は、甲が乙に対し書面をもって相当期間を定めて催告し、その期間内に乙が債務の履行（履行の追完を含む。）をしない場合は、本件契約を解除することができる。ただし、その期間を経過した時における債務の不履行が軽微であるときは、この限りでない。

(1) 乙が着工期日を過ぎても本件工事に着手しない場合

(2) 乙が完成引渡期日内に本物件の完成引渡しをしなかった場合

(3) 引き渡された本物件に第6条第1項に定める契約不適合があった場合

(4) その他乙が本件契約に違反した場合

3. 次の各号の1つにあたる場合は、前項の規定にかかわらず甲は乙に対し、催告をすることなく直ちに本件契約を解除することができる。

(1) 工程表より著しく工事が遅れ、催告をしても工期内又は期限後相当期間内に乙が本物件を完成させる見込みがないことが明らかである場合

(2) あらかじめ甲の書面による承諾がないのに、工事の全部又は大部分を一括して第三者に委託し、若しくは請け負わせた場合

(3) 乙がその債務の履行を拒絶する意思を明確に表示した場合

(4) 前各号に定めるもののほか、乙が債務を履行せず（第6条第1項に定める契約不適合がある場合を含む。）、甲が催告をしても、本件契約の目的を達するのに足りる履行（履行の追完を含む。）がされる見込みがないことが明らかである場合

第8節　［書式例］建築請負契約書

4. 乙の債務の不履行が甲の責めに帰すべき事由によるものであるときは、甲は、これらの規定による解除をすることができない。

第8条（乙の解除権）

1. 次の事由の1つにあたる場合は、乙が甲に対し書面をもって相当期間を定めて催告し、その期間内に甲が債務の履行をしないときは、本件契約を解除することができる。ただし、その期間を経過した時における債務の不履行が軽微であるときは、この限りでない。
　　(1) 第2条に定める各期日に、各記載の請負代金の支払いをしなかった場合
　　(2) その他甲が本件契約に違反した場合

2. 次の事由の1つにあたる場合は、前項の規定にかかわらず、乙は甲に対し、催告をすることなく直ちに本件契約を解除することができる。
　　(1) 乙の責めに帰さない事由により工事の遅延又は中止期間が工期の3分の1以上、又は2ヶ月に達した場合
　　(2) 甲が本件契約に違反し、乙が催告をしても、この契約の目的を達するのに足りる履行がされる見込みがないことが明らかである場合

3. 甲の債務の不履行が乙の責めに帰すべき事由によるものであるときは、乙は、これらの規定による解除をすることができない。

改定条項例	7条・8条を改定

1. 甲又は乙が、本契約の債務を履行しない場合において、相手方が相当の期間を定めてその履行の催告をし、その期間内に履行がないときは、相手方は、本契約の目的を達成できない場合に限り、契約の解除をすることができる。
2. 甲は、乙に次の事由のいずれか一つでも生じたときは、催告を要せず直ちに本契約を解除することができるものとする。
　　(1) 乙から引き渡された本物件を甲の事業の用に供することが困難であると甲が合理的に判断した場合
　　(2) （略）

第9条（損害賠償請求権）

1. 乙の債務の不履行（第6条第1項に定める契約不適合がある場合を含む。）によって甲

第3章　建築請負業（請負）

に損害が生じたときは、甲は損害賠償の請求をすることができる。ただし、その債務の不履行が乙の責めに帰することができない事由によるものであるときは、この限りでない。

2. 甲の債務の不履行によって乙に損害が生じたときは、乙は損害賠償の請求をすることができる。ただし、その債務の不履行が甲の責めに帰することができない事由によるものであるときは、この限りでない。

改定条項例	9条3項・4項を新設

1.（略）

2.（略）

3. 第1項及び前項の規定により当事者が賠償すべき損害には、[　　] を含む（がこれに限られない）ものとする。

4. 第1項の規定による乙の賠償金額は、<u>請負代金額の2割を上限</u>とする。

　　ただし、乙に故意・重過失がある場合、又は第○条に規定する [　　　] の義務に違反した場合にはこの限りでない。

第10条（権利行使期間の制限）

　甲が、第6条第1項に定める契約不適合（種類又は品質に関する不適合に限る。）を知った時から1年以内にその不適合を乙に通知しないときは、甲は、その不適合に基づく第6条1項の追完請求権、第6条第2項又は第3項の請負代金の減額の請求権、第9条の損害賠償請求権及び第7条の解除権を行使することができない。ただし、乙が本物件引渡し時において、その不適合を知り、又は重大な過失によって知らなかったときは、この限りでない。

改定条項例	10条を改定

　甲は、乙に対し、下記の期間に限り、その不適合に基づく第6条1項の追完請求権、第6条第2項又は第3項の請負代金の減額の請求権、第9条の損害賠償請求権及び第7条の解除権を行使することができる。

第8節　［書式例］建築請負契約書

(1) 住宅の品質確保の促進等に関する法律で定める住宅の構造
耐力上主要な部分等については、本物件の引渡しの日から
10年間
(2) 前号以外の部分については、本物件の引渡しの日から2年間

第4章

設計監理業
（委任）

第4章　設計監理業（委任）

<table>
<tr><td>第**1**節</td><td># 民法［債権法］改正と
設計監理</td></tr>
</table>

　建物建築のプロセスは、前段階である企画・調査にはじまり、設計、施工、工事監理から構成されます。

　設計とは、設計図書（建築物の建築工事実施のために必要な図面及び仕様書）を作成することをいいます（建築士法2条6項）。また、工事監理とは、工事を設計図書と照合し、それが設計図書のとおりに実施されているかを確認することをいいます（同法2条8項）。

　設計段階では、設計者が建築主（施主）の要望を設計図書に表現し、施工段階では、請負者が設計図書に基づき建築工事を実施するとともに、工事監理者が設計図書のとおりに施工されているかどうかの確認を行います。設計と工事監理同一業者が担当することも多いですが、異なる業者が担当する場合もあります。建物の建築設計・工事監理においては、通常、建築主（施主）と設計者・監理者との間で設計監理業務委託契約が締結されます。

　なお、建築士法では、延べ面積300㎡を超える建築物の新築等にかかる設計・工事監理等をする際には、書面による契約締結義務が課され、法定事項の記載が必要とされています（建築士法22条の3の3第1項）。また、建築士は、設計や工事監理の業務委託契約を締結する前に、重要事項の説明として、作成する設計図書の種類を記載した書面を交付して説明しなければなりません（同法24条の7第1項1号）。さらに、設計・工事監理は、自らがすべてを担当するのではなく、その一部の業務を請負業者が下請業者などの第三者に委託する場合も少なくなく、これによりトラブルとなるケースが見られたことから、再委託を制限し、受託した設計事務所の業務責任が明確化されています（同法24条の3第1項・2項）。

> **●建築士法22条の3の2（設計受託契約等の原則）**
> 　設計又は工事監理の委託を受けることを内容とする契約（以下それぞれ「設計受託契約」又は「工事監理受託契約」という。）の当事者は、各々の対等な立場における合意に基づいて公正な契約を締結

し、信義に従って誠実にこれを履行しなければならない。

●建築士法22条の3の3（延べ面積が300㎡を超える建築物に係る契約の内容）

1. 延べ面積が300㎡を超える建築物の新築に係る設計受託契約又は工事監理受託契約の当事者は、前条の趣旨に従って、契約の締結に際して次に掲げる事項を書面に記載し、署名又は記名押印をして相互に交付しなければならない。
   - 一　設計受託契約にあっては、作成する設計図書の種類
   - 二　工事監理受託契約にあっては、工事と設計図書との照合の方法及び工事監理の実施の状況に関する報告の方法
   - 三　当該設計又は工事監理に従事することとなる建築士の氏名及びその者の一級建築士、二級建築士又は木造建築士の別並びにその者が構造設計一級建築士又は設備設計一級建築士である場合にあっては、その旨
   - 四　報酬の額及び支払の時期
   - 五　契約の解除に関する事項
   - 六　前各号に掲げるもののほか、国土交通省令で定める事項

●建築士法施行規則17条の38（延べ面積が300㎡を超える建築物に係る契約の内容）

法第22条の3の3第1項第6号に規定する国土交通省令で定める事項は、次に掲げるものとする。
- 三　設計受託契約又は工事監理受託契約の対象となる建築物の概要
- 六　設計又は工事監理の一部を委託する場合にあっては、当該委託に係る設計又は工事監理の概要並びに受託者の氏名又は名称及び当該受託者に係る建築士事務所の名称及び所在地
- 七　設計又は工事監理の実施の期間
- 八　第3号から第6号までに掲げるもののほか、設計又は工事監理の種類、内容及び方法

●建築士法24条の7（重要事項の説明等）

1. 建築士事務所の開設者は、設計受託契約又は工事監理受託契約を建築主と締結しようとするときは、あらかじめ、当該建築主に対し、管理建築士その他の当該建築士事務所に属する建築士（次項において「管理建築士等」という。）をして、設計受託契約又は工事監理受託契約の内容及びその履行に関する次に掲げる事項について、これらの事項を記載した書面を交付して説明をさせなければならない。
   - 一　設計受託契約にあっては、作成する設計図書の種類
   - 二　工事監理受託契約にあっては、工事と設計図書との照合の方法及び工事監理の実施の状況に関する報告の方法
   - 四　報酬の額及び支払の時期
   - 五　契約の解除に関する事項
   - 六　前各号に掲げるもののほか、国土交通省令で定める事項

　前記第3章第1節のとおり、建物の建築においては、建物の構造や非構造部分はもとより、地盤から設備機器に至るまで様々な点において不具合・欠陥（瑕疵）を巡ってトラブルとなることが多く見られます。

　設計や工事監理のミスにより完成した建築物に欠陥（瑕疵）が生じた場合には、担当した設計者・監理者は、建築物の欠陥（瑕疵）について責任を負う可

第4章　設計監理業（委任）

能性があります。後記第3節 **6.** **(2) ア**のとおり、判例においても、「建物の建築に携わる設計者、施工者及び工事監理者……は……建築された建物に建物としての基本的な安全性を損なう瑕疵があり、それにより居住者等の生命、身体又は財産が侵害された場合には、……これによって生じた損害について不法行為による賠償責任を負うというべきである」と判示されています（最判平成19年7月6日・民集61巻5号1769頁）。

　設計や工事監理のミスによるトラブルや、委任者の希望とは異なる設計がなされたことによるトラブル、委任者が希望する事務処理業務が委託の範囲内か否かに関して疑義が生じるトラブルなどもあります。

　設計監理業務委託契約その他の不動産取引において用いられている契約書は、現行の民法を前提に作成されていますが、改正民法には、現行民法とは大きく異なる規定が多数存在しています。そのため、今後は、現在使用している契約書の各条項について、改正民法でどのように変わるのかを確認した上で適切に見直すことが必要となります。

　以下、設計監理業務委託契約に関連する改正民法のポイントについて、その概要を説明した上で、改正民法を踏まえて建物建築請負契約の修正を検討すべき点を中心に説明します。

　なお、本文中で示す契約条項例は、改正民法の内容を前提に修正の方向性・コンセプトを示すためのものですので、実際の使用時には、事案ごとに契約の目的や個別具体的なその他の事情に応じて適当な内容を規定することが想定されます。実務上は、公表されている標準契約や標準契約約款が利用されることも多いと思われます。

238

第2節 設計監理業務委託の法的性格

第**2**節 設計監理業務委託の法的性格

1. 業務委託契約の法的性格は請負か委任か

　設計業務や工事監理業務の委託を内容とする業務委託契約については、契約目的や委託する業務内容によって、民法で典型契約として規定されている請負（民法632条以下）、委任（民法643条以下）、準委任（民法656条）、その他の類型に分類することができます。民法上、委任とは「当事者の一方が法律行為をすることを相手方に委託」する契約であり（改正民法643条）、「法律行為でない事務の委託」をするものは「準委任」として委任と同様に扱われることになります（改正民法656条）。

　後記**3.**のとおり、設計監理業務委託契約の法的性格が請負か委任（準委任）かについてはいろいろな見方がありますが、裁判例を見ても、委任を前提として判断していると思われるもの、請負を前提としていると思われるものなど、事案によって様々です。

　業務委託契約書に特段の規定がない場合には、契約の目的や委託する業務内容に応じて、民法に規定されている請負や委任（準委任）の規定が適用されることになります。請負の規定が適用される業務委託契約（請負型の業務委託契約）は、受託者が委託された成果物を完成し、これに対して委託者が仕事の結果に対する対価を支払うことを内容とする契約です。請負型の業務委託契約には、業務の結果として成果物を委託者に引き渡すものとそうでないものがあります。後者については、廃棄物処理委託等が挙げられます。他方で、委任の規定が適用される業務委託契約（委任型の業務委託契約）は、受託者が委託された事務処理（サービス）を実施し、これに対して委託者が事務処理に対する対価を支払うことを内容とする契約です。建物施設の運営管理（プロパティマネジメント）契約、コンサルタント業務委託等がこれにあたります。

239

第4章　設計監理業（委任）

2. 改正民法における請負と委任の相違点

【表】改正民法における請負と委任の比較

	請　負	委　任
受託者の義務	仕事の完成義務（632条）	善良な管理者の注意をもって委任事務を処理する義務（644条）
責任追及手段	契約不適合責任に基づく追完請求（562条、559条） 報酬減額請求（563条、559条） 損害賠償請求（415条） 解除（541・542条）	債務不履行責任に基づく損害賠償請求（415条） 解除（541・542条）
責任追及期間	同　右 ＋不適合を知った時から1年以内にその旨を通知（637条）	「権利を行使することができる時から10年間、もしくは、「権利を行使できることを知った時」から5年間（166条1項）
任意解除	仕事の完成前は、注文者はいつでも損害を賠償して解除可（641条）	各当事者がいつでも解除可相手方に不利な時期に解除したときは、やむを得ない事由がない限り損害賠償を要する（651条）
報酬の支払時期	目的物の引渡しと同時（633条本文） 目的物の引渡しを要しない場合には後払い（633条但書、624条1項）	（原則として無償であるが、報酬の支払いを約束した場合は）後払いが原則（648条2項本文） 支払時期を期間で定めたときは、当該期間経過後（648条2項但書、624条2項）
割合的報酬の支払い	注文者が受ける利益の割合に応じて請求（634条）	履行割合型：既にした履行の割合に応じて請求（648条3項） 成果完成型：委託者が受ける利益の割合に応じて請求（648条の2第2項）
報酬請求権の消滅時効	同　右	「権利を行使することができる時から10年間、もしくは、「権利を行使できることを知った時」から5年間（166条1項）

　設計監理業務委託契約を、請負と解するか委任と解するかにより、主に以下のような相違点が生じます。

(1) 受任者／請負人の負う義務

ア．委任の場合

　設計・監理者（受任者）は、発注者（委任者）に対し、善良な管理者の注意を

もって委任事務を処理する義務を負います（改正民法644条）。現行民法からの改正はありません。

●改正民法644条（受任者の注意義務）

受任者は、委任の本旨に従い、善良な管理者の注意をもって、委任事務を処理する義務を負う。

なお、不動産取引において締結される委任契約は、通常報酬支払いの特約があると考えられますが（改正民法648条1項）、改正民法では、委任による報酬請求権について、①委任事務処理に対して報酬が支払われる場合（履行割合型）と、②委任事務処理の結果として達成された成果に対して報酬が支払われる場合（成果完成型）に分類されています。もっとも、成果完成型の委任についても、成果の完成が債務の内容になっているのではなく、成果の完成に向けて事務処理をすることが債務の内容になっていることに注意が必要です（【参考文献22】264頁）。

イ．請負の場合

設計・監理者（請負人）は、発注者（注文者）に対し、委託された仕事の完成義務を負います（改正民法632条）。現行民法からの改正はありません。

●改正民法632条（請負）

請負は、当事者の一方がある仕事を完成することを約し、相手方がその仕事の結果に対してその報酬を支払うことを約することによって、その効力を生ずる。

---

(2) 受任者／請負人に対する責任追及

ア．委任の場合

設計・監理者が作成した設計図書に不備がある場合など、委任契約の債務不履行がある場合には、注文者は設計者に対して、これによって被った損害の賠償請求をすることができます。もっとも、相手方に帰責性がない場合には請求は認められません（改正民法415条）。また、注文者は、委任契約を解除することができます（改正民法541条、542条）。

イ．請負の場合

製作した設計図書等が「契約の内容に適合しない」場合には、注文者は、設計・監理者に対し、設計図書の修正（追完請求〔改正民法562条、559条〕）に加えて、報酬の減額を求めることができます（改正民法563条、559条）。

第4章 設計監理業（委任）

　また、損害賠償請求（改正民法415条）、契約の解除（改正民法541条、542条）についても行うことができます。

　その他、契約不適合責任の内容については、前記第3章第3節で説明したとおりです。

(3) 受任者／請負人の責任追及期間

ア．委任の場合

　委任における委任者の損害賠償請求権・解除権は、前記第1章第4節**1**(2)で説明したのと同様に、「権利を行使することができる時」（客観的起算点）から10年間、もしくは、「権利を行使できることを知った時」（主観的起算点）から5年間で時効消滅することになります（改正民法166条1項）。

イ．請負の場合

　請負の成果物である設計図書等が「契約の内容に適合しない」場合の追完請求、報酬の減額請求、損害賠償請求、解除権の責任追及期間については、前記第1章第4節**1**(2)の期間制限に加えて、品質等が契約内容に適合しないことを知った時から1年以内にその旨を通知しなければならないという期間制限が設けられています（改正民法637条1項）。

●改正民法637条（目的物の種類又は品質に関する担保責任の期間の制限）

1. 前条本文に規定する場合において、注文者がその不適合を知った時から1年以内にその旨を請負人に通知しないときは、注文者は、その不適合を理由として、履行の追完の請求、報酬の減額の請求、損害賠償の請求及び契約の解除をすることができない。
2. 前項の規定は、仕事の目的物を注文者に引き渡した時（その引渡しを要しない場合にあっては、仕事が終了した時）において、請負人が同項の不適合を知り、又は重大な過失によって知らなかったときは、適用しない。

---

(4) 報酬の支払時期

ア．委任の場合

　委任業務に対する報酬の支払いは、特段の合意のない限り、後払いが原則となります（改正民法648条2項〔改正なし〕）。

　もっとも、報酬の支払時期を期間で定めたときは、当該期間経過後に支払いを行うことになります（改正民法648条2項但書、624条2項）。

242

イ．請負の場合

請負における報酬の支払時期は、仕事の目的物の引渡しを要する場合には引渡しと同時に、引渡しを要しない場合には後払いとなります（改正民法633条〔改正なし〕、624条2項）。

●改正民法633条（報酬の支払時期）

報酬は、仕事の目的物の引渡しと同時に、支払わなければならない。ただし、物の引渡しを要しないときは、第624条第1項の規定を準用する。

●改正民法624条（報酬の支払時期）

1. 労働者は、その約した労働を終わった後でなければ、報酬を請求することができない。
2. 期間によって定めた報酬は、その期間を経過した後に、請求することができる。

---

3. 建物建築の設計・監理に関する業務の委託

前記のとおり、建築建物の設計監理に際しては、通常、建築主（施主）と設計者との間で設計監理業務委託契約が締結されます。契約書式としては、建築業界における4つの社団法人（日本建築士事務所協会連合会、日本建築士会連合会、日本建築家協会、建設業協会）によって、『四会連合協定建築設計・監理等業務委託契約書類』が監修・推奨されており（以下「四会連合設計・監理契約書類」といいます）、その中の約款については業務委託契約書の添付書類として利用することができるようになっています。

四会連合設計・監理契約書類の約款を利用した場合は、準委任契約に近い権利義務関係になると指摘されています【参考文献36】3頁）。

設計監理業務委託契約の法的性格が請負なのか委任（準委任）なのかにより、権利関係や当事者の責任が変わってきますので、この点の疑義を避けるためには、契約において、請負契約か委任契約のいずれであるのかを明らかにすることが考えられます。その際、契約書のタイトルではなく、合意された内容によって民法の請負、委任のいずれの規定が適用されるのか決まることに注意が必要です。

設計監理業務委託契約の法的性格が請負なのか委任（準委任）なのかを明確にすることを検討

この点については、【参考文献20】344頁等もご参照ください。

第3節 設計監理業務委託契約（委任契約）に関する実務対応

第3節 設計監理業務委託契約（委任契約）に関する実務対応

請負に関しては前記第3章において説明していますので、以下では、設計監理業務委託契約が委任にあたる場合の民法上の取扱い及び契約の実務対応について説明をします。

1. 業務内容の特定に関する実務対応

（1）委託する業務内容の明確化

前記第2節 **1.** のとおり、民法上、委任（準委任）は、「法律行為」又は「法律行為でない事務」に関する業務を委託するものです。

請負においても同様ですが、委任においても、委託する業務の内容について特定することが重要です。この点が曖昧であると、①委託業務の対象内か外かについて、また、②適切な業務遂行かどうかについて、委託者と受託者の間で争いが生じる可能性があります。

例えば、①問題となる事務処理について、委任者としては"委託した業務の範囲内であるから（当初の委託報酬の範囲内で）業務の遂行を行う"ことを求めるのに対し、受託者としては"委託された業務の範囲外であるから、当該業務を行うのであれば当初の委託報酬とは別途報酬を支払う"ことを求めて争いになることがあります。また、②受託者が行った業務について、委任者としては"委任した業務内容の遂行として不十分である"と主張するのに対し、受託者としては"委託された業務内容を適切に遂行している"と主張して争いになることがあります。

四会連合設計・監理契約書類の建築設計・監理業務委託契約書においては、添付の業務書に、委託する業務の内容及び実施する方法を記載することとしています（第8項）。

245

第4章　設計監理業（委任）

　そのため、設計管理業務委託契約を締結する場合には、契約書や仕様書等に、委託する業務内容をできる限り詳細に記載することで業務内容を特定することが重要となります。

POINT　委託する業務内容の詳細を委託契約書や仕様書等に記載することにより業務内容を特定することを検討

契約条項例	第5節【書式例】1条参照

1.（略）
2. 乙（受託者）は、別紙「仕様書」、その他甲（委託者）が交付する図面・指示書に従って、決められた期限内に、本件業務を行わなければならない。

　また、業務内容の詳細を規定することは、業務委託契約の法的性格（請負か準委任か）を決める上でも重要となります。

(2) 成果完成型委任において、成果物の検収・不具合がある場合の手続を明確にする

　前記第3章第3節 **2.** (2)**ウ**で説明した建物建築の完了検査と同様に、成果完成型の委任の場合には成果物（設計図書等）の検収が行われることもあります。また、成果物の瑕疵についての取り決めがなされることもあります。

　四会連合設計・監理契約書類の約款23条においては、成果物の瑕疵に対する受託者の責任に関し、下記のとおり規定されています。

> ●四会連合設計・監理契約書類の約款23条（成果物のかしに対する受託者の責任）
> 1. 委託者は、成果物の交付を受けたのちにその成果物にかしが発見された場合、受託者に対して、追完及び損害の賠償を請求することができる。ただし、損害賠償の請求については、そのかしが受託者の責めに帰すことができない事由に基づくものであることを受託者が証明したときは、この限りでない。

　なお、前記第2節 **2.** (1)**ア**のとおり、成果完成型の委任は、成果の完成が債務の内容になっているのではなく、成果の完成に向けて事務処理をすることが債

246

第3節 設計監理業務委託契約（委任契約）に関する実務対応

務の内容になっていることから、当事者で特に合意がない限り当然に追完（修補）請求が認められるわけではないことに注意が必要です（【参考文献22】264頁）。

2. 報酬の支払時期に関する実務対応

（1）改正のポイント

●改正民法648条（受任者の報酬）
1. 受任者は、特約がなければ、委任者に対して報酬を請求することができない。
2. 受任者は、報酬を受けるべき場合には、委任事務を履行した後でなければ、これを請求することができない。ただし、期間によって報酬を定めたときは、第624条第2項の規定を準用する。
3. 受任者は、次に掲げる場合には、既にした履行の割合に応じて報酬を請求することができる。
　一　委任者の責めに帰することができない事由によって委任事務の履行をすることができなくなったとき。
　二　委任が履行の中途で終了したとき。

●改正民法648条の2（成果等に対する報酬）
1. 委任事務の履行により得られる成果に対して報酬を支払うことを約した場合において、その成果が引渡しを要するときは、報酬は、その成果の引渡しと同時に、支払わなければならない。
2. 第634条の規定は、委任事務の履行により得られる成果に対して報酬を支払うことを約した場合について準用する。

　委任は無償契約であることが原則であり、特約がある場合に限って、受任者は、委任者に対して報酬を請求することができるものとされています（民法648条1項〔改正なし〕）。もっとも、不動産取引において締結される委任契約は、通常報酬支払いの特約があると考えられますし、仮に特約がない場合でも、商法512条（改正なし）は、商人（事業者等）がその営業の範囲内において他人のために行為をしたときには相当な報酬を請求することができるとしており、委任の受託者が商人の場合において、その営業の範囲内において委託業務を受託するときには、特段の合意なく報酬請求権が生じることになります。

247

第4章　設計監理業（委任）

【表】改正民法における委任報酬の支払時期

類　型	報酬の支払時期	条　文
履行割合型	委任事務の履行後	648条2項本文
	報酬の支払時期を期間によって定めた場合は、期間経過後	648条2項但書
成果完成型	成果の引渡しを要するときは、成果の引渡し時	648条の2第1項
	成果の引渡しを要しないときは、委任事務の履行後（成果完成後）	648条2項本文

　前記第2節 **2.** **(1) ア** のとおり、改正民法では、委任による報酬請求権について、①委任事務処理に対して報酬が支払われる場合（**履行割合型**）と、②委任事務処理の結果として達成された成果に対して報酬が支払われる場合（**成果完成型**）に分類しています。

　契約に特段の合意のない場合には、①の履行割合型の委任報酬の支払時期については、原則どおり、委任事務の履行後（648条2項本文）、又は、報酬の支払時期を期間によって定めた場合は期間経過後（648条2項但書）とされます。他方、②の成果完成型の委任報酬の支払時期については、成果の引渡しを要するときは成果の引渡し時（648条の2第1項）、成果の引渡しを要しないときは、委任事務の履行（成果完成）後（648条2項本文）とされます（法制審議会民法〔債権関係〕部会　部会資料72A・12頁、【参考文献21】323頁参照）。

◆法制審議会民法（債権関係）部会　部会資料72A・12頁《http://www.moj.go.jp/content/000117238.pdf》

　民法第648条第2項は、委任の報酬が事務処理の労務に対して支払われるという原則的な方式を念頭に置いたものであるが、実際にはそれ以外に、事務処理によって一定の成果が達成されたときに、その成果に対して報酬が支払われるという方式もある。例えば、弁護士に対する訴訟委任において、勝訴判決を得た場合には一定の成功報酬を支払う旨の合意がされた場合や、契約の媒介を目的とする委任契約において、委任者と第三者との間に契約が成立した場合には成功報酬を支払う旨の合意がされている場合などである。このように、委任事務の処理による成果に対して報酬を支払うという方式は、同条第2項及び第3項が想定している方式とは異なっており、報酬の支払時期についての規律が欠けている。同条第2項及び第3項が任意規定であることからすれば、これらの規定が直接妥当しない報酬支払の方式については、当事者の合意の解釈に委ねるという考え方もあり得るが、事務処理による成果に対して報酬を支払うという方式も委任において類型的に多く見られるものであることからすれば、委任事務の処理が中途で不能となった場合の報酬請求権の帰趨（後記 (2)）を明確にするためにも、報酬の支払時期について規律を設けておく必要性があると考えられる。委任事務の処理による成果に対して報酬を支払う方式が採られた委任は、仕事の完成義務を負わない点で請負契約とは異なるものの、事務処理を履行しただけでなく、成果が生じてはじめて報酬を請求することができる点で請負に類似している。そこで、委

第3節　設計監理業務委託契約（委任契約）に関する実務対応

> 任においてこのような報酬の支払の方式が採られた場合の報酬の支払時期については、請負の報酬の支払時期に関する民法第633条と同様の規律を置くべきである。
> 　素案は、委任事務の処理による成果に対して報酬を支払う方式を採った場合の報酬の支払時期について、民法第648条第2項の規律に付け加え、請負に関する同法第633条と同様の規律を設け、これを同法第648条第2項の規律に付け加えるものである。具体的には、事務処理の成果が物の引渡しを要するときは引渡しと同時に、物の引渡しを要しないときは成果が完成した後に、報酬を請求することができることとしている。

　四会連合設計・監理契約書類の約款19条では、契約書において特段の合意がない場合の報酬の支払時期について、下記のとおり、成果物の受領の後・監理業務完了手続終了の後すみやかに支払うことが規定されています。

> **●四会連合設計・監理契約書類の約款19条（設計業務、管理業務、調査・企画業務報酬の支払）**
> 1. 委託者は、受託者に対し、契約書において定めた設計業務報酬、監理業務報酬及び調査・企画業務報酬を、設計業務報酬及び調査・企画業務報酬については成果物の受領の後速やかに、監理業務報酬については監理業務完了手続終了の後速やかに支払う。ただし、いずれの報酬についても、契約書において別段の定めをしたときは、この限りでない。
> 2. 委託者受託者双方の責に帰すことができない事由により受託者が設計業務、監理業務又は調査・企画業務を行うことができなくなった場合、受託者は、委託者に対し、既に遂行した各業務の割合に応じて各業務報酬を請求することができる。

(2) 改正民法による実務対応

ア．報酬の支払時期を合意する

　改正民法648条2項の委任報酬の支払時期に関する規定は任意規定であり、当事者間で別途異なる合意をすることができるとされています（法制審議会民法〔債権関係〕部会　部会資料72A・12頁）。

> **◆法制審議会民法（債権関係）部会　部会資料72A・12頁《http://www.moj.go.jp/content/000117238.pdf》**
> 　なお、素案の規律はいずれも任意規定であり、当事者が異なる合意をした場合には合意が優先することになると考えられる。すなわち、成果の完成前に報酬を支払うことを当事者が合意していた場合には、委任者はその合意に従って報酬を先払いしなければならない。（略）

　履行割合型の委任契約では、具体的な成果物がないことから委任事務の終了時期が必ずしも明らかではなく、また、成果完成型の委任契約においても、成果物の引渡しを要しない場合には委任事務の終了時期（すなわち報酬・支払時期）は必ずしも明確ではありません。

249

第4章　設計監理業（委任）

　そのため、後の紛争を避けるために、実務上見られるような、前払い、出来高払い（特定の業務の終了時、成果物の一部の完成時等の各段階で支払い）、業務終了時払い・完成引渡し払いなどの段階的な支払いを行いたいという場合には、設計監理業務委託契約書でその旨を具体的に規定することが考えられます。

　実務上は、例えば設計業務委託契約においては、設計の着手時及び完了時に支払う場合、着手時・基本設計終了時・実施設計終了時に支払う場合など、設計の進捗の各段階に合わせて支払時期を定めることも多く見られます。

　四会連合設計・監理契約書類の業務委託契約書においては、業務ごとの報酬金額及び支払時期について規定しています（第8項）。

---

8. 業務報酬の額及び支払の時期（内訳別報酬を示す場合は、内訳欄も記載する）

　　　　　　　　　　　　　　　　　　　報酬額（内取引に係る消費税及び地方消費税の額）
　業務報酬の合計金額　　　　　　　　￥..（￥　　　　　）
　（内訳）基本設計業務　　　　　　　￥..（￥　　　　　）
　　　　　実施設計業務　　　　　　　￥..（￥　　　　　）
　　　　　監理業務　　　　　　　　　￥..（￥　　　　　）
　　　　　その他の業務　　　　　　　￥..（￥　　　　　）

　支払の時期　　　　　　　　　　　　支払額（内取引に係る消費税及び地方消費税の額）
　................................（　　年　月　日）￥................................（￥　　　　　）
　................................（　　年　月　日）￥................................（￥　　　　　）
　................................（　　年　月　日）￥................................（￥　　　　　）
　................................（　　年　月　日）￥................................（￥　　　　　）

　なお、支払時期について、単に「○年○月○日」といった期限のみを定めた場合には、業務の進捗に関わらず、注文者は、支払時期の到来により支払いをしなければならなくなるため注意が必要です。

POINT 設計監理業務委託契約書で、「前払い」「出来高払い」「業務終了時払い」「完成引渡し払い」などの段階的な支払いについて具体的に規定することを検討

イ．完了検査合格後に報酬の支払いをする

　委託者として、委託した設計監理業務が適切になされているか、納品された成果物（設計図書等）に問題がないかどうかを確認するために、研修・完了検査

第3節　設計監理業務委託契約（委任契約）に関する実務対応

を行い、その検査に合格した場合に委託者が報酬を支払うことを規定することも考えられます。

　成果物の完了検査の実務対応については、前記**1**(2)で説明したとおりです。

3. 費用負担に関する実務対応

(1) 改正のポイント

　現行民法下においても同様ですが、受任者が委任事務を処理するのに必要と認めるべき費用を支出したとき、受任者は、委任者に対して、その費用及び支出の日以後における利息の償還を請求することができます（改正民法650条1項〔改正なし〕）。当該費用が結果的に委任者に利益をもたらされなかったとしても、委任者は、その償還をしなければならないとされています（【参考文献22】266頁）。

●改正民法650条（受任者による費用等の償還請求等）
1. 受任者は、委任事務を処理するのに必要と認められる費用を支出したときは、委任者に対し、その費用及び支出の日以後におけるその利息の償還を請求することができる。
2. 受任者は、委任事務を処理するのに必要と認められる債務を負担したときは、委任者に対し、自己に代わってその弁済をすることを請求することができる。この場合において、その債務が弁済期にないときは、委任者に対し、相当の担保を供させることができる。
3. 受任者は、委任事務を処理するため自己に過失なく損害を受けたときは、委任者に対し、その賠償を請求することができる。

　また、受任者としては、委任者に対して実費の前払いを行う必要がある場面もあります。

　委任事務を処理するのに費用を要するときは、受任者は委任者に対し、当該費用の前払いを請求することができます（改正民法649条〔改正なし〕）。

●改正民法649条（受任者による費用の前払請求）
　委任事務を処理するについて費用を要するときは、委任者は、受任者の請求により、その前払をしなければならない。

251

第4章　設計監理業（委任）

(2) 改正民法による実務対応

ア．受任者が支出した費用の負担・取扱いを明確にする

受任者が支払った費用のうち、委託者に請求することができる費用の範囲については必ずしも明確ではありません。

そのため、後の紛争を避けるためには、設計監理業務委託契約等において、受任者が支出した費用のうち委託者が負担する範囲（受任者が費用を負担する場合にはその旨）を明確にしておくことが考えられます。

また、受任者が支払った費用を委任者が負担する場合には、費用の支払時期について報酬の支払時に精算することや前払いを認める場合の手続等を規定すること、また、必要な実費の項目及び見積りをあらかじめ提出させることも考えられます。この点は、【参考文献4】115頁もご参照ください。

> **POINT**
> ◆受任者が支出した費用のうち委託者が負担する範囲（受任者が費用を負担する場合にはその旨）を明確にすることを検討
> ◆受任者が支払った費用を委任者が負担する場合には、費用の支払時期について報酬の支払時に精算することや前払いを認める場合の手続き等を規定すること、また、必要な実費の項目及び見積をあらかじめ提出させることを検討

契約条項例	第5節【書式例】3条参照

【委託者が費用を負担する場合】

1. 乙（受託者）が支払った費用の請求は、各業務の終了後、乙（受託者）の請求に従い、第○条の報酬とともに支払う。
2. 乙（受託者）は、前項にかかわらず、支出する費用の前払いを請求することができる。その場合には、甲（委託者）に対して、必要な費用の金額、使途について記載した書面を交付した上で、甲（委託者）の承諾を得る必要がある。

第3節　設計監理業務委託契約（委任契約）に関する実務対応

【受託者が費用を負担する場合】

　乙（受託者）が本件業務を遂行するために要する費用は、本契約において別途合意したものを除き、すべて乙（受託者）の負担とする。

4. 業務未了の場合の報酬請求に関する実務対応

(1) 改正のポイント

　改正民法は、請負と同様に、委任において、業務が終了していないときに報酬の一部を請求できる場合があることを規定しています。

【表】改正民法における業務未了の場合の出来高報酬

請　負	委　任	
	成果完成型	履行割合型
634条	648条の2第2項	648条3項
注文者が受ける利益の割合に応じて報酬を請求	委託者が受ける利益の割合に応じて報酬を請求	既にした履行の割合に応じて報酬を請求

　前記 **2.**(1)のとおり、改正民法では、委任による報酬請求権について、①委任事務処理に対して報酬が支払われる場合（履行割合型）と、②委任事務処理の結果として達成された成果に対して報酬が支払われる場合（成果完成型）に分類されています。

　そして、委託業務が未了のまま注文者の責めに帰すことのできない事情で履行できなくなったとか、委任が中途で終了したといった場合であっても、①の履行割合型の委任の報酬については既にした履行の割合に応じて報酬を請求することができる（改正民法648条3項）、また、②の成果完成型の委任の報酬については委託者が受ける利益の割合に応じて報酬を請求することができる（改正民法648条の2）とされています（法制審議会民法〔債権関係〕部会　部会資料72A・12頁、【参考文献21】322頁参照）。

253

第4章　設計監理業（委任）

ア．履行割合型における受任者の割合的報酬 （648条3項）

●改正民法648条（受任者の報酬）

3. 受任者は、次に掲げる場合には、既にした履行の割合に応じて報酬を請求することができる。
　一　委任者の責めに帰することができない事由によって委任事務の履行をすることができなくなったとき。
　二　委任が履行の中途で終了したとき。

---

① 受任者の責めに帰すべき事由で履行不能となった場合でも割合的な報酬請求ができる

　履行割合型の委任の報酬については、**「委任者の責めに帰することができない事由によって委任事務の履行をすることができなくなったとき」**に、既にした履行の割合に応じて報酬を請求できることとされています（改正民法648条3項1号）。

　同1号に規定されている「委任者の責めに帰することができない事由」とは、①「当事者双方の責めに帰することができない事由によって履行不能となった場合」、及び、②「受任者の責めに帰すべき事由によって履行不能となった場合」を指すとされています（法制審議会民法〔債権関係〕部会 部会資料81-3・20頁）。

◆法制審議会民法（債権関係）部会 部会資料81-3・20頁《http://www.moj.go.jp/content/000125163.pdf》

　「委任者の責めに帰することができない事由によって委任事務を処理することができなくなったとき」とは、当事者双方の責めに帰することができない事由によって履行不能となった場合及び受任者の責めに帰すべき事由によって履行不能となった場合を指す。また、「委任が履行の中途で終了したとき」とは、委任が解除された場合（民法第651条第1項）や、履行の中途で終了した場合（同法第653条）を指す。

　前記②の要件（受任者の責めに帰すべき事由によって履行不能となった場合）に関し、現行民法648条3項は、「委任が受任者の責めに帰することができない事由によって履行の中途で終了したとき」に割合的報酬請求ができることとしており、改正民法648条3項のように「受任者の帰責事由がある場合」には履行割合の報酬請求を認めていません。

　しかし、雇用では、労働者の帰責事由によって契約が中途で終了した場合であっても、既に労務に服した期間については報酬請求権が認められている（改正民法624条の2）ことから、改正民法648条3項においては、委任の場合でも雇用と同様に、受任者に帰責事由がある場合でも割合的な報酬請求を認めること

254

第3節　設計監理業務委託契約（委任契約）に関する実務対応

にしたものです。

> **●現行民法648条（受任者の報酬）**
> 3. 委任が受任者の責めに帰することができない事由によって履行の中途で終了したときは、受任者は、既にした履行の割合に応じて報酬を請求することができる。
>
> **●改正民法624条の2（履行の割合に応じた報酬）**
> 労働者は、次に掲げる場合には、既にした履行の割合に応じて報酬を請求することができる。
> 一　使用者の責めに帰することができない事由によって労働に従事することができなくなったとき。
> 二　雇用が履行の中途で終了したとき。

　現行民法と異なり、受任者の責めに帰すべき事由によって履行ができなくなった場合や履行が中途で終了した場合にも、割合的報酬が認められることとなった（ただし、受任者の委任者に対する損害賠償の問題は別途生じ得る）ことから、実務には影響があるものと思われます。

　なお、受任者が、①割合的な報酬を請求する場合には、委任者に帰責事由がないことについての主張・立証をする必要はなく、他方で、②報酬全額を請求する場合には、委任者に帰責事由があることについて主張・立証をする必要があると解されています（【参考文献27】351頁）。

②　委任者の責めに帰すべき事由によって履行不能となった場合には報酬全額を請求できる

　なお、「委任者の責めに帰すべき事由」によって事務処理が不能となった場合の報酬請求権については、改正民法536条2項の法意に照らし、受任者が報酬全額（ただし、自己の債務を免れることによって得た利益は控除）を請求できるものと思われます（【参考文献21】322頁、法制審議会民法〔債権関係〕部会　部会資料81-3・20頁、【参考文献27】351頁）。

◆法制審議会民法（債権関係）部会　部会資料81-3・20頁《http://www.moj.go.jp/content/000125163.pdf》
　部会資料72A では、委任者の責めに帰すべき事由によって委任事務を処理することができなくなった場合について、実質的に民法第536条第2項の規律を維持しつつ、同項とは別に報酬請求権の発生根拠となる規定を設けることとしていた。もっとも、この規律によって請求することができる報酬の範囲が必ずしも明確ではないなどの問題があることから、素案では、この規定は設けず、引き続き同項に委ねることとしている。

第4章　設計監理業（委任）

●改正民法536条（債務者の危険負担等）
1. 当事者双方の責めに帰することができない事由によって債務を履行することができなくなったときは、債権者は、反対給付の履行を拒むことができる。
2. 債権者の責めに帰すべき事由によって債務を履行することができなくなったときは、債権者は、反対給付の履行を拒むことができない。この場合において、債務者は、自己の債務を免れたことによって利益を得たときは、これを債権者に償還しなければならない。

---

③　委任が履行の中途で終了した場合でも割合的な報酬請求ができる

　改正民法648条3項2号の「委任が履行の中途で終了したとき」とは、委任が解除された場合（改正民法〔現行民法〕651条1項）や履行の中途で終了した場合（改正民法〔現行民法〕653条）を指すとされています（法制審議会民法〔債権関係〕部会　部会資料81-3・20頁）。これらの場合にも割合的な報酬を請求できることになります。

◆法制審議会民法（債権関係）部会　部会資料81-3・20頁《http://www.moj.go.jp/content/000125163.pdf 》
　「委任が履行の中途で終了したとき」とは、委任が解除された場合（民法第651条第1項）や、履行の中途で終了した場合（同法第653条）を指す。

●改正民法651条（委任の解除）
1. 委任は、各当事者がいつでもその解除をすることができる。
2. 前項の規定により委任の解除をした者は、次に掲げる場合には、相手方の損害を賠償しなければならない。ただし、やむを得ない事由があったときは、この限りでない。
　一　相手方に不利な時期に委任を解除したとき。
　二　委任者が受任者の利益（専ら報酬を得ることによるものを除く。）をも目的とする委任を解除したとき。

●改正民法653条（委任の終了事由）
　委任は、次に掲げる事由によって終了する。
　一　委任者又は受任者の死亡
　二　委任者又は受任者が破産手続開始の決定を受けたこと。
　三　受任者が後見開始の審判を受けたこと。

イ．成果完成型における受任者の割合的報酬（648条の2第2項）

●改正民法648条の2（成果等に対する報酬）
2. 第634条の規定は、委任事務の履行により得られる成果に対して報酬を支払うことを約した場合について準用する。

第3節 設計監理業務委託契約（委任契約）に関する実務対応

> **●改正民法634条（注文者が受ける利益の割合に応じた報酬）**
>
> 　次に掲げる場合において、請負人が既にした仕事の結果のうち可分な部分の給付によって注文者が利益を受けるときは、その部分を仕事の完成とみなす。この場合において、請負人は、注文者が受ける利益の割合に応じて報酬を請求することができる。
> 　一　注文者の責めに帰することができない事由によって仕事を完成することができなくなったとき。
> 　二　請負が仕事の完成前に解除されたとき。

　改正民法においては、「成果に対して報酬を支払うことを約した場合」（成果完成型の委任）の規定が新設されており、設計監理業務委託契約がこの類型に該当する場合、途中解除・履行不能となった場合でも、すでに行った設計・工事監理業務のうち可分かつ建築主（委任者）の利益になる部分について報酬請求が認められることになります（改正民法648条の2第2項）。

　前記第3章第5節**1.**(1)のとおり、改正民法においては、建築請負契約の対象となる目的物の全体が完成していない場合であっても、(a)注文者の責めに帰することのできない事由で仕事を完成できない場合、又は、(b)請負契約が仕事の完成前に解除された場合で、仕事の結果（成果物等）が可分であり、当該成果物（既履行部分）を引き渡すことで注文者が利益を受けるときは、注文者が受ける利益の割合に応じて報酬を請求できることとされました（改正民法634条）。「成果完成型」委任契約の割合的報酬請求は、この請負の規定を準用するものです。

(2) 改正民法による実務対応

ア．割合的報酬算定の基礎となる「履行の割合」「利益の割合」の算定方法を明確にする

　前記第3章第5節**1.**(2)で説明したとおりです。

　特に、委任事務の履行により得られる成果に対して報酬を支払う旨の合意をする場合（成果完成型の委任）において割合的報酬を求める場合には、その割合の算定は容易ではないため、後の紛争を避けるために、設計監理委託契約書等において、どのような業務をどのような工程で行うのか明示した上で、業務の進捗度合いに応じて報酬額（又はその算定基準）と支払時期を設定するなどして、出来高部分の報酬額を明確にすることが考えられます。

　例えば、企画調査、基本設計、実施設計、工事監理など、各業務の完了時に

257

第4章　設計監理業（委任）

支払う旨を定めること等が考えられます（四会連合協定 建築設計・監理等業務委託契約書類〔平成27年〔2015年〕2月23日版〕における建築設計・監理業務委託契約書第8項参照）。

8. 業務報酬の額及び支払の時期（内訳別報酬を示す場合は、内訳欄も記載する）

	報酬額（内取引に係る消費税及び地方消費税の額）
業務報酬の合計金額	¥ _____ （¥ _____）
（内訳）基本設計業務	¥ _____ （¥ _____）
実施設計業務	¥ _____ （¥ _____）
監理業務	¥ _____ （¥ _____）
その他の業務	¥ _____ （¥ _____）

支払の時期　　　　　　　　　　支払額（内取引に係る消費税及び地方消費税の額）

_____（　年　月　日）¥ _____ （¥ _____）
_____（　年　月　日）¥ _____ （¥ _____）
_____（　年　月　日）¥ _____ （¥ _____）
_____（　年　月　日）¥ _____ （¥ _____）

　なお、成果物が完成しなければ報酬の支払いを行わないことを強調して高額の成果報酬が設定されるケースでは、割合的報酬の支払いに関する改正民法648条の2の規定を適用しない旨の明示又は黙示の合意が認定されることもあり得るものとされています（【参考文献27】353頁）。そのため、改正民法で規定されたのと同様に割合的報酬を認める場合には、設計監理委託契約書等において、割合的報酬が認められることを明確にしておくことが重要です。

POINT どのような業務をどのような工程で行うのか明示した上で、業務の進捗度合いに応じて報酬額（又はその算定基準）と支払時期を設定するなどして、出来高部分の報酬額を支払うことを明確にすることを検討

5. 復委任（再委託）に関する実務対応

(1) 改正のポイント

●改正民法644条の2（復受任者の選任等）
1. 受任者は、委任者の許諾を得たとき、又はやむを得ない事由があるときでなければ、復受任

第3節　設計監理業務委託契約（委任契約）に関する実務対応

　　者を選任することができない。
　　2. 代理権を付与する委任において、受任者が代理権を有する復受任者を選任したときは、復受
　　　任者は、委任者に対して、その権限の範囲内において、受任者と同一の権利を有し、義務を
　　　負う。

●改正民法104条（任意代理人による復代理人の選任）
　　委任による代理人は、本人の許諾を得たとき、又はやむを得ない事由があるときでなければ、
　復代理人を選任することができない。

　　大型建築物や特殊な建築物の建築においては、設計監理の対象が、構造部、
非構造部、設備等多岐にわたり、それぞれに特殊な専門性が求められることも
あります。そういった事情により、委任者が直接複数の専門業者に委託するの
ではなく、ある程度の規模のゼネコン等に業務を一括して委託し、当該受託先
が受任者の承諾のもとでさらに各分野の専門業者に再委託するというケースは
よく見られます。このように、委任者の許諾を得た場合や、他人に事務処理を
任せなければ事務処理が停滞し、かえってその委任契約の趣旨に反する結果に
なるおそれがあるなど、一定の場合においては復受任者を選任することができ
ると考えられます（法制審議会民法〔債権関係〕部会　部会資料72A・9〜10頁）。

◆法制審議会民法（債権関係）部会　部会資料72A・9〜10頁《http://www.moj.go.jp/content/000117238.pdf》
　ア　受任者が復受任者を選任することができるか、また、できるとして、どのような要件の下で
　　復受任者を選任することができるかについて、現行法は明文の規定を置いていない。委任契
　　約は、当事者間の信頼を基礎とする契約であることから、受任者は原則として自ら事務を処
　　理すべき義務（自己執行義務）を負うものと解されている。もっとも、委任者の許諾を得た場
　　合や、他人に事務処理を任せなければ事務処理が停滞し、かえってその委任契約の趣旨に反
　　する結果になるおそれがある場合など、一定の場合においては復受任者を選任することがで
　　きると考えられる。

ア．委任者の許諾を得たとき、やむを得ない事由があるときに復委任が認められる

　改正民法644条の2第1項では、委任契約の受任者は原則として自ら事務を処
理すべき義務を負うことを前提として、①「委任者の許諾を得たとき」、又
は、②「やむを得ない事由があるとき」でなければ、復受任者を選任できない
とされました。

　現行民法では、この点について明文の規定がなく、任意代理人による復代理
人の選任の規定である現行民法104条（改正なし）の規定の類推適用により、改

259

第4章　設計監理業（委任）

正民法644条の2第1項と同様の場合に復委任が許されると解されてきました。しかし、①復代理（現行民法104条）は、復代理人が第三者との間でした法律行為の効果が本人に及ぶかという「外部関係」に関する規定であるのに対し、②復委任は、復受任者に事務を処理させることが委任者に対する債務不履行となるかどうかや、復受任者が委任者に対してどのような権利義務を有するかなどの「内部関係」に関する規定であり、両者の性質が異なることから、新たに復委任の内部関係に関する規定を新設したものであるとされています（法制審議会民法〔債権関係〕部会　部会資料72A・9～10頁）。

◆法制審議会民法（債権関係）部会　部会資料72A・9～10頁《http://www.moj.go.jp/content/000117238.pdf》
　　復受任者の選任が認められる要件については、一般に、復代理に関する民法第104条が類推適用されると理解されている。しかし、復代理の有効性は、復代理人が第三者との間でした法律行為の効果が本人に及ぶかという外部関係に関する問題であるのに対し、復委任の有効性は、復受任者に事務を処理させることが委任者に対する債務不履行となるかどうかや、復受任者が委任者に対してどのような権利義務を有するかという内部関係に関する問題であるため、復委任の有効性は、代理権授与の有無にかかわらず問題となる。そこで、復受任者の選任が認められる要件については、復代理の要件に関する規定とは別に、復委任の内部関係に関する規律として委任の箇所に設けるべきである。

イ．復受任者は受任者と同一の権利義務を負う

　判例においては、復委任が代理権の授与を伴い復代理関係と復委任関係が併存している場合には、委任者と復代理人（復受任者）との間に直接同一の権利義務関係が成立するとされています（最判昭和51年4月9日・民集30巻3号208頁）。

●最判昭和51年4月9日（民集30巻3号208頁）
　　本人代理人間で委任契約が締結され、代理人復代理人間で復委任契約が締結されたことにより、民法107条2項の規定に基づいて本人復代理人間に直接の権利義務が生じた場合であっても、右の規定は、復代理人の代理行為も代理人の代理行為と同一の効果を生じるところから、契約関係のない本人復代理人間にも直接の権利義務の関係を生じさせることが便宜であるとの趣旨に出たものである。

　改正民法644条の2第2項においては「受任者と同一の権利を有し、義務を負う」とされていますが、復受任者の負う権利義務の具体的内容については、委任者に対して善良な管理者の注意をもって委任事務を処理する義務を負う一方、直接費用の償還を請求し（改正民法650条）、報酬を請求する権利（同法648

条）を有するものと解されています（法制審議会民法〔債権関係〕部会 部会資料72A・10～11頁）。

> ◆法制審議会民法(債権関係) 部会 部会資料72A・10～11頁《http://www.moj.go.jp/content/000117238.pdf》
> 　素案 (2) は、民法第107条第2項の規律のうち任意代理人が選任した復代理人と本人との内部関係に関する部分を委任の箇所において規定し、復受任者と委任者との間の権利義務について明らかにするものである。権利義務の内容について、復受任者は、委任者に対して善良な管理者の注意をもって委任事務を処理する義務を負う一方、直接費用の償還を請求し (民法第650条)、報酬を請求する権利 (同法第648条) を有すると解されている。

　なお、判例において、代理権の授与を伴わない復受任者は当然には委任者に対して直接の権利義務を有しないとされています（最判昭和31年10月12日・民集10巻10号1260頁）。そのため、改正民法644条の2第2項においても、受任者・復受任者が代理権を有しない場合には、委任者と復受任者との間には直接の権利義務が生じないと解されていることに注意が必要です（【参考文献27】349頁）。

> ●最判昭和31年10月12日 (民集10巻10号1260頁)
> 　問屋と委託者との法律関係はその本質は委任であり商法552条2項が両者の間に委任及び代理に関する規定を準用すると定めているのは、委任の規定を適用し、代理の規定を準用する趣旨であり、そして代理に関する規定中民法107条2項は、その本質が単なる委任であって代理権を伴わない問屋の性質に照らし再委託の場合にはこれを準用すべきでないと解するを相当とする。

(2) 改正民法による実務対応

ア．建築士法等との関係に留意し一括再委託を禁止する

　建築請負においても同様ですが、設計・工事監理の業務は、専門性や技術力、経験・実績が求められる分野であることなどから、実務上は、ほとんどの設計監理の業務委託契約において、再委託について一定の制限をする条項が見られます。また、建築士法においては、建築主の許諾のある場合であっても、設計や工事監理業務を再委託する場合には、それぞれ一括して第三者に再委託することが禁止されています（改正建築士法24条の3第2項〔改正なし〕）。そのため、設計監理業務委託契約において、委任者の同意により再委託を許容する規定を設けた場合であっても、かかる規定に違反しないよう留意する必要があります。

第4章　設計監理業（委任）

> **●改正建築士法24条の3（再委託の制限）**
> 2. 建築士事務所の開設者は、委託者の許諾を得た場合においても、委託を受けた設計又は工事監理（いずれも延べ面積が300㎡を超える建築物の新築工事に係るものに限る。）の業務を、それぞれ一括して他の建築士事務所の開設者に委託してはならない。

POINT 建築士法上、建築主の許諾のある場合にも、設計業務、監理業務等の全部を一括して第三者に委任することが認められないことに留意

イ．再委託することができる業務を限定し、又は再委託先の事前通知義務を課す

　特に設計業務においては、委託者として、受託者である設計事務所の専門性や技術力、経験・実績を特に重視して業務を委託する場合も多いように思われます。

　そのような場合には、実際に業務を行う設計者が誰でもいいというわけにはいきません。そのため、委託者が望む受託者に業務を遂行してもらうことを確実にするために、特定の業務については再委託を禁止すること、もしくは、仮に業務を再委託する場合であっても、再委託先の事業者（事業者名・住所、当該事業者の実績、再委託する業務の内容等）をあらかじめ委託者に通知した上で、事前の承諾を得なければならないことを明確にしておくことが必要となります。

　実務上も、設計・工事監理業務の再委託を行う場合は、あらかじめ委託者に対し、その委託にかかる業務の概要、当該第三者の氏名又は名称及び住所を記載した書面を交付した上で、委任者の事前の許諾を得ることを求めていることが多いものと思われます。四会連合設計・監理契約書類の約款14条においては、下記のとおり規定されています。

> **●四会連合設計・監理契約書類の約款14条（再委託）**
> 1. 受託者は、設計業務、監理業務又は調査・企画業務の全部を一括して第三者に委任してはならない。
> 2. 受託者は、設計業務又は監理業務の一部を他の建築士事務所の開設者（建築士法第23条の3第1項及び法第23条の5）に委託することができる。この場合受託者は、あらかじめ委託者に対し、その委託にかかる業務の概要、当該他の建築士事務所の開設者の氏名又は名称及び所在地並びに区分（一級、二級、木造）を記載した書面を交付のうえ、委託の趣旨を説明し、承諾を得なければならない。

第3節　設計監理業務委託契約（委任契約）に関する実務対応

POINT
◆委託者としては、特定の業務については再委託を禁止することを検討
◆委託者としては、再委託の許諾の判断に際し、あらかじめ再委託を行う業務の概要、当該事業者の実績、再委託先の氏名又は名称及び住所を記載した書面を交付させることを検討

契約条項例	第5節【書式例】4条参照

　乙（受託者）は、本件業務の一部を第三者に委託する場合には、あらかじめ甲（委託者）に対し、その委託にかかる業務の概要、当該第三者の氏名又は名称及び所在地並びに区分（一級、二級、木造）を記載した書面を交付の上、承諾を得なければならない。

ウ．再委託先業者の責任・報酬の負担について明確にする

　前記(1)**イ**のとおり、改正民法644条の2第2項においては、再委託がなされた場合には、再委託先の事業者が**「受任者と同一の権利を有し、義務を負う」**とされています。

　委任者としては、再委託先の事業者の義務違反や、再委託先の事業者が第三者に損害を与えた場合の責任について、再委託をした受任者が責任を負担するのであればまだしも、自らが負担をすることは避けたいと考えることが多いと思われます。

　四会連合設計・監理契約書類の約款14条においては、下記のとおり規定されています。

●四会連合設計・監理契約書類の約款14条（再委託）
4. 受託者は、第2項又は前項により、業務の一部について、他の建築士事務所の開設者又は第三者に委託した場合、委託者に対し、当他の建築士事務所の開設者又は第三者の受託に基づく行為全てについて責任を負う。

　また、委任者としては、再委託先事業者に支払う報酬・費用については、受

第4章　設計監理業（委任）

託者において負担してほしいと考えることが多いと思われます。

　そのため、委任者としては、設計監理業務委託契約において、再委託先の事業者の義務違反や第三者に損害を与えた場合の責任について明確にするほか、再委託先に対する報酬の支払義務の主体を明確にすることが考えられます。

> **POINT** 委託者としては、再委託の許諾の判断に際し、あらかじめ再委託を行う業務の概要、再委託先の氏名又は名称及び住所を記載した書面を交付させることを検討

契約条項例	第5節【書式例】4条参照

1.（略）
2. 乙（受託者）は、前項に基づき再委託を行った場合は、再委託先をして本契約に定める乙（受託者）の義務と同等の義務を遵守させるものとし、再委託先が当該義務に違反したとき、本件業務の遂行に関して第三者に損害を与えたときは、その一切の責任を負い、これを免れることはできないものとする。
3. 乙（受託者）は、第1項に基づき再委託を行った場合は、乙（受託者）の費用及び負担で、再委託先に対して本件業務の履行に対する対価を支払うこととし、甲（委託者）は、再委託先に対して本件業務の全部又は一部の履行に対する対価の支払義務を一切負わないものとする。

6. 損害賠償請求権に関する実務対応

(1) 改正のポイント

　前記第1章第3節 **4.**(1)で説明したとおりです。

(2) 改正民法による実務対応

　前記第1章第3節 **4.**(2)で説明したとおりです。

264

第3節　設計監理業務委託契約（委任契約）に関する実務対応

　建築物完成後に欠陥（瑕疵）が発見されたような場合には、設計・監理業務のやり直しや、契約の解除をしても意味をなさない場合が多いことなどから、設計・監理者に対する責任追及としては、損害賠償が請求されることが多いとの指摘もなされています。

　以下、前記第1章第3節 **4.** (2)で説明した点のほか、委任契約において実務上問題となる点について、補足して説明します。

ア．請負人が負担する損害賠償として認められる範囲を明確にする

　前記第1章第3節 **4.** (2)エで説明したとおりです。

　設計者・監理者が設計・監理のミス等を理由に損害賠償責任を負う場合がありますが、その場合には責任を負うべき損害の範囲が問題となります。この点は、現行民法でも改正民法でも変わりません（なお、いわゆる名義貸しの場合の損害賠償の範囲についてはここでは触れません）。

　前記第1節のとおり、判例においては、「建物の建築に携わる設計者、施工者及び工事監理者……は……建築された建物に建物としての基本的な安全性を損なう瑕疵があり、それにより居住者等の生命、身体又は財産が侵害された場合には、……これによって生じた損害について不法行為による賠償責任を負うというべきである。」と判示されています（最判平成19年7月6日・民集61巻5号1769頁）。

　同判決の第2次差戻審である福岡高判平成24年1月10日（判タ1387号238頁）においては、設計者、施工者及び工事監理者の不法行為責任を認め、く体及び設備関係の補修費用、建築士調査費用、弁護士費用の損害賠償請求が認容されています。この事案では、直接契約関係にある発注者からの損害賠償請求がなされたわけではありませんが、直接契約関係にある発注者からの損害賠償請求であっても同様に考えられます。また、基本的な安全性を損なう瑕疵にはあたらない場合であっても、契約上の義務に違反したものとして損害賠償が認められることはありますし、その際にもこれらの項目が損害の範囲に含められることもあり得ます。

●最判平成19年7月6日（民集61巻5号1769頁）
　建物の建築に携わる設計者、施工者及び工事監理者（以下、併せて「設計・施工者等」という。）は、建物の建築に当たり、契約関係にない居住者等に対する関係でも、当該建物に建物としての基本的な安全性が欠けることがないように配慮すべき注意義務を負うと解するのが相当である。そして、設計・施工者等がこの

第4章　設計監理業（委任）

義務を怠ったために建築された建物に建物としての基本的な安全性を損なう瑕疵があり、それにより居住者等の生命、身体又は財産が侵害された場合には、設計・施工者等は、不法行為の成立を主張する者が前記瑕疵の存在を知りながらこれを前提として当該建物を買い受けていたなど特段の事情がない限り、これによって生じた損害について不法行為による賠償責任を負うというべきである。

前記第1章第3節 4. (2)エで説明したのと同様に、後の紛争を避けるために、設計監理業務委託契約書においても、損害賠償の対象や範囲を明記しておくことが考えられます。この場合、委任者としては損害賠償の範囲をできる限り広くすることを希望し、他方で、受任者としては損害賠償の範囲をできる限り限定する（報酬額に比して過大な責任を負わないようにする）ことを希望するものと考えられます。

被った損害のうち、一定の金額までを損害の対象とする（賠償額の上限を設定する）場合には、請負人が受け取る報酬（請負代金）を上限として（又はその一部を上限として）責任を負うことを規定する例も見られます。

POINT

◆損害賠償の範囲について明確にすることを検討
① 被った一切の損害を賠償範囲に含めたい場合
② 通常かつ直接の損害に限定したい場合（間接損害や予見すべき特別事情による損害を排除したい場合）
③ 損害賠償額の上限を設定したい場合
④ 損害賠償額を固定額としたい場合（損害賠償額の予定）
◆公序良俗や宅地建物取引業法、消費者契約法、その他の法令等に留意して適切な金額とすることに注意

契約条項例	第5節【書式例】7条参照

1. （略）

2. 前項の規定による乙（受託者）の賠償金額は、報酬金額の○割を上限とする。

　　ただし、乙（受託者）に故意・重過失がある場合、又は第○条に規定する［　　　　　］の義務に違反した場合にはこの限りでない。

第3節　設計監理業務委託契約（委任契約）に関する実務対応

イ．損害賠償の費用・損害項目を具体的に規定する

　前記第1章第3節 **4.** (2)オで説明したのと同様に、実際の紛争において認められる損害賠償の対象や範囲は必ずしも明確とはいえません。

　後の紛争をできる限り避けるためには、設計監理業務委託契約書において、これまでの裁判例において損害賠償の対象として認められるかどうかが争いとなったような費用項目、また具体的に懸念される費用項目について、委任者又は受任者が負担すべき損害項目として規定することも考えられます。

POINT　委任における損害賠償請求について、委任者又は受任者が負担すべき費用・損害項目を明確にすることを検討

契約条項例	第5節【書式例】7条参照

1.（略）
2.前項の規定により当事者が賠償すべき損害には、[　　]を含む（がこれに限られない）ものとする。

【表】裁判例において損害賠償の対象として争われた費用項目例

①　建物の修補費用
②　建替え費用
③　調査費用
④　代替建物・引越に関する費用
⑤　弁護士費用
⑥　慰謝料

7. 契約の解除に関する実務対応

(1) 改正のポイント

　委任契約においては、契約上の債務不履行を理由とする契約解除（改正民法541〜543条）のほか、いつでも任意に契約解除（改正民法651条）をすることが認

267

第4章　設計監理業（委任）

められています。

ア．委任契約の任意解除

> ●改正民法651条（委任の解除）
> 1. 委任は、各当事者がいつでもその解除をすることができる。
> 2. 前項の規定により委任の解除をした者は、次に掲げる場合には、相手方の損害を賠償しなければならない。ただし、やむを得ない事由があったときは、この限りでない。
> 一　相手方に不利な時期に委任を解除したとき。
> 二　委任者が受任者の利益（専ら報酬を得ることによるものを除く。）をも目的とする委任を解除したとき。

①　委任契約を任意解除する必要性

　委託者において、委託した業務の完成が必要でなくなるなどビジネス上の観点等から委任契約を継続しないとの判断に至るケースもあり得ます。民法上、委任は、各当事者がいつでもその解除をすることができるとされています（改正民法651条1項〔改正なし〕）。

　もっとも、改正民法651条2項は、委任の解除をした者は、やむを得ない事由があった場合を除き、①相手方に不利な時期に委任を解除したとき（1号）、②委任者が受任者の利益（専ら報酬を得ることによるものを除く）をも目的とする委任を解除したとき（2号）は、相手方の損害を賠償しなければならないとしました。本条は、現行民法651条2項の規定に、2号部分を新たに付加したものです。

　前記①又は②の各要件を満たす場合であっても、やむを得ない事由があったときは、損害賠償責任を負わないことになります（法制審議会民法〔債権関係〕部会　部会資料72A・16〜17頁）。

> ◆法制審議会民法（債権関係）部会　部会資料72A・16〜17頁《http://www.moj.go.jp/content/000117238.pdf》
> (2) 前記のとおり、判例は、委任が受任者の利益をも目的とする場合であっても、やむを得ない事情がある場合には委任を解除することができるとしている（前記昭和40年最判、最判昭和43年9月20日判例時報536号51頁）。そして、民法第651条第2項が、相手方にとって不利な時期に解除する場合であっても、やむを得ない事由があったときは損害賠償義務を免除していることからすれば、受任者の利益をも目的とする委任を解除する場合についても、やむを得ない事由があったときは委任者の損害賠償義務を免除すべきであると考えられる。
> (3) 以上を総合すると、受任者の利益をも目的とする委任についても、委任者及び受任者は自由に解除することができるが、委任者が解除した場合には、やむを得ない事由があるときを除き、委任者は受任者に生じた損害を賠償する義務を負うものとすべきである。

268

第3節　設計監理業務委託契約（委任契約）に関する実務対応

②　「受任者の利益をも目的とする委任」の場合も損害を賠償すれば任意に解除できる

改正民法651条2項2号の解除に関しては、判例において、**「受任者の利益をも目的とする委任」**の場合、やむを得ない事由がない場合であっても、基本的に委任を解除することができ、これによって受任者が受ける不利益については委任者から損害の賠償を受けることによって填補されれば足りるとしています（最判昭和56年1月19日・民集35巻1号1頁）。また、委任が「受任者の利益をも目的とする」委任といえるかどうかという要件の解釈については、委任が有償である（受任者が対価となる報酬を受け取ることができる）というだけでは足りないとしています（最判昭和58年9月20日・集民139号549頁）。

> **●最判昭和56年1月19日（民集35巻1号1頁）**
>
> 　単に委任者の利益のみならず受任者の利益のためにも委任がなされた場合であっても、委任契約が当事者間の信頼関係を基礎とする契約であることに徴すれば、受任者が著しく不誠実な行動に出る等やむをえない事由があるときは、委任者において委任契約を解除することができるものと解すべきことはもちろんであるが（略）、さらに、かかるやむをえない事由がない場合であっても、委任者が委任契約の解除権自体を放棄したものとは解されない事情があるときは、該委任契約が受任者の利益のためにもなされていることを理由として、委任者の意思に反して事務処理を継続させることは、委任者の利益を阻害し委任契約の本旨に反することになるから、委任者は、民法六五一条に則り委任契約を解除することができ、ただ、受任者がこれによって不利益を受けるときは、委任者から損害の賠償を受けることによって、その不利益を填補されれば足りるものと解するのが相当である。

> **●最判昭和58年9月20日（集民139号549頁）**
>
> 　所論は、さらに、本件税理士顧問契約は、顧問料を支払う旨の特約があるから、受任者の利益をも目的として締結された契約であると主張する。しかしながら、委任契約において委任事務処理に対する報酬を支払う旨の特約があるだけでは、受任者の利益をも目的とするものといえないことは、当裁判所の判例とするところであ（る。）

新設された改正民法651条2項2号の規定は、これらの判例法理を明文化したものです（法制審議会民法〔債権関係〕部会　部会資料72A・16〜17頁）。

269

第4章　設計監理業（委任）

◆法制審議会民法（債権関係）部会　部会資料72A・16～17頁《http://www.moj.go.jp/content/000117238.pdf》

(1)　(略)

　　判例は、「受任者の利益をも目的とする委任」については、原則として民法第651条による解除はできないとしていた（大判大正9年4月24日民録26輯562頁）。しかし、その後、「受任者の利益をも目的とする委任」であっても、やむを得ない事由がある場合には解除することができ（最判昭和40年12月17日裁判集民事81号561頁）、さらに、「受任者の利益をも目的とする委任」において、やむを得ない事由がない場合であっても、委任者が解除権自体を放棄したものとは解されない事情があるときは、同条により解除することができ、受任者がこれによって受ける不利益については、委任者から損害の賠償を受けることによって填補されれば足りるとしている（最判昭和56年1月19日民集35巻1号1頁）。さらに、判例は、委任が「受任者の利益をも目的とする」場合の解釈について、委任が有償であるというだけでは受任者の利益をも目的とするとは言えないとしている（最判昭和58年9月20日集民139号549頁）。そうすると、受任者の利益をも目的とする委任とは、受任者がその委任によって報酬以外の利益を得る場合であるといえる。前記の判例法理を総合すると、受任者の利益をも目的とする委任については、やむを得ない事由がなく、かつ、委任者が民法第651条の解除権を放棄したものとは解されない事情もない場合には、委任者の任意解除が認められないとも解釈し得る。しかし、そもそも受任者の利益をも目的とする委任において委任者からの解除を制限すべきものとする根拠は、このような委任においては、受任者の利益を保護する必要性が高い点にあると考えられる。ここでの受任者の利益は、必ずしも任意解除を否定して委任契約を存続させることにより保護すべき必要性はなく、解除によって生じた損害を金銭的に填補すれば足りると考えられる。したがって、受任者の利益をも目的とする委任において、やむを得ない事由がなく、かつ、委任者が同条の解除権を放棄したものとは解されない事情もない場合であっても、解除自体は認めた上で、受任者に生ずる不利益については損害賠償によって填補すればよいと考えられる。

　「受任者の利益をも目的とする」委任の例としては、例えば、貸金契約等における債務者が第三者に対して有する別の債権について、債権者が債務者から当該債権の回収の委託を受け、回収した金額を債権者の債務者に対する債権の弁済に充てることによって債権の回収を確実にするという利益を得る場合が挙げられています（法制審議会民法〔債権関係〕部会　部会資料72A・16～17頁）。

◆法制審議会民法（債権関係）部会　部会資料72A・16～17頁《http://www.moj.go.jp/content/000117238.pdf》

2　改正の内容

　(略)

　　「受任者の利益をも目的とする」委任の例として、例えば、債務者が第三者に対して有する債権について、債権者が債務者から回収の委託を受け、回収した金額を債権者の債務者に対する債権の弁済に充てることによって債権の回収を確実にするという利益を得る場合が挙げられる。判例は、少なくとも委任が有償であることのみでは「受任者の利益をも目的とする」委任には該当しないとしており（最判昭和58年9月20日集民139号549頁等）、単に「受任者の利益をも目的とする」との表現を用いたのでは、報酬を得ることも受任者の利益に該当するとの誤

第3節　設計監理業務委託契約（委任契約）に関する実務対応

解を生ずるおそれがある。そこで、括弧書きにより、報酬を得るという利益のみでは「受任者の利益」に該当しないことを明らかにしている。「受任者の利益」の具体的な内容について、学説には、委任事務の処理と直接関係のある利益をいうとするものもあるが、「受任者の利益」という基準は判例法理において用いられており、これに基づいて実務が運用されていることなどから、素案ではこの基準をそのまま維持している。この規律による損害賠償の具体的な内容は、委任契約が解除されなければ受任者が得たと認められる利益から、受任者が債務を免れることによって得た利益を控除したものになると考えられる。これに対し、アの解除に該当する場合の損害賠償（民法第651条第2項による損害賠償）は、解除の時期が不当であることに起因する損害のみを指すと解され、素案イの場合とは損害の範囲が異なると考えられる。

　四会連合設計・監理契約書類の約款26条、27条においては、下記のとおり規定されています。

●四会連合設計・監理契約書類の約款26条（解除権の行使）

2. 前項に規定する場合のほか、委託者は、受託者の設計業務、監理業務又は調査・企画業務が完了するまでの間、いつでも受託者に書面をもって通知してこの契約の全部又は一部を解除することができる。

●四会連合設計・監理契約書類の約款27条（解除の効果）

3. 前条第2項における契約解除の場合又は前条第3項で委託者の責めに帰すべき事由による契約解除の場合は、第1項に定めるほか、受託者は、損害を受けているときは、その賠償を請求することができる。

---

③　賠償すべき損害の対象はそれぞれ異なる

　「相手方に不利な時期に委任を解除したとき」の損害賠償（改正民法651条2項1号）は、解除の時期が不当であることに起因する損害を対象とするものです。他方で、「受任者の利益をも目的とする委任を解除したとき」の損害賠償（同2号）は、委任契約が解除されなければ受任者が得たと認められる利益から、受任者が債務を免れることによって得た利益を控除したものになると考えられています。

　そのため、1号による解除と2号による解除とで賠償すべき損害の対象が異なることになります。もっとも、損害賠償の対象に受任者の報酬を含まないことについては、いずれも同様です（法制審議会民法〔債権関係〕部会　部会資料81-3・21頁）。

◆法制審議会民法（債権関係）部会　部会資料81-3・21頁《http://www.moj.go.jp/content/000125163.pdf》

　相手方に不利な時期に委任を解除した場合の損害は、解除の時期が不利であることから生ずる損害のみを指し、解除自体から生ずる損害を含まないと解されることから、委任の報酬はここで

271

第4章　設計監理業（委任）

いう損害には該当しない。また、受任者の利益をも目的とする委任を解除した場合の損害は、委任契約が解除されなければ受任者が得たと認められる利益（委任事務の処理によって受任者が得られる利益）から、受任者が債務を免れることによって得た利益を控除したものになると考えられるが、委任の報酬は委任事務を処理したことの対価であって、委任事務の処理によって得られる利益ではないことから、ここでいう損害には含まれないと考えられる。すなわち、いずれの場合においても、報酬を得られなくなったことは損害には含まれない。そこで、報酬を得られなくなったことが損害に含まれないことを明らかにするため、素案では、「相手方の損害」に「受任者が報酬を受けることができなかったことによるものを除く」という文言を括弧書きで付け加えた。

イ．委任契約の債務不履行解除

前記第1章第3節 **5.**（1）で説明したとおりです。

(2) 改正民法による実務対応

ア．委任契約の任意解除

① 契約を任意に解除できることを明確にする

委任契約の解除においては、債務不履行に基づく契約解除も認められます（改正民法541〜543条）。もっとも、設計等の内容が委託者の満足する水準に達しているかどうかの判断は必ずしも容易ではなく、また、委任契約の債務不履行がなかった場合であっても、ビジネス上の必要性等から契約から離脱しなければならない事態は予想されます。

他方で、実務上、設計監理業務委託契約では、契約の解除事由が具体的に例示列挙されているケースは多く見られます。そのような場合、契約の解除事由が具体的に列挙されていることを理由に、"列挙されている以外の事由を理由とする解除を認めない"、"任意解除についても放棄した趣旨である"などと主張されることがあり得ます。

そのため、設計監理業務委託契約において、改正民法651条2項と同様に契約期間の途中であってもいつでも契約を解約できることを規定することが考えられます。

POINT 委託者としては、契約期間の途中であっても、委託者はいつでも契約を解約できることを規定することを検討

② 委託者による任意解除権に一定の制限を設ける

改正民法651条2項は任意規定であり、任意解除権を放棄する旨の合意をす

第3節　設計監理業務委託契約（委任契約）に関する実務対応

ることも考えられます（そのような特約が公序良俗〔民法90条〕に反して無効とされる可能性もあることは、これまで説明したのと同様です）（【参考文献21】324頁）。

　もっとも、改正民法に従い、各当事者が委任契約をいつでも任意に解約することができることとなると、相手方の契約上の地位が不安定な立場に置かれることとなってしまいます。この場合、委託者としては、受任者から委任契約を解除されることにより、建物建築やそれに伴う様々なプロジェクトが遅延し大きな損害が生じる可能性があります。他方で、受任者としても、委任者から委任契約を解除されることにより、約束された報酬の全額を受け取ることができない可能性が生じます。

　そのため、そのような不都合を避けたい場合には、任意解除権を制限する条項を定めるか、任意解除権を認める場合でも、解除の相当期間前までに通知をする義務を設けることにより不測の事態をできる限り避けること、任意解約に対して違約金を定めることなども考えられます。

> **POINT** 任意解除権を制限する条項を定めるか、任意解除権を認める場合でも、解除の相当期間前までに通知をする義務を設けることにより不測の事態をできる限り避けること、任意解約に対して違約金を定めることを検討

契約条項例	第5節【書式例】9条参照

1. 第○条にかかわらず、甲は、いつでも、乙に対して○日前までに書面をもって通知することにより、本契約を解除することができる。
2. 甲は、前項に基づき本契約を解除する場合には、同解除日までに、［乙が既に遂行した本業務の割合に応じた報酬］［及び中途解約に係る違約金○円］を支払わなければならない。
3. 受託者は、第○条に基づく場合を除き、本契約を解除することができないものとする。

第4章　設計監理業（委任）

③　契約の任意解除に際して委任者が賠償すべき損害の範囲について限定する

前記(1)ア①のとおり、改正民法651条2項により「当事者の一方が相手方に不利な時期に委任の解除をしたときは、その当事者の一方は、相手方の損害を賠償しなければならない」とされています。

そのため、委託者として、契約の任意解除に際して賠償する義務（の一部）を負わないことを望む場合には、設計監理業務委託契約書に、その旨を規定することが考えられます。

特に、請負契約を任意解除する場合（改正民法641条〔改正なし〕）に請負人に賠償すべき金額については、請負人が支出した費用のみならず、請負人が得られたであろう履行利益についての損害、拡大損害（請負人が将来得ることができた営業利益の損失等）まで賠償することになる場合があることが指摘されています。これに対して、委任であれば、前記(1)ア③のとおり、「相手方に不利な時期に委任を解除したとき」の損害賠償として、契約解除が不利益な時期であったことから生じる損害に限定されることになります（【参考文献22】246、269〜270頁）。

いずれにしても、賠償すべき損害の範囲は必ずしも明らかではないことから、設計監理業務委託契約の委任者（注文者）としては、予期しない過大な損害賠償責任を負うことを避けるために、設計監理業務委託契約等において、損害賠償の範囲（算定基準）について明確にすることも考えられます。例えば、報酬以外に賠償責任を負わないことや、ホテルの宿泊費や旅行ツアーのキャンセル規定のように、契約の解除時期や業務の段階ごとに損害賠償額を定めることなども考えられます。

POINT　設計監理業務委託契約等において、損害賠償の範囲（算定基準）について明確にすることを検討

イ．委任契約の債務不履行解除

前記第1章第3節**5.** (2)で説明したとおりです。

274

第3節　設計監理業務委託契約（委任契約）に関する実務対応

8. 委任者の権利行使期間に関する実務対応

（1）改正のポイント

前記第1章第4節 **1.** (2)以下で説明したとおりです。

（2）改正民法による実務対応

前記第1章第4節 **2.** で説明したとおりです。

以下、前記第1章第4節 **2.** で説明した点のほか、委任契約において実務上問題となる点について、補足して説明します。

ア．消滅時効の起算点を建築建物の完成引渡し時とする

前記第3章第4節 **1.** (1)アのとおり、改正民法では請負に関する担保責任の追及期間に関する現行民法638条（請負人が目的物の引渡し後5年間〔非堅固建物〕又は10年間〔堅固建物〕の瑕疵担保責任を負う）は削除され、改正民法166条の消滅時効の規定（主観的起算点から5年間、客観的起算点から10年間）、及び改正民法637条の権利保存行為の規定（不適合を知ったときから1年以内に通知）が適用されることとなりました。

通常、設計業務の成果物である設計図書に基づき、建物の建築施工がなされますが、設計図書が契約に適合しないかどうかは、建築施工が実施された後、建物の不適合が判明してはじめて把握できるようになる場合も少なくありません。そのような場合、設計図書の引渡しと完成建物の引渡し時期は通常異なることから（例えば、設計図書が完成した後2～3年後に建築建物の完成・引き渡されることもあります）、責任追及期間の消滅時期の起算点が、施工者に対する請求と設計者に対する請求でずれることにより、"建物の施工責任は問えるが設計責任は消滅時効により問えない"という事態が生じる可能性があります。

実務上は、設計者に対する責任追及期間の起算点を、「設計成果物の引渡し」を基準とせずに「工事完成」を基準とすることによって対応している例が見られます。四会連合設計・監理契約書類の約款23条2項では、成果物に瑕疵が発見された場合の追完請求、損害賠償請求について、瑕疵担保の期間を原則「建築物の工事完成引渡後2年以内」かつ「成果物の交付の日から10年」以内としています。

275

第4章　設計監理業（委任）

　なお、ここでは、委託者は、成果物の交付の際に瑕疵があることを知ったときは、その旨を直ちに通知しなければ追完及び損害賠償を請求することはできないことも併せて規定されています（同4項）。

●四会連合設計・監理契約書類の約款23条（成果物のかしに対する受託者の責任）

1. 委託者は、成果物の交付を受けたのちにその成果物にかしが発見された場合、受託者に対して、追完及び損害の賠償を請求することができる。ただし、損害賠償の請求については、そのかしが受託者の責に帰すことのできない事由に基づくものであることを受託者が証明したときは、この限りでない。

2. 前項の請求は、本件建築物の工事完成引渡後2年以内に行わなければならない。ただし、この場合であっても、成果物の交付の日から10年（調査・企画業務及び設計業務の双方を委託している場合は、設計成果物の交付の日から10年とする。）を超えることはできない。

3. 前項の規定にかかわらず、成果物のかしが受託者の故意又は重大な過失により生じた場合には、同項に規定する請求を行うことができる期間は、成果物の交付の日から10年とする。

4. 委託者は、成果物の交付の際にかしがあることを知ったときは、第1項の規定にかかわらず、その旨を直ちに通知しなければ、追完及び損害賠償を請求することはできない。ただし、受託者がそのかしがあることを知っていたときは、この限りでない。

5. 第1項の規定は、成果物のかしが委託者の指示により生じたものであるときは、適用しない。ただし、受託者がその指示が不適当であることを知りながらこれを通知しなかったとき、又は知ることができたときは、この限りでない。

　委任者としては、設計者に対する責任追及権の消滅時効によるリスクをできる限り小さくするため、設計監理業務委託契約において、責任追及期間の起算点を、「設計成果物の引渡し時」ではなく「工事完成時」基準とすることが考えられます。

POINT　委任者としては、設計監理業務委託契約において、責任追及期間の起算点を、「設計成果物の引渡し時」を基準とせずに「工事完成時」を基準とすることを検討

9. 受任者の報酬請求権の消滅時効

（1）改正のポイント

　前記第3章第5節 **2.** (1)で説明したとおり、改正民法においては、「工事の設

計、施工又は監理を業とする者の工事に関する債権」(現行民法170条2号)についての3年の短期消滅時効期間が廃止されます。

改正民法下の報酬請求権については、前記第1章第4節**1.**(2)で説明した改正民法166条の消滅時効の規定(主観的起算点から5年間、客観的起算点から10年間)が適用されることになります。

(2) 改正民法による実務対応

ア．報酬請求権の消滅時効の期間を短縮する

前記第3章第5節**2.**(2)**ア**で説明したとおりです。

改正民法の規律と異なる消滅時効期間を設定する場合(現行法と同様の規定とする場合も含みます)には、設計監理委託契約書等において、その旨の規定を設けることが必要となります。

この場合、時効期間を延長する特約が無効であると考えられているのに対して(民法146条)、時効期間を短縮する合意は一般に有効であると解されています(【参考文献38】287頁)。もっとも、当事者間の優劣関係を利用して時効期間を短縮する合意がなされた場合等には公序良俗(民法90条)に反して無効であると判断される可能性もあることから留意が必要です。

> **POINT**
> ◆改正民法の規律と異なる消滅時効期間を設定する場合には、設計監理委託契約書にその旨を規定することを検討
> ◆特約が公序良俗等に反して無効な特約とならないように注意

第4章　設計監理業（委任）

第4節 設計監理業務委託契約約款に関する実務対応

1. 改正のポイント

　前記第3章第7節で説明したとおりです。

　設計監理業務委託契約その他の不動産取引においては、契約当事者が交渉の上で契約条項を作成して合意に至るというのが通常ですが、その際、あらかじめ用意された契約約款を用いることがあります。例えば、建築設計・工事請負の契約書式として、『四会連合協定建築設計・監理等業務委託契約書類』（四会連合設計・監理契約書類）、『民間（旧四会）連合協定工事請負契約約款・契約書類』が広く使われており、その中の約款が契約書に添付・引用されることもあります（【参考文献20】346頁等）。

　事業者間で締結される設計監理業務委託契約においては、約款を使用する場合であっても、仕様や契約条件などが個別の交渉に委ねられ、契約ごとに異なる場合がほとんどではないかと考えられますが、個人を相手とする契約においてはかなりの部分が共通であることが通例です。契約内容の一部が画一的であることを前提とすれば、建設工事標準請負約款等における各条項については定型約款の適用がある可能性もあります（【参考文献4】116頁）。

2. 改正民法による実務対応

設計監理契約約款と定型約款該当性の検討

　設計監理等業務委託契約約款等の不動産取引に関する約款についても、前記を踏まえて個別具体的に判断することが必要となります。

　この点の詳細は、【参考文献4】116頁等もご参照ください。

　詳細は、前記第3章第7節 2.(1)ウ において建築請負契約約款が定型約款に該

当するかどうかという点と同様です。

「定型約款」に該当するか否かの判断のポイントを踏まえて、設計監理業務委託契約約款が定型約款にあたるかどうかを慎重に検討することが必要

第4章　設計監理業（委任）

第5節 ［書式例］設計監理業務委託契約書

　実務上は、公表されている標準契約や標準契約約款が利用されることも多いと思われますが、本節では、民法改正との関係で重要だと思われる条項を便宜上一覧的に並べた上で、改正民法を踏まえた条項、及び、改正民法の内容を前提に修正の方向性・コンセプトを示すための修正条項案を書式例として示しています。実際の使用時には、事案ごとに契約の目的や個別具体的なその他の事情に応じて適当な内容を規定することが想定されます。

第1条（目的・委託業務）

　委託者（以下「甲」という。）は、受託者（以下「乙」という。）に対して、別紙○記載の建築物（以下「対象物件」という。）の設計及び施工監理に関し、下記の業務（以下「本件業務」という。）を委託し、乙はこれを受託した。

記

(1) 対象物件の基本設計業務

(2) 対象物件の実施設計業務

(3) 対象物件の工事監理業務

(4) その他、前各号に付随する業務

改定条項例	1条2項を新設

1.（略）

2. 乙は、別紙「仕様書」、その他甲が交付する図面・指示書に従って、決められた期限内に、本件業務を行わなければならない。

第2条（報酬の支払い）

1. 本件業務の委託料は、以下のとおりとする。

(1) 対象物件の基本設計業務 ：　○○円（消費税別）

　　(2) 対象物件の実施設計業務 ：　○○円（消費税別）

　　(3) 対象物件の工事監理業務 ：　○○円（消費税別）

2. 甲は、前項の各報酬を、各業務の終了後、乙の請求に従い、請求の日の属する月の翌月○日までに乙に支払う。

3. 乙は、以下の各号に掲げる場合においては、［乙が既にした本件業務の履行の割合に応じて］［甲が受ける利益の割合に応じて］報酬を請求することができる。ただし、その終了が甲の責めに帰すべき事由による場合は、各報酬の全額を請求することができる。

　　(1) 甲の責に帰することができない事由によって業務を完成することができなくなったとき。

　　(2) 業務の完成前に本契約が解除されたとき。

第3条（費用負担）

1. 乙は、本件業務を遂行するために支出した費用について、甲に対して請求することができる。

2. また、乙が本件業務を遂行する上で必要であると合理的に判断した費用については、甲に対してその前払いを請求することができる。

改定条項例	3条を改定

【委託者が費用を負担する場合】

1. 乙が支払った費用の請求は、各業務の終了後、乙の請求に従い、第2条第1項の報酬とともに支払う。

2. 乙は、前項にかかわらず、支出する費用の前払いを請求することができる。その場合には、甲に対して、必要な費用の金額、使途について記載した書面を交付した上で、甲の承諾を得る必要がある。

【受託者が費用を負担する場合】

　乙が本件業務を遂行するために要する費用は、本契約において別途合意したものを除き、すべて乙の負担とする。

第4章　設計監理業（委任）

第4条（再委託の禁止）

1. 乙は、やむを得ない事由がある場合を除き、甲の事前の書面による承諾を得ない限り、本件業務の全部又は一部を第三者に再委託してはならない。

2. 乙が前項の規定に従い、甲の承諾を得て本件業務の全部又は一部を第三者に再委託した場合、乙は、当該第三者に対し、同一の権利を有し、義務を負わせるものとする。

改定条項例	4条を改定

1. 乙は、本件業務の一部を第三者に委託する場合には、あらかじめ甲に対し、その委託にかかる業務の概要、当該第三者の氏名又は名称及び所在地並びに区分（一級、二級、木造）を記載した書面を交付の上、承諾を得なければならない。

2. 乙は、前項に基づき再委託を行った場合は、再委託先をして本契約に定める乙の義務と同等の義務を遵守させるものとし、再委託先が当該義務に違反したとき、本件業務の遂行に関して第三者に損害を与えたときは、その一切の責任を負い、これを免れることはできないものとする。

3. 乙は、第1項に基づき再委託を行った場合は、乙の費用及び負担で、再委託先に対して本件業務の履行に対する対価を支払うこととし、甲は、再委託先に対して本件業務の全部又は一部の履行に対する対価の支払義務を一切負わないものとする。

第5条（納入・検収）

1. 乙は、本件業務に基づき甲の指示する設計図書等（以下「本成果物」という。）を、甲が指定する期日までに、甲が指定する様式及び方法で納入するものとする。

2. 甲は、前項の納入後○日以内に提出された本成果物を検査し、第1条第2項に規定する仕様書その他甲が交付する図面・指示書等との不一致が発見されたとき、その他本成果物の内容が不適当であると合理的に判断したときは、乙にその補正を求めることができるものとし、この場合、乙は、別途合意した

期限内に無償で本成果物を補正するものとする。

3. 甲は、前項の期間までに検査をした上で、乙に対し、本件業務を完了した旨の通知を行うこととする。

第6条（成果物の帰属、所有権）

※第1章 第6節『［書式例］売買契約書』第3条参照

第7条（損害賠償）

1. 甲及び乙は、本契約に基づく義務の不履行により相手方に損害を与えた場合は、当該損害を賠償するものとする。ただし、その義務の不履行が本契約その他の債務の発生原因及び取引上の社会通念に照らして、その責めに帰すことができない事由によるものであるときは、この限りでない。

2. 甲又は乙は、前項の規定により損害賠償の請求をすることができる場合において、次に掲げるときは、相手方に対し、債務の履行に代わる損害賠償の請求をすることができる。

　　(1) 相手方の債務の履行が不能であるとき

　　(2) 相手方がその債務の履行を拒絶する意思を明確に表示したとき

　　(3) 本契約が解除され、又は債務の不履行による契約の解除権が発生したとき

改定条項例	7条3項・4項を新設

1. （略）

2. （略）

3. 第1項及び前項の規定により当事者が賠償すべき損害には、［　　　］を含む（がこれに限られない）ものとする。

4. 第1項及び第2項の規定による乙の賠償金額は、報酬金額の○割を上限とする。

　　ただし、乙に故意・重過失がある場合、又は第○条に規定する［　　　］の義務に違反した場合にはこの限りでない。

第8条（契約の解除）

1. 甲又は乙が本契約の条項に違反し、当該違反の是正を求める書面による催告の受領後○日以内にこれを是正しない場合、その相手方は、本契約及び個別

契約の全部又は一部を解除することができる。ただし、契約違反の程度が軽微である場合は、この限りでない。

2. 甲又は乙は、相手方が次の各号に該当する場合、催告なしに直ちに本契約の一部又は全部を解除することができる。

　　（略）

3. 前二項の規定により甲又は乙が本契約を解除した場合、相手方に対する損害賠償の請求を妨げない。

第9条（任意解除・中途解約）

1. 甲及び乙は、いつでも本契約を解除することができるものとする。

2. 前項の規定により委任の解除をした者は、次に掲げる場合には、相手方の損害を賠償しなければならない。ただし、やむを得ない事由があったときは、この限りでない。

　　(1) 相手方に不利な時期に委任を解除したとき

　　(2) 甲が乙の利益（専ら報酬を得ることによるものを除く）をも目的とする委任を解除したとき

改定条項例	9条を改定

1. 第8条にかかわらず、甲は、いつでも、乙に対して○日前までに書面をもって通知することにより、本契約を解除することができる。

2. 甲は、前項に基づき本契約を解除する場合には、同解除日までに、［乙が既に遂行した本業務の割合に応じた報酬］［及び中途解約に係る違約金○円］を支払わなければならない。

3. 乙は、第8条に基づく場合を除き、本契約を解除することができないものとする。

◆参考文献

1. 猿倉健司「不動産業・建築業の債権法改正対応　第1回　不動産業（売買）（その1）」（ビジネス法務2018年2月号）

2. 猿倉健司「不動産業・建築業の債権法改正対応　第2回　不動産業（売買）（その2）」（ビジネス法務2018年3月号）

3. 猿倉健司「不動産業・建築業の債権法改正対応　第3回　建築業（請負）（その1）」（ビジネス法務2018年4月号）

4. 猿倉健司「不動産業・建築業の債権法改正対応　第4回　建築業（請負）（その2）」（ビジネス法務2018年5月号）

5. 猿倉健司「不動産業・建築業の債権法改正対応　第5回　不動産賃貸業（その1）」（ビジネス法務2018年6月号）

6. 猿倉健司「不動産業・建築業の債権法改正対応　第6回　不動産賃貸業（その2）」（ビジネス法務2018年7月号）

7. 井上治・猿倉健司「民法改正（債権法改正）と不動産取引への影響：第1回　売買契約に関連する民法改正のポイント」(https://business.bengo4.com/category2/article207)（BUSINESS LAWYERS・2017年6月16日）

8. 井上治・猿倉健司「民法改正（債権法改正）と不動産取引への影響：第2回　不動産売買契約の留意点（契約不適合責任）」(https://business.bengo4.com/category2/article221)（BUSINESS LAWYERS・2017年7月31日）

9. 井上治・猿倉健司「民法改正（債権法改正）と不動産取引への影響：第3回　不動産売買契約の留意点（表明保証責任）」(https://business.bengo4.com/category2/article222)（BUSINESS LAWYERS・2017年8月10日）

10. 井上治・猿倉健司「民法改正（債権法改正）と不動産取引への影響：第4回　建築請負契約に関連する改正の概要」(https://business.bengo4.com/category2/article289)（BUSINESS LAWYERS・2018年1月16日）

11. 井上治・猿倉健司「民法改正（債権法改正）と不動産取引への影響：第5回　建築請負契約の留意点（その1）」(https://business.bengo4.com/category2/article306)（BUSINESS LAWYERS・2018年2月16日）

12. 井上治・猿倉健司「民法改正（債権法改正）と不動産取引への影響：第6回　建築請負契約の留意点（その2）－報酬請求権」(https://business.bengo4.com/category2/article340)（BUSINESS LAWYERS・2018年4月20日）

13. 井上治・猿倉健司「民法改正（債権法改正）と不動産取引への影響：第7回 賃貸借契約に関する民法改正の概要と留意点（その1）」(https://business.bengo4.com/category2/article360)（BUSINESS LAWYERS・2018年6月4日）

14. 井上治・猿倉健司「民法改正（債権法改正）と不動産取引への影響：第8回 賃貸借契約に関する民法改正の概要と留意点（その2）—敷金・保証金、転貸・民泊経営等」(https://business.bengo4.com/category2/article383)（BUSINESS LAWYERS・2018年7月5日）

15. 井上治・猿倉健司「民法改正（債権法改正）と不動産取引への影響：第9回 賃貸借契約に関する民法改正の概要と留意点（その3）—賃貸人たる地位の移転・敷金の移転等」(https://business.bengo4.com/category2/article395)（BUSINESS LAWYERS・2018年8月1日）

16. 井上治・猿倉健司「民法改正（債権法改正）と不動産取引への影響：第10回 賃貸借契約に関する民法改正の概要と留意点（その4）—修繕義務・修繕権、賃料減額等」(https://business.bengo4.com/articles/470)（BUSINESS LAWYERS・2018年12月19日）

17. 井上治・猿倉健司「民法改正（債権法改正）と不動産取引への影響：第11回 賃貸借契約に関する民法改正の概要と留意点（その5）—原状回復義務・収去義務」(https://business.bengo4.com/articles/473)（BUSINESS LAWYERS・2018年12月26日）

18. 井上治・猿倉健司「民法改正（債権法改正）を踏まえた不動産取引契約の実務対応ガイド 改正を反映した売買契約書のサンプル付き」(https://business.bengo4.com/white-papers/14)（BUSINESS LAWYERS・2017年9月14日）

19. 猿倉健司「住宅宿泊事業法（民泊新法）のポイントと民泊運営の実務対応 第3回「賃貸物件・区分所有マンションを利用した民泊事業の実務対応」（日本司法書士連合会、月報司法書士2018年12月号）

20. 井上治「不動産再開発の法務—都市再開発・マンション建替え・工場跡地開発の紛争予防」（株式会社商事法務・2017年1月）

21. 潮見佳男「民法（債権関係）改正法の概要」（株式会社きんざい・2017年8月）

22. 潮見佳男「基本講義 債権各論〈1〉第3版」（株式会社新世社・2017年6月）

23. 大村敦志・道垣内弘人編「解説 民法（債権法）改正のポイント」（株式会社有斐閣・2017年10月）

24. 望月治彦「民法改正が不動産取引実務に与える影響」（ビジネスロージャーナル2015年7月）

25. 望月治彦「賃貸借に関する民法改正審議の過程をめぐる備忘録的なメモ」（土地総

合研究2015年秋号）

26. 望月治彦「民法改正が不動産売買契約の実務にどのような影響をあたえるのか」（日本不動産学会誌 NO.116・2016年6月）

27. 筒井健夫、村松秀樹「一問一答 民法（債権関係）改正」（株式会社商事法務・2018年3月）

28. 大野淳「民法改正の不動産賃貸借実務に与える影響」（土地総合研究2015年秋号）

29. 升田純「民法改正と賃貸借契約（賃貸管理業者への影響）―100年ぶりの改正―」（株式会社大成出版社・2018年4月）

30. 升田純「民法改正と請負契約（建設請負業者への影響）―100年ぶりの改正―」（株式会社大成出版社・2017年10月）

31. 名藤朝気・大橋香名子・土肥里香「保証に関する民法改正と金融機関の実務対応」（金融法務事情2019号）

32. 司法研修所編『民事訴訟における事実認定―契約分野別研究（製作及び開発に関する契約）―』（法曹会・平成26年1月）

33. 名古屋地方裁判所民事プラクティス検討委員会「請負報酬請求事件における追加変更工事に関する実務上の諸問題」（判例タイムズ1412号86頁）

34. 大村敦志・道垣内弘人編「解説 民法（債権法）改正のポイント」（株式会社有斐閣・2017年10月）

35. 齋藤繁道「最新裁判実務体系 第6巻 建築訴訟」（株式会社青林書院・2017年11月）

36. 大森文彦ほか「四会連合協定 建築設計・監理等業務委託契約約款の解説」（株式会社大成出版社・2009年）

37. 民間（旧四会）連合協定工事請負契約約款委員会「平成28年（2016）3月改正 民間（旧四会）連合協定工事請負契約約款の解説」（株式会社大成出版社・2016年）

38. 我妻榮ほか『我妻・有泉コンメンタール民法（第5版）―総則・物権・債権―』（株式会社日本評論社・2018年4月）

39. 黒木資浩『ショッピングセンターにおける不動産賃貸借の注意点 第1回 賃貸借の特徴と賃貸借契約が締結されるまで』（弁護士ドットコム運営、BUSINESS LAWYERS・2016年7月6日）（https://business.bengo4.com/category13/article36）

40. 村松秀樹・松尾博憲『定型約款の実務 Q&A』（株式会社商事法務・2018年12月）

■著者紹介

井上　治 （いのうえ　おさむ）

弁護士

1986年　北海道大学法学部卒業
1991年　弁護士登録（第43期、第二東京弁護士会所属）、牛島総合法律事務所入所
1998年　ニューヨーク大学ロースクール比較法学修士課程修了、ニューヨーク州
　　　　弁護士登録
　　　　LeBoeuf, Lamb, Greene & MacRae LLP 米国ニューヨーク・オフィスに
　　　　て勤務
2000年　ニューヨーク大学ロースクール法学修士課程修了、牛島総合法律事務所
　　　　で実務再開
2001年　牛島総合法律事務所パートナー就任
2004年　慶應義塾大学法科大学院非常勤講師（国際紛争解決）

【主要著作・論文・記事】

- ・「不動産再開発の法務」（商事法務・2017年1月15日）
- ・「Japanese Business Law」Kluwer Law International（2007年、共著）
- ・「民法改正（債権法改正）を踏まえた不動産取引契約の実務対応ガイド」（BUSINESS LAWYERS・2017年9月14日）
- ・「民法改正（債権法改正）と不動産取引への影響」（BUSINESS LAWYERS〔連載中〕・2017年6月16日〜）
- ・「取引先である外国人の顧客に相続が発生した場合の一般的な注意点」（BUSINESS LAWYERS〔連載中〕・2019年1月29日〜）
- ・土壌汚染に関する BUSINESS LAWYERS（企業法務の実務ポータル〔実務Q&A〕）における記事多数

猿倉　健司（さるくら　けんじ）

弁護士

2003年　早稲田大学法学部卒業
2005年　日本大学法学部司法科研究室講師（民事訴訟法）
2007年　弁護士登録（第60期、第二東京弁護士会所属）、牛島総合法律事務所入所
2019年　牛島総合法律事務所パートナー就任

【主要著作・論文・記事】
・「不動産業・建築業の債権法改正対応」（ビジネス法務〔連載全6回〕・2018年2月号〜7月号）
・「民法改正（債権法改正）を踏まえた不動産取引契約の実務対応ガイド」（BUSINESS LAWYERS・2017年9月14日）
・「民法改正（債権法改正）と不動産取引への影響」（BUSINESS LAWYERS〔連載中〕・2017年6月16日〜）
・「不動産・建設業界における近時の不祥事ケースと危機管理・リスク予防の実務対応」（BUSINESS LAWYERS〔連載中〕・2019年2月22日〜）
・「住宅宿泊事業法（民泊新法）のポイントと民泊運営の実務対応」（月報司法書士〔連載全3回〕・2018年10月号〜12月号）
・「土地取引における土壌汚染・地中障害物の最新予防法務」（Business Law Journal 77号〔2014年8月号〕）
・「所有地にPCB（ポリ塩化ビフェニル）廃棄物がある場合にとるべき対応」（BUSINESS LAWYERS・2017年3月28日）
・「購入した土地から石綿（アスベスト）が発見された場合の土地売主に対する責任追及」（BUSINESS LAWYERS・2017年4月26日）
・「所有地から発見された石綿（アスベスト）に関する法令上の規制」（BUSINESS LAWYERS・2017年4月26日）
・「〔実務Q&A〕土壌汚染等に関する瑕疵担保責任を制限する特約の効力が否定される場合があるか」（BUSINESS LAWYERS・2016年6月3日）

不動産業・建設業のための改正民法による実務対応
―不動産売買・不動産賃貸借・工事請負・設計監理委任―

2019年5月31日　発行

著　者　　　井上　治／猿倉　健司　©

発行者　　　小泉　定裕

発行所　　　株式会社　清文社

東京都千代田区内神田1－6－6　（MIFビル）
〒101-0047　電話03(6273)7946　FAX03(3518)0299
大阪市北区天神橋2丁目北2－6　（大和南森町ビル）
〒530-0041　電話06(6135)4050　FAX06(6135)4059
URL http://www.skattsei.co.jp/

印刷：奥村印刷㈱

■著作権法により無断複写複製は禁止されています。落丁本・乱丁本はお取り替えします。
■本書の内容に関するお問い合わせは編集部までFAX(03-3518-8864)でお願いします。
■本書の追録情報等は、当社ホームページ（http://www.skattsei.co.jp/）をご覧ください。

ISBN978-4-433-67209-6